YO
ESTOY
BIEN
TÚ
ESTÁS
BIEN

2ª edición: marzo 2024

Título original: I'M OK - YOU'RE OK
Traducido del inglés por Editorial Sirio, S.A.
Diseño de portada: Editorial Sirio, S.A.
Ilustraciones: Nancy B. Field
Diseño y maquetación de interior: Toñi F. Castellón

© de la edición original
1967, 1968, 1969 de Thomas A. Harris

Edición realizada según acuerdo con HarperCollins Publishers

© de la presente edición
EDITORIAL SIRIO, S.A.
C/ Rosa de los Vientos, 64
Pol. Ind. El Viso
29006-Málaga
España

www.editorialsirio.com
sirio@editorialsirio.com

I.S.B.N.: 978-84-18000-36-2
Depósito Legal: MA-1678-2019

Impreso en Imagraf Impresores, S. A.
c/ Nabucco, 14 D - Pol. Alameda
29006 - Málaga

Impreso en España

Puedes seguirnos en Facebook, Twitter, YouTube e Instagram.

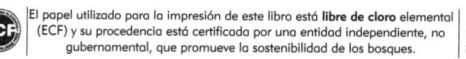 El papel utilizado para la impresión de este libro está **libre de cloro** elemental (ECF) y su procedencia está certificada por una entidad independiente, no gubernamental, que promueve la sostenibilidad de los bosques.

Dr. THOMAS A. HARRIS

YO ESTOY BIEN TÚ ESTÁS BIEN

GUÍA PRÁCTICA DE ANÁLISIS CONCILIATORIO

EDITORIAL
SIRIO

Para Amy,

mi colaboradora,
mi filósofa,
mi tranquilizante,
mi alegría,
mi esposa.

ÍNDICE

NOTA DEL AUTOR

Conviene que el lector comience la lectura de este libro por el principio. Si leyera los últimos capítulos antes que los primeros, donde se definen el método y la terminología del análisis conciliatorio, no solo dejaría de captar plenamente el significado de aquellos capítulos sino que, muy probablemente, llegaría a conclusiones erróneas.

Los capítulos dos y tres son particularmente importantes para la comprensión de todo los que les sigue. Para los lectores incapaces de resistir la tentación de leer de atrás hacia delante, desco poner de relieve que hay cinco términos que aparecen a menudo a lo largo de este libro y cuyo significado específico es diferente del que poseen en el uso corriente. Estas palabras son «Padre», «Adulto», «Niño», «estar bien» y «juegos».

PREFACIO

En los últimos años se ha venido observando una creciente irritación hacia el psicoanálisis, por la aparente lentitud de los tratamientos psicoanalíticos, su elevado coste, sus resultados cuestionables, y sus términos vagos y esotéricos. Las revistas especializadas y las asociaciones de salud mental confirman la validez del tratamiento psicoanalítico, pero no está muy claro todavía en qué consiste ni cuáles son sus resultados. A pesar de que se pronuncian anualmente cientos de miles de palabras sobre psicoanálisis, son muy pocos los datos convincentes que se han podido esgrimir a la hora de ayudar a las personas que necesitan someterse a tratamiento a superar el cliché caricaturesco de los psicoanalistas y sus divanes misteriosos.

Esta irritación ha sido expresada con creciente preocupación no solo por los enfermos y el público general, sino también por los propios psicoanalistas. Este libro es el resultado de una investigación dirigida a la búsqueda de respuestas para aquellas personas que exigen que se responda con hechos sólidos a sus preguntas acerca de cómo actúa la mente, por qué nos comportamos como lo hacemos y cómo podemos dejar de hacerlo. La respuesta se encuentra en lo que, por mi parte, juzgo como uno de los avances más prometedores del análisis psíquico conseguidos en muchos años: el llamado análisis conciliatorio. Esta nueva concepción ha devuelto la esperanza a personas que se habían sentido descorazonadas ante la vaguedad de muchas de las modalidades de la psicoterapia tradicional. Ha dado una nueva respuesta a aquellos que desean cambiar más que ajustarse, que aspiran a una transformación más que a una «adaptación». Es un enfoque realista puesto que enfrenta al enfermo con el hecho de que es responsable de lo que ocurra en el futuro, independientemente de lo que haya ocurrido en el pasado. Más aún, permite a las personas cambiar, adquirir dominio de sí mismas y de su propia dirección, y descubrir la realidad de una libertad de elección.

Debemos el establecimiento de este método, principalmente, al doctor Eric Berne, que, al desarrollar el concepto de análisis conciliatorio, ha creado un sistema unificado de análisis individual y social de vasto alcance a nivel teórico y de gran eficacia en su aplicación práctica. Por lo que a mí respecta, he tenido el privilegio de estudiar con Berne durante los últimos diez años y de participar en sus debates del seminario de perfeccionamiento que dirige en San Francisco. Tuve conocimiento por primera vez de su nuevo método de tratamiento gracias a un informe que presentó en la Conferencia de la Región Occidental, organizada por la Asociación Americana de la Psicoterapia de Grupo en Los Ángeles, en noviembre de 1957, titulado «Análisis conciliatorio: un nuevo y eficaz método de terapéutica de grupo». De inmediato advertí que no se trataba simplemente de «un informe como tantos otros», sino que constituía una verdadera radiografía de la mente, como nadie más había logrado obtener hasta entonces, acompañada de una terminología precisa, al alcance de todas las inteligencias. Esta terminología ha hecho posible que dos personas hablen de «conducta» y sepan a qué se refieren.

Una de las dificultades inherentes a los términos psicoanalíticos consiste en que estos no poseen el mismo significado para todos. Las palabras «ego» o «yo», por ejemplo, tienen distintos significados dependiendo de la persona que las utilicen. Freud formuló una complicada definición de estos términos, al igual que casi todos los analistas que le han seguido; pero esas largas y detalladas elucubraciones apenas resultan útiles para el paciente que intenta comprender por qué razón es incapaz de conservar un empleo, particularmente si uno de sus problemas consiste en que no lee lo suficientemente bien como para seguir unas instrucciones. Por otra parte, creo que ni siquiera los propios teóricos se ponen de acuerdo en el significado del vocablo «ego». Las vagas explicaciones y las complicadas teorías no han hecho más que obstaculizar el proceso terapéutico en lugar de favorecerlo. Herman Melville observaba que «el verdadero hombre de ciencia usa muy pocas palabras difíciles, y lo hace únicamente cuando no encuentra otra que responda a su propósito; mientras que el diletante de la ciencia cree que pronunciando palabras difíciles logra comprender cosas difíciles». El vocabulario del análisis conciliatorio es una herramienta de precisión para el tratamiento porque, empleando un lenguaje sencillo al alcance de todos, identifica cuestiones que existen realmente, la realidad de experiencias que ocurren en las vidas de personas que existen de manera real.

El método, especialmente adecuado para el tratamiento de varios individuos en grupo, aporta además una solución a la gran disparidad entre las necesidades de tratamiento y el número de personas capacitadas para administrarlo. Durante los últimos veinticinco años, y con especial intensidad a partir de la época que siguió inmediatamente a la Segunda Guerra Mundial, la popularidad del psicoanálisis parece haber creado unas necesidades que rebasan con mucho nuestra capacidad para satisfacerlas. Un torrente ininterrumpido de literatura psicológica, vertido en revistas psiquiátricas o en el *Reader Digest*, ha provocado un incremento de esta expectación, mientras el desfase entre esta y la cura parece haber aumentado. El problema ha radicado siempre en levantar a Freud de su diván y acercarlo a las masas.

Mike Gorman, director ejecutivo del Comité Nacional contra las Enfermedades Mentales, expresó la dificultad con que tropieza el psicoanálisis cuando intenta satisfacer estas necesidades, en su discurso ante la conferencia anual que la Asociación Psiquiátrica Americana celebró en Nueva York en mayo de 1965:

> A medida que habéis pasado de ser la pequeña célula de tres mil analistas que erais en 1945 a convertiros en esta vasta organización de especialistas de 1965, que cuenta con catorce mil miembros, os habéis visto necesariamente arrastrados, de un modo creciente, a participar en los principales problemas de nuestro tiempo. Ya no podéis permanecer ocultos en la comodidad de vuestras consultas particulares, adecuadamente amuebladas con un mullido diván y un grabado que representa a Freud durante su visita a Worcester, en Massachusetts, en 1909.
>
> Sostengo que el psicoanálisis debe crear un lenguaje «público», libre de toda jerga técnica y adecuado para el debate de los problemas universales de nuestra sociedad. No ignoro que la tarea es muy difícil; significa la renuncia a los términos cómodos, seguros y protegidos de la profesión y la adaptación al diálogo mucho más oreado del tribunal abierto. A pesar de la dificultad, es preciso llevar a cabo esta tarea si queremos que el análisis consiga audiencia en el ágora pública de nuestra nación.
>
> Me reconfortan los recientes escritos de varios jóvenes psicoanalistas que muestran una saludable aversión a la perspectiva de pasarse toda su vida profesional tratando de diez a veinte pacientes al año. Las palabras del psicoanalista Melvin Sabshin son reveladoras: «Basta preguntarse, simplemente, si el psicoanálisis puede o no realizar estas nuevas funciones y cumplir con este nuevo papel utilizando su estilo tradicional, su metodología típica y su práctica actual. Por mi

parte, respondo negativamente. No creo que proporcionen la base adecuada para las nuevas funciones y configuraciones».

El psicoanálisis debe enfrentarse al hecho de que no puede ni empezar siquiera a satisfacer la demanda de ayuda psicológica y social de los pobres, de nuestros escolares fracasados, de nuestros obreros frustrados, de los claustrofóbicos residentes de nuestras atestadas ciudades y así sucesivamente, casi *ad infinítum*.

Muchos de nuestros líderes más preocupados piensan cada vez más en el nuevo papel de la psiquiatría en los próximos decenios, no solo en la ampliación de sus enseñanzas particulares sino también en la colaboración con otras disciplinas conductuales, en una posición de igualdad, con el fin de crear programas de adiestramiento para los millares de nuevos trabajadores de la salud mental que necesitaremos si hemos de alcanzar los objetivos proclamados por el presidente Kennedy en su histórico mensaje de 1963 sobre la salud mental.[1]

Actualmente, el análisis conciliatorio está haciendo posibles los programas de adiestramiento de miles de trabajadores de la salud mental en un «lenguaje público», purificado de toda jerga técnica, adecuado para el debate de los problemas universales de nuestra sociedad. En el estado de California, más de mil profesionales han sido adiestrados en este método, y este adiestramiento se extiende rápidamente a otras regiones de nuestro país y a otras naciones. Cerca del cincuenta por ciento de esos profesionales son psiquiatras; entre los restantes figuran médicos de otras especialidades (obstetricia, pediatría, medicina interna y medicina general), psicólogos, asistentes sociales, enfermeras, maestros, jefes de personal, sacerdotes y jueces. En la actualidad, el análisis conciliatorio se emplea en tratamientos grupales en muchos de los hospitales, prisiones y correccionales de California. Cada día son más numerosos los terapeutas que lo emplean para orientar a matrimonios, tratar a adolescentes y preadolescentes, prestar asesoramiento espiritual y administrar cuidados obstétricos centrados en la familia. Además, también se emplea en una institución para personas con retraso mental, Laurel Hills, en Sacramento.

Existe una razón central que justifica las esperanzas puestas en el análisis conciliatorio como solución para salvar la distancia entre las necesidades de tratamiento y la disponibilidad de personal adiestrado, y es el hecho de su gran eficacia en la terapéutica grupal. Se trata de un recurso para enseñar y para aprender más que una exploración confesional o arqueológica de los sótanos psíquicos. En mi ejercicio particular del análisis, esto me ha permitido atender a un número de pacientes cuatro veces superior a los que podía tratar antes. En los veinticinco años que llevo ejerciendo mi profesión —atendiendo a pacientes y dirigiendo vastos programas institucionales—, nada me ha impresionado tan vivamente como lo que está aconteciendo actualmente en mi consulta. Una de las principales contribuciones del análisis conciliatorio consiste en proporcionar a los enfermos una herramienta que puedan utilizar; este libro tiene como objetivo definir esa herramienta. Todo el mundo puede manejarla, y no es necesario estar «enfermo» para beneficiarse de ella.

Resulta una experiencia ciertamente alentadora ver cómo las personas empiezan a cambiar, a mejorar, a crecer y a liberarse de la tiranía del pasado a partir de la primera hora de tratamiento. Basamos nuestra mayor esperanza en la afirmación de que lo que ha sido puede volver a ser. Si es posible conseguir que las relaciones entre dos individuos pasen a ser creativas, satisfactorias para ambos y libres de todo temor, de ello se desprende que esto mismo se puede lograr en las relaciones con un tercero o con un centenar de personas, o incluso —estoy convencido de ello— en las relaciones entre grupos sociales enteros y hasta entre naciones. Los problemas del mundo —que aparecen cotidianamente bajo titulares de violencia y desesperación— son, en esencia, problemas de los individuos. Si estos pueden cambiar, es posible cambiar el curso del mundo. Esta es una esperanza que merece la pena albergar.

Deseo dar las gracias a varias personas por su apoyo y aportación al esfuerzo que ha exigido la redacción de este libro. Si este es hoy una realidad se lo debo principalmente a mi esposa, Amy, cuya habilidad para la redacción y fenomenal capacidad reflexiva han dado forma definitiva al contenido de mis conferencias, investigaciones, viejos artículos, observaciones y formulaciones, muchos de los cuales hemos elaborado conjuntamente. A lo largo de toda la obra aparecen muestras de sus investigaciones filosóficas, teológicas y literarias, y el capítulo que trata de los valores morales se debe enteramente a su pluma. Quiero expresar también mi reconocimiento a mis secretarias, Beverly Fleming y Connie Drewry, que prepararon el original y los ejemplares de estudio de este libro; a Alice Billings, Merrill Heidig, Jean Lee, Marjorie Marshall y Jan Root por su valiosa ayuda, y a mis hijos por su maravillosa aportación.

A mis colegas, que participaron conmigo en la fundación del Instituto de Análisis Conciliatorio, los doctores Gordon Haiberg, Erwin Eichhorn, Bruce Marshall, J. Weaver Hess y John R. Saldine; a los directores que se unieron a nosotros a medida que el Consejo del Instituto se iba ampliando: el doctor David Applegate, Laverne Crites, Donis Eichhorn, los doctores Ronald Fong, Alvyn Freed, David Hill, Dennis Marks, Larry Mart, John Mitchell y Richard Nicholson, el reverendo Russell Osnes, el doctor Warren Prentice, Berton Root, Barry Rumbles, Frank Summers, el reverendo Ira Tanner, Leroy Wolter y el doctor Z. O. Young.

Al difunto reverendo doctor Robert R. Ferguson, pastor decano de la Iglesia presbiteriana de Fremont, Sacramento, y asesor pedagógico del Seminario Teológico de Princeton; al doctor John M. Campbell, presidente del Departamento de Antropología de la Universidad de Nuevo México; a James J. Brown del Sacramento Bee; a Eric Bjork, por su sabiduría y sus generosas palabras, y al doctor Ford Lewis, ministro de la Primera Sociedad Unitaria de Sacramento, cuya devoción a la verdad y a la comprensión ha sido para mí una fuente inagotable de aliento.

Al doctor Elton Trueblood, profesor de Filosofía del Colegio de Earlham, por los importantes datos que me ha facilitado; al obispo James Pike, teólogo residente del Centro de Estudios de las Instituciones Democráticas de Santa Bárbara, por su contagioso entusiasmo y su generosa asistencia, y en especial, a dos personas que aportaron años de actividad docente y de estímulo, la doctora Freida Fromm-Reichmann y el doctor Harry Stack Sullivan, bajo cuya tutela escuché por primera vez el término «conciliaciones o transacciones interpersonales».

Y, finalmente, a mis pacientes, cuyas mentalidades creativas y emancipadas han proporcionado gran parte del contenido de este libro, escrito a petición suya.

THOMAS A. HARRIS
Instituto de Análisis Conciliatorio,
Sacramento, California,
junio de 1968

I

FREUD, PENFIELD
Y BERNE

Me contradigo a mí mismo. Soy vasto.
Contengo muchedumbres.

Walt Whitman

En el curso de la historia, surge de un modo consistente cierta impresión sobre la naturaleza humana: el hombre posee una naturaleza múltiple. A menudo se le ha atribuido una dual, y este hecho ha sido expresado en la mitología, la filosofía y la religión. Esta dualidad ha sido siempre contemplada como un conflicto, el conflicto entre el bien y el mal, entre la naturaleza inferior y la superior, entre el hombre interior y el exterior: «Hay ocasiones –dice Somerset Maugham– en que observo perplejo las diversas partes de mi carácter. Reconozco que estoy constituido por varias personas y que la persona que, en este momento, predomina en mí cederá su lugar, inevitablemente, a otra. Pero ¿cuál de ellas es real? ¿Todas o ninguna?».

Si observamos el curso de la historia, resulta evidente que el hombre puede aspirar a la bondad y alcanzarla, sea cual sea el concepto que se tenga de esa bondad. Moisés la entendió, principalmente, como justicia; Platón, en general, como sabiduría, y Jesús la veía en el amor. Pero todos ellos estaban de acuerdo en que la virtud, cualquiera que fuese su interpretación, se encontraba constantemente minada por «algo» que existía en la naturaleza humana y que estaba en lucha contra otro «algo». Sin embargo, ¿qué eran esos dos «algos»?

Cuando, a principios del siglo XX, Sigmund Freud apareció en escena, este enigma fue sometido a una nueva prueba: el rigor de la investigación científica. La aportación fundamental de Freud consistía en su teoría de que el inconsciente era habitado por bandos en lucha. Los combatientes fueron bautizados provisionalmente: se dio el nombre de Superego o Superyo a la fuerza restrictiva y dominante, que gobierna sobre el Ello (los impulsos instintivos), y el Yo pasaba a ser el árbitro que actúa basándose en el «interés egoísta ilustrado».

Hemos contraído una gran deuda con Freud por sus denodados esfuerzos de investigación para establecer la base teórica sobre la que construimos actualmente. Con el paso de los años, los eruditos y expertos han elaborado, sistematizado y ampliado sus teorías. Pero las «personas interiores» siguen siendo huidizas, y se diría que los centenares de volúmenes que acumulan polvo y las anotaciones de los pensadores psicoanalistas no han aportado respuestas apropiadas a las personas sobre las cuales escribieron.

A la salida del estreno de la película *¿Quién teme a Virginia Woolf?*, me quedé unos momentos en la entrada del cine y escuché varios comentarios de los espectadores que acababan de verla: «¡Estoy agotado!», «Y pensar que voy al cine para airearme de mi casa», «¿Por qué demonios querrán mostrar algo así?», «No la he entendido; supongo que para comprenderla hay que ser psicólogo». Tuve la sensación de que muchas de aquellas personas salían del cine preguntándose de qué trataba la película en realidad, seguras de que tenía un mensaje, pero incapaces de encontrar en ella algo relacionado con ellos o algo liberador en el sentido de cómo terminar con «la diversión y los juegos» en sus propias vidas.

Resultan ciertamente impresionantes ciertas formulaciones como la definición del psicoanálisis que, según Freud, es una «concepción dinámica que reduce la actividad mental a una interacción de fuerzas que se impelen y se refrenan recíprocamente». Una definición como esta, así como sus incontables versiones posteriores, puede ser útil para «los profesionales», pero ¿qué utilidad tiene para las personas afectadas? George y Martha, en la obra de Edward Albee, utilizaban palabras al rojo vivo, desnudas y soeces, que resultaban precisas y adecuadas. Cabe preguntarse si, como terapeutas, podemos hablar con George y Martha con la misma precisión y adecuación acerca de por qué obran de la manera que lo hacen y sufren como sufren. ¿Podemos hacer que lo que les digamos no solo sea verdadero sino también de utilidad, dado que nos hacemos comprender por ellos? «¡Hable usted cristiano! No entiendo ni media palabra de lo que me dice», piensan muchos al oír hablar a algunos que se presentan como expertos psicólogos. Adoptar ideas psicoanalíticas esotéricas y presentarlas con términos todavía más esotéricos no es la mejor manera de acercarse a la gente. A consecuencia de ello, las reflexiones de la gente corriente se expresan a menudo a través de lamentables redundancias y en conversaciones superficiales con comentarios como: «Bueno, ¿no es eso lo que ocurre siempre?», sin la menor idea de cómo puede ser diferente.

En cierto modo, uno de los factores de distanciamiento de nuestra época es el abismo que separa a la especialización de la comunicación, que no deja de aumentar la distancia existente entre los especialistas y los no especialistas. El espacio pertenece a los astronautas, el entendimiento de la conducta humana es cosa de los psicólogos y de los psiquiatras, la legislación incumbe a los miembros del Congreso y los teólogos se encargan de decidir si debemos tener o no otro hijo. Se entiende que sea así; pero los problemas de incomprensión y de falta de comunicación son tan graves que se impone la necesidad de encontrar un lenguaje que nos permita mantenernos al corriente de la marcha de las investigaciones.

En el caso de las matemáticas se ha intentado resolver este dilema a través del desarrollo de la «nueva matemática», que en la actualidad se enseña en las escuelas de todo el país. Más que una nueva forma de calculo, es una nueva manera de comunicar las ideas matemáticas, que responde a las preguntas no solo acerca del qué sino también del por qué, con el fin de que el sentimiento de exaltación que produce el hecho de poder ir a la luna o de utilizar una calculadora no sean únicamente dominio de los hombres de ciencia sino que llegue de manera comprensible al estudiante. Lo nuevo no es la ciencia matemática, sino la manera de hablar de ella. ¡Qué dificultades encontraríamos en nuestro desarrollo científico si todavía tuviéramos que utilizar los sistemas de numeración de Babilonia, de los mayas, de los egipcios o de los romanos! El deseo de usar las matemáticas de forma creativa suscitó la aparición de nuevos métodos de sistematización de los conceptos numéricos. La matemática nueva de hoy en día ha continuado este desarrollo creador. Reconocemos y apreciamos el valor creador de los antiguos sistemas, pero no queremos entorpecer la labor de nuestros días utilizando métodos menos eficaces.

Esta es mi posición en relación con el análisis conciliatorio. Respeto profundamente el abnegado esfuerzo de los psicoanalistas teóricos del pasado. Y espero mostrar en este libro una nueva manera de exponer las viejas ideas y una forma clara de presentar otras nuevas, no para atacar con inquina y desprecio lo que se realizó en el pasado, sino más bien para responder a la evidencia innegable de que los antiguos métodos no parecen demasiado eficaces en la actualidad.

En cierta ocasión, un apasionado joven del Servicio de Extensión de la Universidad, que visitaba las granjas con el propósito de vender un manual sobre conservación del suelo y nuevas técnicas agrícolas, entabló conversación con un viejo granjero que trabajaba en el campo con un apero de labranza oxidado. Tras pronunciar un educado y elegante discurso, el joven preguntó al granjero si estaba interesado en adquirir el libro, a lo cual contestó el anciano:

—Hijo mío, no trabajo la tierra ni la mitad de bien de lo que ya sé hacerlo.

El objetivo de este libro no es solamente presentar nuevos datos, sino también ofrecer respuesta a la cuestión de por qué la gente no vive ni la mitad de bien de lo que ya sabe cómo debería vivir. Tal vez conozcan perfectamente que los expertos tienen mucho que decir sobre la conducta humana, pero este conocimiento no parece surtir el menor efecto en su resaca, en el progresivo fracaso de su matrimonio o en sus alocados hijos. Es posible que acudan a consultorios sentimentales buscando consejo o que se vean magníficamente retratados en las historietas cómicas más populares, pero ¿hay en ello algo profundo y simple al mismo tiempo relacionado con la dinámica de la conducta que les ayude a encontrar nuevas respuestas a los viejos problemas? ¿Hay en ello alguna información disponible que sea veraz y útil al mismo tiempo?

Hasta hace muy pocos años, nuestra búsqueda de respuestas se había visto limitada por el hecho de que sabíamos relativamente muy poco sobre el modo en que el cerebro humano guarda los recuerdos y cómo esos recuerdos son evocados para imponer la tiranía —así como el tesoro— del pasado en la vida corriente.

LA SONDA DEL CIRUJANO DEL CEREBRO

Toda hipótesis debe verificarse mediante pruebas claras. Hasta hace muy poco, apenas disponíamos de pruebas acerca de cómo actúa la función cognitiva del cerebro, de cómo y cuáles de sus doce mil millones de células almacenan los recuerdos. ¿Qué cantidad de recuerdos se conservan? ¿Pueden desaparecer? ¿Es la memoria algo generalizado o específico? ¿Por qué ciertos recuerdos salen a la conciencia con mayor facilidad que otros?

En 1951, un neurocirujano de la Universidad McGill de Montreal, el doctor Wilder Penfield, notable investigador en este campo de la ciencia, empezó a aportar interesantes pruebas que confirmaban o alteraban los conceptos teóricos formulados en respuesta a estas preguntas.[1] Durante las operaciones cerebrales practicadas a enfermos de epilepsia focal, Penfield realizaba una serie de experimentos que consistían en tocar la corteza temporal del cerebro del paciente con una débil corriente eléctrica transmitida mediante una sonda galvánica. Sus observaciones sobre las reacciones a aquellos estímulos se prolongaron a lo largo de varios años. En todos los casos, el paciente, bajo el efecto de la anestesia local, permanecía totalmente consciente durante la exploración de la corteza cerebral y podía hablar con Penfield. En el curso de tales experimentos este pudo escuchar cosas fascinantes.

(Puesto que este libro pretende ser una guía práctica del análisis conciliatorio y no un manual científico, deseo aclarar que el material que viene a continuación, procedente de las investigaciones de Penfield —y el único de este libro que puede considerarse técnico—, se incluye en este primer capítulo porque lo considero esencial a la hora de establecer la base científica de todo lo que seguirá. Las pruebas parecen mostrar que todo lo que ha sido captado de manera consciente por el ser humano permanece grabado con todo detalle, almacenado en el cerebro, y es susceptible de ser «reproducido» en el presente. Posiblemente el material que viene a continuación exija una segunda lectura para comprender exactamente el alcance de los hallazgos de Penfield).

El doctor descubrió que el electrodo empleado como estimulador podía suscitar recuerdos claramente derivados de la memoria del paciente. A este respecto, afirma: «La experiencia psíquica, producida a través del electrodo, cesa cuando este se retira y puede repetirse cuando se aplica de nuevo». Y nos ofrece los ejemplos siguientes:

El primer caso es el de S. B. La estimulación del Punto 19 de la primera circunvolución del lóbulo temporal derecho le llevó a decir: «Allí había un piano y alguien lo tocaba. Y yo oía la canción, ¿sabe?». Cuando el mismo punto fue de nuevo estimulado sin previa advertencia, el paciente dijo: «Alguien habla a otra persona», y mencionó un nombre, pero no pude entenderlo... Fue como un sueño. Cuando el punto fue estimulado por tercera vez, también sin previo aviso, el paciente observó espontáneamente: «Sí, *¡Oh Marie, Oh Marie!* Alguien la está cantando». El mismo punto fue estimulado por cuarta vez, y el paciente escuchó la misma canción y aclaró que se trataba de la sintonía de cierto programa de radio.

Cuando se estimuló el Punto 16, mientras se le aplicaba el electrodo, el paciente dijo: «Algo me trae un recuerdo... Veo la compañía envasadora de Seven-Up... La panadería Harrison». Después se le comunicó que se le estimulaba de nuevo, pero, en realidad, no se le aplicó el electrodo. Y el paciente dijo: «Nada».

En otro caso, el de O. E., mientras se le estimulaba un punto de la superficie superior del lóbulo temporal derecho, dentro de la cisura de Silvio, la paciente escuchó cierta canción popular que parecía ejecutada por una orquesta. La repetición del mismo estímulo reproducía la misma música. Cuando se le aplicaba el electrodo, la paciente cantaba la canción, con la correspondiente letra, acompañando así la música que oía.

El paciente L. G. dijo que se le obligaba a experimentar «algo» que le había ocurrido anteriormente. La estimulación de otro punto del lóbulo temporal suscitaba en él la imagen de un hombre y un perro que caminaban por una carretera, cerca de su casa, en el campo. Otra mujer escuchó una voz que no llegó a comprender del todo la primera vez que se le estimuló la primera circunvolución temporal. Cuando se le volvió a aplicar el electrodo aproximadamente en el mismo punto, oyó una voz que decía claramente: «Jimmie, Jimmie». Jimmie era el apodo familiar de su joven marido, con quien se había casado hacía poco tiempo.

Una de las conclusiones más importantes de Penfield fue que el electrodo evocaba un único recuerdo concreto, y no una mezcla o generalización de recuerdos. Otra de sus conclusiones fue que la reacción al electrodo era involuntaria:

Bajo la influencia compulsiva del electrodo una experiencia conocida aparecía en la conciencia del paciente tanto si este deseaba centrar en ella su atención como si no. Una canción pasaba por su mente, probablemente tal como la había escuchado en una determinada ocasión, y el paciente se encontraba formando parte de una situación específica que progresaba y se desarrollaba del mismo modo que la situación original. Para él era algo así como interpretar una obra de teatro conocida, en la que era a la vez actor y público.

Posiblemente el descubrimiento más importante fue el hecho de que no solo se registran con todo detalle los acontecimientos pasados, sino también los sentimientos vinculados a estos acontecimientos. Un determinado acontecimiento y el sentimiento provocado por este se hallan inextricablemente vinculados en el cerebro, de manera que es imposible evocar a uno sin el otro. Penfield informa:

> El paciente siente de nuevo la emoción que la situación le produjo originalmente, y es consciente de las mismas interpretaciones, verdaderas o falsas, que dio a la experiencia original. Así, el recuerdo evocado no es la fotografía o la reproducción fonográfica de escenas o acontecimientos pasados, sino la reproducción de lo que el paciente vio, escuchó, sintió y entendió.

Los estímulos producidos por la experiencia cotidiana evocan los recuerdos de una forma muy parecida a como lo hace, artificialmente, la sonda de Penfield. En ambos casos, el recuerdo podría describirse como una nueva experiencia más que como una evocación. En reacción al estímulo, la persona se desplaza momentáneamente al pasado. Por ejemplo: «¡Estoy aquí!». Esta realidad puede durar tan solo una fracción de segundo o muchos días. Tras la experiencia, la persona puede recordar conscientemente que estuvo allí. La secuencia, en los recuerdos involuntarios, sigue este orden:

en primer lugar, nueva experiencia (sentimiento espontáneo, involuntario), y en segundo lugar, recuerdo (pensamiento consciente, voluntario, sobre el acontecimiento pasado que se acaba de revivir), ¡y son muchas las cosas que revivimos y no podemos recordar!

Los siguientes informes sobre dos pacientes muestran la forma en que los estímulos del presente evocan sentimientos pasados: una mujer de cuarenta años cuenta que, una mañana, caminando por la calle, al pasar por delante de una tienda de música, oyó una melodía que suscitó en ella una melancolía sobrecogedora. Se sintió presa de una tristeza que no podía entender, de una intensidad «casi insoportable». En su conciencia no había nada que pudiera explicar el fenómeno. Cuando me describió el sentimiento, le pregunté si había algo de su vida anterior que aquella canción pudiera recordarle. Me dijo que no podía encontrar la más mínima relación entre aquella melodía y su tristeza. Pocos días más tarde, me telefoneó para decirme que, mientras la canturreaba de manera repetitiva, una y otra vez, la asaltó repentina y fugazmente un recuerdo en el cual «vio a su madre sentada al piano y la oyó tocar aquella melodía». La madre había muerto cuando la paciente tenía cinco años. En aquella época, la muerte de su madre le había provocado una grave depresión, que había persistido durante largo tiempo, pese a todos los esfuerzos de la familia para ayudarla a transferir su afecto hacia una tía que había asumido para ella el papel de madre. No había vuelto a recordar la canción ni a su madre tocándola hasta aquel día en que pasó por delante de la tienda de música. Le pregunté si el recuerdo de aquella experiencia infantil la había aliviado de su depresión, y dijo que había transformado la naturaleza de sus sentimientos; al recordar la muerte de su madre, sentía todavía una profunda melancolía, pero no la sobrecogedora desesperación inicial. Se podría decir que ahora recordaba conscientemente un sentimiento que, originalmente, fue la nueva experiencia de un sentimiento. En el segundo caso, recordaba el sentimiento, pero en el primero sentía exactamente lo mismo que la muerte de su madre suscitó en ella cuando solo tenía cinco años.

Los sentimientos agradables son evocados de una forma muy similar. Todos sabemos que un olor, un sonido o una visión fugaces pueden producir una alegría indescriptible, a veces de un modo tan rápido que casi pasa inadvertido. A menos que nos centremos en ello, no podemos recordar en qué lugar experimentamos anteriormente el olor, el sonido o la visión que nos afectan. Pero el sentimiento es real.

Otro paciente explica el siguiente incidente: paseando por la calle L, junto al Capitol Park de Sacramento, llegó a él un olor a cal y a azufre, que generalmente se considera pútrido, de un producto que suele usarse para rociar los árboles. Entonces, le asaltó un fuerte sentimiento de alegría y de exaltada despreocupación. Descubrir el origen de aquel sentimiento le resultó fácil porque era agradable y placentero. Se trataba del mismo producto que, a principios de primavera, se usaba para rociar los manzanos del huerto de su padre. Para el paciente, cuando era un niño, aquel olor estaba asociado a la llegada de la primavera, el verdor de los árboles y todos los placeres que entraña para un niño la vida al aire libre después del largo encierro invernal. Al igual que en el caso de la primera paciente, el recuerdo consciente del sentimiento era ligeramente diferente a la explosión del sentimiento original, ya que no logró volver a experimentar la exultante y espontánea transportación al pasado que vivió durante aquel instante fugaz. Más que experimentar el sentimiento en sí, parecía como si ahora sintiera algo relacionado con él.

Esto ilustra otra de las conclusiones de Penfield: el recuerdo permanece intacto en la memoria del sujeto aun cuando este no pueda recordarlo:

El recuerdo evocado de la corteza temporal conserva el carácter detallado de la experiencia original. Cuando se introduce de esta forma en la conciencia del paciente, la experiencia parece hacerse presente, posiblemente porque se impone a la atención de una manera tan irresistible. Solo cuando este ya ha pasado, el sujeto puede reconocerlo como un vívido recuerdo del pasado.

Otra conclusión que podemos extraer de estos descubrimientos es que el cerebro funciona como un magnetófono de alta fidelidad que grabara en una cinta todas las experiencias vividas desde nuestro nacimiento y, posiblemente, antes de este. (El proceso de almacenamiento de datos en el cerebro es indudablemente un proceso químico que implica una reducción de la información y un cifrado, y que no conocemos en su totalidad. A pesar de ser excesivamente simplista, la analogía con el magnetófono resulta útil para explicar el funcionamiento de la memoria. Lo importante es que, sea como fuere que se realice la grabación, su reproducción es de alta fidelidad).

Penfield afirma que siempre que una persona normal presta atención consciente a algo, lo grabará simultáneamente en la corteza temporal de cada hemisferio. Estas grabaciones se producen secuencialmente y de forma continua:

Cuando se aplica un electrodo a la corteza de la memoria, puede surgir una imagen, pero la imagen generalmente no es estática. Cambia, tal como lo hizo cuando fue vista originalmente y el sujeto tal vez alteró la dirección de su mirada. Sigue los acontecimientos observados originalmente segundo tras segundo, minuto tras minuto. La canción suscitada por la estimulación de la corteza avanza lentamente, de una frase a otra, de una estrofa a otra.

Penfield llega entonces a la conclusión de que el hilo de continuidad en los recuerdos evocados parece ser el tiempo. El modelo original fue grabado en una sucesión temporal:

El hilo de la sucesión temporal parece unir las partes del recuerdo evocado. Parece también que únicamente se graban los elementos sensoriales a los cuales el individuo prestaba atención y no todos los impulsos sensoriales que constantemente bombardean el sistema nervioso central.

La evocación de secuencias de recuerdos muy complicadas induce a pensar que cada uno de los recuerdos sigue un camino de neuronas propio e independiente. Para comprender la forma en que el pasado influye en el presente, es especialmente importante observar que la corteza temporal se utiliza, evidentemente, en la interpretación de las experiencias actuales:

Cabe producir... ilusiones... a través de la estimulación de la corteza temporal... y la perturbación producida es un juicio relacionado con la experiencia actual: un juicio sobre si la experiencia es familiar, extraña o absurda; sobre la alteración de las distancias y los tamaños, e incluso sobre si la situación presente resulta aterradora. Estas son ilusiones de la percepción, y su consideración lleva a creer que *toda nueva experiencia es clasificada de un modo inmediato, de alguna forma, con la ayuda de los recuerdos de experiencias similares anteriores, con lo cual se puede juzgar sus diferencias y similitudes.* Por ejemplo, después de un cierto tiempo puede resultarnos difícil evocar un recuerdo preciso y detallado de un viejo amigo tal como era hace unos años; y sin embargo, cuando volvemos a ver al amigo, aunque sea inesperadamente, podemos percibir de forma inmediata los cambios que el paso del tiempo ha obrado en él. Sabemos bien de qué se trata: nuevas arrugas en su rostro, canas, hombros más cargados... [la cursiva es mía].

Penfield concluye:

La demostración de la existencia de unos «patrones» corticales que mantienen los detalles de la experiencia actual, como en una biblioteca de numerosos volúmenes, es uno de los primeros pasos hacia una fisiología de la mente. La naturaleza del patrón, el mecanismo de su desarrollo, el mecanismo de su subsiguiente utilización y los procesos integradores que crean el sustrato de la conciencia, todo ello se traducirá, algún día, en fórmulas fisiológicas.

El doctor Lawrence S. Kubie, de Baltimore, uno de los más eminentes psicoanalistas de Estados Unidos, que participó en el debate acerca de la comunicación de Penfield, dijo al final de su presentación:

> Agradezco profundamente la oportunidad que se me ofrece de debatir la comunicación del doctor Penfield... debido al gran estímulo que esta comunicación ha ejercido en mi imaginación. Ciertamente, me ha tenido en un estado de fermentación durante las dos últimas semanas, viendo cómo las piezas de un rompecabezas encajaban entre sí y emergía del conjunto un cuadro que arrojaba luz sobre algunos de mis trabajos de estos últimos años. Me parece estar viendo las sombras de Harvey Cushing y de Sigmund Freud estrechándose la mano en este tan demorado encuentro entre el psicoanálisis y la moderna neurocirugía, a través de la labor experimental de la que el doctor Penfield acaba de informarnos.

En resumen, podemos concluir lo siguiente:

1. El cerebro funciona como una grabadora de alta fidelidad.
2. Los sentimientos asociados con las experiencias pasadas se graban también, unidos inextricablemente a esas experiencias.
3. Las personas pueden existir en dos estados al mismo tiempo. El paciente sabía que estaba en la mesa de operaciones hablando con Penfield, y sabía también que estaba viendo la compañía envasadora de Seven-Up y la panadería Harrison; era dual en el sentido de que se encontraba dentro de la experiencia y fuera de ella, observándola.

4. Esas experiencias grabadas y los sentimientos asociados a ellas pueden ser reproducidos de manera tan vívida como cuando ocurrieron, y aportan muchos de los datos que determinan la naturaleza de las conciliaciones o transacciones de hoy. No solo recuerdo cómo sentía. En ese momento, siento del mismo modo.

Los experimentos de Penfield muestran que la función de la memoria, entendida por lo general en términos psicológicos, es también biológica. No podemos ofrecer una respuesta a la vieja pregunta acerca de cuál es el lazo de unión entre la mente y el cuerpo. Conviene, sin embargo, hacer referencia a los enormes progresos efectuados en el campo de la investigación genética en cuanto al modo en que la herencia se programa dentro de la molécula ARN. El doctor Holgar Hyden, de Suecia, ha dicho:

Cabe suponer que la capacidad de traer el pasado a la conciencia reside en un mecanismo primario de validez biológica general. Es importante un firme enlace con el mecanismo genético, y, en este aspecto, la molécula ARN, con sus numerosas posibilidades, satisfaría muchas exigencias.[2]

La prueba observable producida por esos estudios biológicos apoya y ayuda a explicar la prueba observable en el comportamiento humano. ¿Cómo se puede aplicar el método científico a la conducta de manera que nuestros descubrimientos constituyan un conjunto de «conocimientos» tan precisos y tan útiles como los hallazgos de Penfield?

UNA UNIDAD CIENTÍFICA BÁSICA: LA CONCILIACIÓN

Una de las razones que dan lugar a críticas que juzgan acientíficas las ciencias psicoterapéuticas, y en las que se basa gran parte del notable desacuerdo que reina en este campo, es que no ha existido una unidad básica para el estudio y la observación. Es el mismo tipo de dificultad con que se encontraban los físicos antes de la teoría molecular y los médicos antes del descubrimiento de las bacterias.

Eric Berne, creador del análisis conciliatorio, ha aislado y definido esta unidad científica básica:

La unidad de relación social recibe el nombre de transacción. Si se encuentran dos o más personas... tarde o temprano una de ellas hablará u ofrecerá alguna muestra de reconocer la presencia de las demás. A eso se le llama estímulo conciliatorio. Otra persona, entonces, dirá o hará algo que estará relacionado en cierta manera con el estímulo, algo que llamaremos respuesta conciliatoria.[3]

El análisis conciliatorio es el método de examinar esa transacción o conciliación mediante la cual «yo te hago algo a ti y tú me haces algo a mí como respuesta», y de determinar qué parte de las múltiples naturalezas del individuo «entra en juego». En el capítulo siguiente, «El Padre, el Adulto y el Niño», se identificarán y describirán las tres partes de esta naturaleza múltiple.

El análisis conciliatorio es también un método para sistematizar la información procedente del análisis de esas conciliaciones a través de palabras que poseen, por definición, el mismo significado para todos aquellos que las emplean. Este lenguaje es, evidentemente, una de las creaciones más importantes del sistema. El acuerdo sobre el significado de las palabras y el acuerdo sobre aquello que se debe examinar son las dos llaves que han abierto la puerta a los «misterios de por qué la gente actúa como actúa». En verdad, se ha tratado de una gran hazaña.

En febrero de 1960 tuve la oportunidad de escuchar una fascinante conferencia, que duró todo un día, del doctor Timothy Leary, quien, a la sazón, acababa de entrar en el Departamento de Relaciones Sociales de la Universidad de Harvard. El doctor Leary impartió la charla al personal del hospital De Witt del estado, en Auburn, California, donde yo ocupaba el cargo de director de Formación Profesional. A pesar de las diversas reacciones que su nombre suscita en la actualidad a causa de su devoción por el uso de las drogas en la búsqueda de experiencias psicodélicas, haré alusión a algunos de sus comentarios, puesto que expresan el problema de un modo dramático y pueden explicar lo que él mismo llamó su «curso en zigzag de desilusión secuencial». El doctor Leary explicó que una de sus mayores frustraciones como psicoterapeuta fue la imposibilidad de descubrir una manera de normalizar el lenguaje y la observación sobre el comportamiento humano:[4]

Me gustaría compartir con ustedes parte de los antecedentes históricos de mi inmovilización como científico de la psicología. Si miro hacia atrás, puedo distinguir tres etapas de mi propia ignorancia. La primera, con mucho la más feliz, y que podríamos llamar etapa de ignorancia inocente, era cuando estaba convencido de que había algunos secretos de la naturaleza humana, ciertas leyes y regularidades, determinadas relaciones de causa y efecto, y que, a través del estudio, los experimentos y las lecturas, algún día compartiría esos secretos y podría utilizar mi conocimiento de esas regularidades de las conductas humanas para ayudar a otras personas.

En la segunda etapa, que podría llamarse fase de ilusión de no ignorancia, se produjo en mí el perturbador descubrimiento de que, aunque, por una parte, yo sabía que desconocía en qué consistía el secreto, por otra parte la gente me miraba como si creyera que yo podía conocer el secreto o estar más cerca de conocerlo que ellos... Ninguna de mis investigaciones dio resultados y mis actividades no me revelaron ningún secreto, pero siempre podía pensar: «Bueno, no hemos tenido suficientes casos», o «Debemos mejorar la metodología», o cualquier otro de los recursos con los cuales sin duda están ustedes familiarizados. El momento del doloroso descubrimiento siempre se puede posponer, pero tarde o temprano la amarga verdad se impone: aunque muchas personas te miren y te escuchen, aunque tengas pacientes y estudiantes, asistas a las reuniones de la PTA y muchos esperen de ti que reveles el secreto, lo cierto es que empiezas a pensar que tal vez no sepas de qué estás hablando.

Después de esta extraordinaria y clarificadora admisión de unas dudas que muy pocos psicoterapeutas se atreven a formular, pero que muchos han sentido, Leary continuó describiendo, de manera extensiva, los diversos tipos de investigación empleados en pruebas, catalogación y sistematización que le habían mantenido ocupado a él y a su equipo. Pero en sus trabajos se había tropezado con los problemas de la ausencia de un lenguaje y de una medida comunes para el comportamiento:

¿Qué hechos naturales lograremos obtener de modo permanente para que luego podamos contarlos? Más que estudiar la conducta libre natural, me he dedicado a experimentar con la posibilidad de establecer un lenguaje normalizado para el análisis de cualquier conciliación natural. De todas las nociones poéticas, notas musicales y trozos líricos que utilizamos, ciertas palabras como «progreso», «ayuda» y «mejoría» son las más claras que hemos encontrado. Operamos con información insuficiente sobre nosotros mismos y sobre el otro. No tengo ninguna teoría acerca de nuevas variables en psicología, ni poseo nuevos términos ni un nuevo lenguaje psicológico. Simplemente, estoy tratando de establecer nuevas formas de realimentar a los seres humanos con lo que hacen y los sonidos que producen. En estos momentos, para mí, lo más fascinante del mundo es descubrir las discrepancias entre personas que participan en la misma interacción. Porque cuando lo consigues te encuentras con la pregunta: ¿por qué es así?

El doctor Leary se quejaba de la ausencia de un lenguaje normalizado de las conductas humanas, y hacía notar que, en este aspecto, los corredores de bolsa, los vendedores de automóviles y los jugadores de beisbol están mejor provistos:

Incluso los vendedores de automóviles tienen sus propios libritos azules y han progresado mucho más en la ciencia del comportamiento que nosotros, los que nos consideramos expertos en la materia. En deportes, el comportamiento natural de cada jugador de beisbol se registra en forma de índices, como, por ejemplo, «carreras ganadas» o «promedio de tantos conseguidos». Para comprender y formular pronósticos sobre este deporte, si decides vender tu mejor «jugador de base» para comprar un «lanzador de mano derecha», cuentas con una serie de índices de conducta. No emplean un lenguaje poético como: «Corre detrás de la pelota como una gacela» o «Es un fildeador obsesivo», sino que tienden a utilizar las conductas.

Por mi parte, al tratar de hallar el secreto no he hecho más que correr en busca de un mito. Deseaba progresar, ser un terapeuta y diagnosticador brillante. Y todas mis esperanzas en esta dirección se basaban en que daba por sentado que existían unas leyes, ciertas regularidades, unos secretos, unas técnicas que cabía aplicar, y que el estudio y la investigación podían revelarnos estos secretos.

El análisis conciliatorio sostiene que ha encontrado algunas de esas regularidades. Afirma que hemos hallado un nuevo lenguaje psicológico, cuya necesidad tan intensamente sentía Leary, y asegura que estamos mucho más cerca del secreto de las conductas humanas de lo que jamás habíamos estado.

En este capítulo he presentado parte de la información básica que ha demostrado ser de gran utilidad para un gran número de personas tratadas en mis grupos, utilizando el análisis conciliatorio como una herramienta intelectual para comprender las bases de las conductas y de los sentimientos. Con frecuencia, una herramienta funciona mejor y posee mayor significado si tenemos alguna idea acerca de cómo fue creada y de qué es lo que la diferencia de otras. ¿Parte el análisis conciliatorio de datos reales o no es más que «otra teoría»? El libro de Berne, *Games People Play,* ¿fue un superventas por puro capricho de la suerte u ofrece realmente a las personas ideas auténticas, fácilmente comprensibles, sobre sí mismos en cuanto que revelan su pasado a través de los juegos que practican en la actualidad? En el capítulo siguiente, iniciaré la descripción de esta herramienta con las definiciones de Padre, Adulto y Niño. Puesto que estas tres palabras poseen significados específicos y generales que difieren de los habituales, las escribiré siempre con inicial mayúscula, durante todo el libro. Como el lector descubrirá en el capítulo siguiente, Padre no es lo mismo que padre o madre, Adulto significa algo totalmente diferente a «persona crecida», y Niño no es lo mismo que «criatura pequeña».

2

EL PADRE, EL ADULTO
Y EL NIÑO

La pasión por la verdad es silenciada
con respuestas que tienen el peso
de una autoridad indiscutida.

Paul Tillich

En sus comienzos con los trabajos sobre el análisis conciliatorio, Berne se percató de que si observamos y escuchamos a las personas podremos verlas cambiar ante nuestros ojos. Se trata de cierto cambio total. Se producen modificaciones simultáneas de la expresión facial, del vocabulario, de los gestos, de la postura y de las funciones corporales, que pueden colorear el rostro, acelerar los latidos del corazón o agitar la respiración.

Estos cambios bruscos se pueden observar en todo el mundo: el chiquillo que rompe a llorar cuando no logra hacer que funcione un juguete; la adolescente cuyo semblante entristecido se ilumina de exaltación cuando, por fin, suena el teléfono; el hombre que palidece y tiembla cuando recibe la noticia de un desastre en su negocio; el padre que adopta un rostro pétreo cuando su hijo se muestra en desacuerdo con él... La persona que padece estos cambios sigue siendo la misma en lo referente a estructura ósea, piel y vestimenta. Sin embargo, ¿qué es lo que cambia en su interior? Y, en esa transformación, ¿de qué a qué pasa?

Esta cuestión fascinó a Berne en sus primeros trabajos sobre análisis conciliatorio. Un abogado de treinta y cinco años, paciente suyo, acostumbraba a decirle: «En realidad, no soy un abogado. Solo soy un niño». Fuera de la consulta del psiquiatra, el hombre era, realmente, un abogado de éxito, pero durante la terapia se sentía como un niño y se comportaba como tal. A veces, durante la hora de terapia, le preguntaba: «¿Le está usted hablando al abogado o al niño?». Tanto Berne como su paciente terminaron por sentirse intrigados ante la existencia y la apariencia de aquellas dos personas reales, o de aquellos dos estados del ser, y empezaron a referirse a ellos como «el adulto» y «el niño». El tratamiento se centró en la separación de ambos. Más tarde, comenzó a perfilarse otro estado diferente del «adulto» y del «niño». Era el «padre», que se podía identificar como un comportamiento que reproducía lo que el paciente había visto y oído hacer a sus padres cuando él era un niño.

Los cambios de un estado a otro se ponen de manifiesto en la actitud, la apariencia, las palabras y los gestos. Una mujer de treinta y cuatro años me pidió ayuda para un problema de insomnio, de preocupación constante «por lo que les estoy haciendo a mis hijos» y de creciente nerviosismo. En el transcurso de nuestra primera entrevista, de repente, rompió a llorar y dijo: «Hace usted que me sienta como si tuviera tres años». Su voz y su actitud eran las de una niña. Le pregunté: «¿Qué le ha hecho sentirse como una niña?». «No lo sé —respondió, pero luego agregó—: De repente, me sentí como una fracasada». Yo le dije: «Bueno, vamos a hablar un poco de los niños, de la familia. Tal vez consigamos descubrir en su interior lo que le provoca esos sentimientos de fracaso y de desesperación». En otro momento de la sesión su voz y su actitud volvieron a cambiar bruscamente. Se mostró crítica y dogmática: «Al fin y al cabo, los padres también tienen sus derechos. Hay que mostrar a los hijos el lugar que les corresponde ocupar». En una sola hora, aquella madre adoptó tres personalidades diferentes: la de una niña dominada por los sentimientos, la de un padre justiciero y la de una mujer adulta, razonable, lógica y madre de tres hijos.

La continua observación ha apoyado la hipótesis de que esos tres estados existen en todas las personas. Es como si, en cada individuo, existiera la misma criatura que esta fue cuando tenía tres años. Sus padres también están en ella, en forma de grabaciones en el cerebro de verdaderas experiencias de acontecimientos internos y externos, los más importantes de los cuales tuvieron lugar durante los primeros cinco años de vida. Hay un tercer estado, diferente a esos dos. A los dos primeros los llamamos el Padre y el Niño, y al tercero, el Adulto (figura 1).

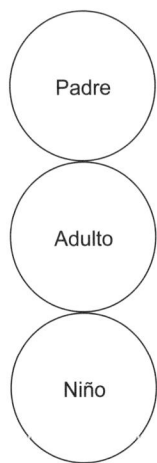

Figura 1. La personalidad

Estos estados del ser no son roles, sino realidades psicológicas. Berne dice que «el Padre, el Adulto y el Niño no son conceptos como el Superyo, el Yo y el Ello, sino realidades fenomenológicas».[1] Cada estado es producido mediante la reproducción de datos de acontecimientos del pasado que han sido registrados, y que se refieren a personas, tiempos, lugares, decisiones y sentimientos completamente reales.

EL PADRE

El Padre está formado por una enorme colección de grabaciones en el cerebro de acontecimientos de tipo externo, indiscutidos o impuestos, percibidos por una persona aproximadamente en los cinco primeros años de su vida. Se trata de un período anterior al nacimiento social del individuo, antes de que este abandone el hogar e ingrese en la escuela, en respuesta a las exigencias de la sociedad (figura 2).

El nombre de Padre resulta especialmente adecuado para describir esos datos, puesto que las grabaciones más importantes son las proporcionadas por el ejemplo y las decisiones de los auténticos padres del niño o de sus sustitutos. Todo lo que el niño ve hacer a sus progenitores y todo lo que les oye decir se graba en el Padre. Y todo el mundo tiene su propio Padre, puesto que todo el mundo ha estado sometido a estímulos externos durante los primeros cinco años de su vida. El Padre es específico para cada persona, puesto que es la grabación de un conjunto de primeras experiencias, únicas para él.

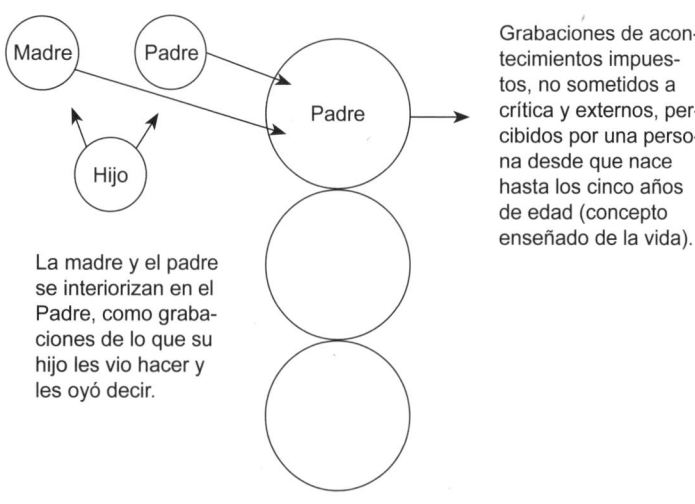

Madre / Padre / Hijo / Padre

Grabaciones de acontecimientos impuestos, no sometidos a crítica y externos, percibidos por una persona desde que nace hasta los cinco años de edad (concepto enseñado de la vida).

La madre y el padre se interiorizan en el Padre, como grabaciones de lo que su hijo les vio hacer y les oyó decir.

Figura 2. El Padre

Los datos del Padre fueron captados y grabados «en directo», es decir, sin correcciones ni modificaciones. La situación del niño, su dependencia y su incapacidad para crear significados con palabras le imposibilita para modificar, corregir o explicar. Por lo tanto, si los padres eran hostiles y se peleaban constantemente, se habrá grabado una lucha junto con el terror suscitado por el hecho de ver que las dos personas de las cuales el niño depende para sobrevivir están a punto de destruirse entre sí. En este tipo de grabación, era imposible incluir el hecho de que el padre estaba borracho porque su negocio acababa de hundirse o que la madre había perdido el control de sus nervios al descubrir que se había vuelto a quedar embarazada.

En el Padre se graban todas las advertencias, normas y leyes que el niño oyó de boca de sus padres o pudo advertir en su manera de actuar. Este conjunto de normas abarca desde las primeras comunicaciones de los padres, hechas sin palabras, a través del tono de la voz, de la expresión del rostro, de los mimos y caricias o de la falta de estos, hasta las normas verbales más elaboradas dictadas a medida que el niño iba comprendiendo las palabras. Dentro de ese conjunto de grabaciones se encuentran los miles de «noes» dirigidos al chiquillo que da sus primeros pasos por la vida, los repetidos «no hagas eso» con que fue bombardeado, y la expresión de pena y horror del rostro de la madre cuando la torpeza del pequeño cubrió de vergüenza a la familia al hacer añicos el antiguo jarrón de la tía Ethel.

Igualmente se graban los arrullos de placer de una madre feliz y las miradas de deleite de un padre orgulloso. Cuando consideramos que la grabadora permanece en funcionamiento ininterrumpidamente, empezamos a hacernos una idea del inmenso almacén de datos que hay en el Padre. Después, llegan las declaraciones más elaboradas: «Recuerda, hijo, que en todo el mundo las mejores personas son siempre los metodistas»; «Nunca digas mentiras»; «Paga tus facturas»; «Te juzgarán por tus compañías»; «Si dejas limpio tu plato serás muy bueno»; «El derroche es el pecado original»; «No debes confiar en ningún hombre»; «No debes confiar en ninguna mujer»; «Mal te irá si confías, y mal si no confías»; «Nunca confíes en un policía»; «Las manos ocupadas son manos felices»; «Nunca pases por debajo de una escalera»; «No quieras para los demás lo que no quieras para ti»; «Quien pega primero pega dos veces...».

Lo relevante es que estas reglas, tanto si son acertadas como erróneas a la luz de una ética razonable, quedan grabadas como verdades emanadas de la fuente de toda seguridad, de las personas que «miden metro ochenta», en una época en que, para el niño de sesenta centímetros, es importante obedecerles y complacerles. Es una grabación permanente que nadie puede borrar. Y está preparada para ser reproducida durante toda la vida.

Su reproducción ejerce una poderosa influencia en nuestra vida. Esos ejemplos —coercitivos, a veces permisivos pero por lo general restrictivos— son interiorizados de un modo rígido para crear un voluminoso conjunto de datos esenciales para la supervivencia del individuo dentro del grupo, empezando por la familia y extendiéndose a toda la existencia a través de una sucesión de grupos necesarios para la vida. Sin un padre físico el niño moriría. También el Padre interior nos salva la vida, nos defiende contra los numerosos peligros que, si son percibidos experimentalmente, podrían causar la muerte. En la grabación del Padre «¡no toques ese cuchillo!», hay una orden imperativa. El peligro, tal como el niño lo percibe, estriba en que su madre le pegará o le mostrará su desaprobación de cualquier otra manera. El verdadero peligro, obviamente, estriba en que puede herirse y desangrarse. Pero esto el niño no lo comprende. Carece de los datos necesarios para saberlo. Así pues, la grabación de las órdenes de los padres es indispensable para la supervivencia, tanto en sentido físico como social.

Otra característica del Padre es la fidelidad de las grabaciones de las faltas de consistencia. Los padres dicen una cosa y hacen otra diferente. Ordenan: «No mientas», pero ellos mienten. Les explican a los niños que fumar es malo para la salud, pero fuman. Proclaman su adhesión a cierta religión, pero no viven de acuerdo con ella. Para el niño, discutir esa falta de consistencia resulta perturbador, y esto le confunde y asusta. Como resultado de ello, se protege desconectando la grabadora.

Pensamos en el Padre, sobre todo, como en una grabación sin interrupción de las conciliaciones entre los dos progenitores. Puede resultar útil imaginar la grabación de los datos del Padre como algo similar a una grabación estereofónica. Hay dos pistas de sonido que, si son armónicas, causan un efecto agradable cuando se reproducen a la vez. Pero si no son armónicas, el efecto es desagradable y, entonces, la grabación se deja de lado y se pone muy poco o nunca. El Padre resulta así reprimido e, incluso, en casos extremos, queda totalmente bloqueado. La madre puede haber sido una «buena» madre y el padre «malo», o viceversa. Hay gran cantidad de datos útiles almacenados como resultado de la transmisión de buen material por parte de uno de los progenitores. Pero, puesto que el Padre contiene también material procedente del otro progenitor, si este es contradictorio y generador de ansiedad, el Padre, en su conjunto, resultará debilitado o fragmentado. En este caso, los datos del Padre son discordantes y no pueden ejercer «audiblemente» una influencia poderosa en la vida de la persona.

El fenómeno puede también describirse con la ayuda de una ecuación algebraica: un número positivo multiplicado por un número negativo ofrece siempre un resultado negativo, por grande que sea el primero y por pequeño que sea el segundo. El resultado es siempre negativo: un Padre debilitado, desintegrado. Los efectos, más adelante, pueden ser ambivalencia, discordancia y desesperación... para toda aquella persona que no se siente libre para examinar críticamente al Padre.

Gran parte de los datos del Padre aparecen en la vida cotidiana bajo la forma de «cómo se debe»: cómo se debe clavar un clavo, hacer una cama, comer la sopa, sonarse, agradecer al anfitrión, saludar, fingir que no se está en casa, doblar las toallas del baño o decorar el árbol de Navidad. El «cómo se debe» comprende un vasto conjunto de datos adquiridos a través de la observación de los padres, datos de gran utilidad que posibilitan que el niño aprenda a valerse por sí mismo. Más tarde, a medida que su Adulto pasa a adquirir más capacidad y más libertad a la hora de examinar los datos del Padre, estas formas de actuar pueden resultar desfasadas y sustituirse por otras más acordes con la cambiante realidad. La persona que, en su infancia, recibió esas enseñanzas con una intensidad fuerte puede tener dificultades para juzgar esas viejas formas de actuar y aferrarse a ellas mucho tiempo después de que hayan dejado de ser válidas, dominada por la compulsión de «hacer las cosas así y no de otro modo». La madre de una joven adolescente hablaba del siguiente edicto materno que había dominado su vida de ama de casa durante largos años. Su madre le había dicho: «Nunca debes dejar un sombrero encima de una mesa o un abrigo sobre una cama», algo que ella cumplía a rajatabla. Si alguna vez lo hacía por descuido, o si alguno de sus hermanos pequeños rompía la vieja regla, la reacción de su madre era tan violenta que parecía desproporcionada para una mera violación de las normas del orden casero. Por fin, tras pasarse varias décadas viviendo bajo aquella ley indiscutible, la madre preguntó a la abuela (de más de ochenta años): «Mamá, ¿por qué no hay que poner nunca un sombrero encima de una mesa ni un abrigo sobre una cama?».

La abuela le respondió que, cuando ella era una niña, en su vecindario había unos chiquillos que estaban «infestados», y su madre le había advertido que nunca debía poner los sombreros de sus vecinitos encima de la mesa ni sus abrigos sobre la cama. La orden resultaba razonable, y era lógico que se impusiera con cierta severidad. Los hallazgos de Penfield permiten comprender también por qué la grabación se reproduce con la misma severidad original. Este fenómeno se ha producido en muchas de las reglas que rigen nuestra conducta cotidiana.

Existen otras influencias más sutiles. Una moderna ama de casa, en cuyo hogar no faltaba ninguno de los actuales adelantos del confort, no tenía el más mínimo interés en adquirir un aparato triturador de basura. Su marido le aconsejaba que lo comprara y le hablaba de las ventajas que ofrecía. La mujer las reconocía, pero siempre encontraba alguna excusa para aplazar la compra. Finalmente, su marido le dijo que era evidente que no quería el aparato, y la instó a que le explicara por qué.

Un poco de reflexión permitió al ama de casa identificar el origen de su actitud. Su infancia tuvo lugar durante los años treinta, en plena depresión económica. En casa de sus padres, la basura se aprovechaba cuidadosamente para alimentar al cerdo, que era sacrificado por Navidad y constituía una importante fuente de aprovisionamiento. Incluso lavaban los platos sin jabón para poder aprovechar el escaso valor nutritivo del agua sucia en la preparación de la comida del animal. Así pues, siendo niña, se había acostumbrado a considerar que la basura era importante, y ahora, ya adulta, se veía imposibilitada para adquirir un aparato destinado a desprenderse de ella, aunque finalmente lo compró y sus preocupaciones terminaron.

Si tenemos en cuenta que muchas de esas simples normas prácticas están grabadas en el cerebro de todas las personas, empezaremos a comprender la inmensidad y el alcance de los datos del Padre que hay en nosotros. Muchos de esos edictos se hallan apoyados y reforzados mediante imperativos adicionales, como «nunca», «siempre» y «no olvides jamás que», y cabe sospechar que predominan en ciertas conexiones neuronales primarias, las cuales proporcionan la información necesaria para realizar nuestras transacciones actuales. El origen de las compulsiones, las rarezas y las excentricidades que surgen en el comportamiento pueden hallarse en estas reglas. Los datos del Padre serán una carga o un beneficio dependiendo de si resultan apropiados para el presente o no, o de si han sido superados o no por el Adulto, cuya función estudiaremos en este capítulo.

Además de los padres físicos existen otras fuentes que aportan datos al Padre. Un niño de tres años que pasa muchas horas al día delante de la televisión está grabando lo que ve. Los programas que contempla son un concepto «enseñado» de la vida. Si se trata de programas de violencia, posiblemente grabe la violencia en el Padre. «Así van las cosas. Así es la vida». Esta conclusión se confirma si sus progenitores no manifiestan su oposición cambiando de canal. Si, por el contrario, los padres disfrutan de los programas violentos, el chiquillo obtendrá una doble sanción —el aparato y la gente— y, de todo ello, deducirá que se le permitirá la violencia si se tropieza con el número suficiente de injusticias. El niño busca sus propias razones para liarse a tiros, como lo hace el comisario: tres noches de ladrones de ganado, un atraco o un ataque al pudor de la señorita Kitty pueden fundirse fácilmente en la vida cotidiana de un niño. Gran parte de lo que el niño experimenta de manos de sus hermanos mayores o de otras figuras de autoridad se graba también en su Padre. Toda situación externa en la que se siente dependiente hasta el extremo de no poder discutir o cuestionar nada aporta datos que se graban en el Padre. (Existe otro tipo de experiencia externa del niño en su primera infancia que no se graba en el Padre y que examinaremos más adelante cuando hablemos del Adulto).

EL NIÑO

Al mismo tiempo que los acontecimientos externos se graban para dar lugar al conjunto de datos que llamamos el Padre, se produce otra grabación. Es la grabación de los acontecimientos internos, las respuestas del niño ante aquello que ve y oye (figura 3). A este respecto, es importante recordar la observación de Penfield:

> El individuo siente de nuevo la emoción que la situación produjo originalmente en él, y es consciente de las mismas interpretaciones,

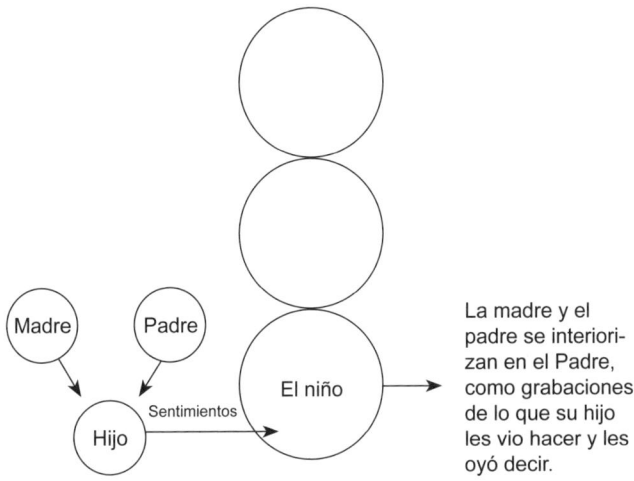

Madre | Padre

Hijo

Sentimientos

El niño

La madre y el padre se interiorizan en el Padre, como grabaciones de lo que su hijo les vio hacer y les oyó decir.

Figura 3. El Niño

verdaderas o falsas, que dio él mismo a la experiencia original. Así, el recuerdo evocado no es la fotografía o la reproducción fonográfica de escenas o acontecimientos pasados, sino la reproducción de lo que el paciente *vio, escuchó, sintió y entendió* [2] [la cursiva es mía].

Este conjunto de datos «vistos, escuchados, sentidos y entendidos» es lo que definimos como el Niño. Dado que el pequeño no posee vocabulario durante sus primeras vivencias —las más críticas—, la gran mayoría de sus reacciones son sentimientos. Debemos tener en cuenta su situación durante esos primeros años: es pequeño, dependiente, inepto, torpe, no posee palabras con las que construir significados... Emer nos dice que debemos aprender a estimar una mala mirada. El niño es incapaz de hacerlo. Una mala mirada dirigida a él solo puede producir sentimientos que acrecienten su reserva de datos negativos acerca de sí mismo. Es culpa mía. Otra vez. Siempre lo es. Siempre será así. Eternamente.

Durante esta época de indefensión, un número infinito de exigencias totales e inflexibles pesan sobre el niño. Por un lado, siente una serie de necesidades imperativas (grabaciones genéticas), como la de vaciar sus intestinos a su antojo, la de explorar, la de saber, la de aplastar y golpear algo para hacer que suene, la de expresar sentimientos y la de experimentar todas las sensaciones placenteras asociadas con el movimiento y el descubrimiento. Por otro lado, existe la exigencia constante de aquello que le rodea, especialmente los padres, para que renuncie a esas satisfacciones básicas a cambio de la recompensa de la aprobación paterna. Esta aprobación, que desaparece con la misma rapidez con que aparece, constituye un misterio insondable para el niño, quien todavía no ha establecido ninguna relación entre causa y efecto.

Los sentimientos negativos son el principal producto secundario del frustrante proceso civilizador. Basándose en esos sentimientos, el niño llega en seguida a la siguiente conclusión: «No estoy bien, no soy como debería ser». Denominamos *estar mal* o *el Niño que está mal* a esta autoevaluación general. Esta conclusión y la experiencia continuada de sentimientos de infelicidad que conducen a ella y la confirman se graban de manera permanente en el cerebro y resulta imposible borrarlas. Esta grabación permanente es un residuo de haber sido un niño. Cualquier niño. Aunque se trate del hijo de unos padres amables, amorosos y diligentes. Es la experiencia de la infancia y no la intención de los padres lo que crea el problema. (Se discutirá esta cuestión más ampliamente en el siguiente capítulo, cuando se traten las distintas posiciones en la vida). Un ejemplo de este dilema de la infancia fue la pregunta formulada por mi hija Heidi, cuando tenía siete años, quien, una mañana, a la hora del desayuno, dijo: «Papá, si tengo un papá que está bien y una mamá que está bien, ¿cómo es que yo estoy mal?».

Si los hijos de «buenos» padres llevan sobre sus hombros el peso de estar mal, cabe imaginar cuál será la carga que soportan los hijos cuyos progenitores son culpables de graves negligencias, abusos y crueldad.

Como en el caso del Padre, el Niño es un estado al que puede verse transferida cualquier persona casi en cualquier momento de sus transacciones cotidianas y actuales. Hay muchas cosas que pueden sucedernos y que son susceptibles de crear de nuevo la misma situación de infancia y suscitar los mismos sentimientos experimentados entonces. Con frecuencia podemos encontrarnos en situaciones en las que no vemos ninguna alternativa posible, en las que nos sentimos acorralados aunque no lo estemos realmente. Estas situaciones provocan la aparición del Niño y una reproducción de los sentimientos originales de frustración, de abandono o de rechazo, y, entonces, vivimos de nuevo una versión actualizada de la depresión primaria del niño. Así pues, cuando una persona se encuentra presa de sus sentimientos, decimos que su Niño domina la escena. Cuando su ira predomina por encima de su razón, decimos que el Niño ha tomado el control.

No todo es tan negro, sin embargo. En el Niño también existe un inmenso depósito de datos positivos. En él residen la creatividad, la curiosidad, el deseo de explorar y conocer, la necesidad de tocar, sentir y experimentar, así como todas las grabaciones de sentimientos exaltados y prístinos, suscitados por los primeros descubrimientos. En el Niño están grabadas las innumerables primeras experiencias agradables de la vida: la primera vez que se bebe agua de la manguera del jardín, la primera vez que se acaricia a un suave gatito, la primera vez que se aferra en la posición adecuada el pezón materno, la primera vez que las luces se encienden cuando se pulsa el interruptor, la primera pesca submarina de una pastilla de jabón, y la constante repetición de tan deleitosas experiencias, una y otra vez. Todos estos sentimientos placenteros también se graban en el Niño. Junto a todas las grabaciones de *no estar bien*, hay un contrapunto: estar bien al sentirse mecido en brazos de mamá, al sentir la suavidad de la manta favorita, una respuesta a todos los acontecimientos externos favorables (cuando se trata de un niño favorecido) que también pueden reproducirse en las conciliaciones

actuales. Existe el aspecto gozoso: el niño feliz, el niño despreo-
cupado que caza mariposas, o la niña con la cara manchada de
chocolate. Todo esto surge también en las conciliaciones actuales. Sin embargo, nuestras observaciones realizadas sobre niños
y adultos nos han convencido de que los sentimientos de estar
mal superan en mucho a los de estar bien. Por ello, creemos no
equivocarnos al afirmar que todo el mundo lleva dentro de sí un
Niño que está mal.

Con frecuencia me preguntan: «¿Cuándo dejan de grabar el
Padre y el Niño?». ¿Acaso el Padre y el Niño solo contienen experiencias que pertenecen a los cinco primeros años de vida? Personalmente, creo que cuando el pequeño abandona su hogar para
tener su primera experiencia social independiente –la escuela– ya
ha sido «expuesto» a casi todas las posibles actitudes y advertencias
de sus padres y, por consiguiente, las comunicaciones paternas ulteriores son principalmente un refuerzo de lo que ya se ha grabado.
El hecho de que ahora el niño empiece a «emplear su Padre» en
su relación con los demás produce también un cierto refuerzo, de
acuerdo con la idea aristotélica de que «lo que se expresa se impri-
me». En cuanto a las posteriores grabaciones en el Niño, se hace
difícil imaginar una nueva emoción que no haya sido experimen-
tada en su forma más intensa por el pequeño antes de alcanzar los
cinco años de edad. Las teorías psicoanalíticas así lo sostienen, y,
según mis propias observaciones, es cierto.

Entonces, si salimos de la infancia con un conjunto de experiencias grabadas, en un Padre y un Niño, que no se pueden borrar,
¿cómo podemos esperar cambiar? ¿Cómo podemos liberarnos de
las garras del pasado?

EL ADULTO

Hacia los diez meses de edad, algo muy notable empieza a suceder
en el niño. Hasta ese momento, su vida ha estado conformada por

reacciones irreflexivas e inevitables a las demandas y los estímulos esgrimidos por aquellos que le rodean. El pequeño tiene un Padre y un Niño. Hasta entonces no ha desarrollado la capacidad de elegir sus respuestas o de manejar aquello que le rodea. No podía dirigirse a sí mismo ni salir al encuentro de la vida. Debía limitarse tan solo a tomar lo que se le daba.

A los diez meses, en cambio, empieza a experimentar el poder de la locomoción. Puede manejar objetos y comienza a trasladarse de un lugar a otro, liberándose de la prisión de la inmovilidad. Es verdad que antes, hacia los ocho meses, puede llorar con fuerza y pedir ayuda para salir de una situación apurada, pero es incapaz de salir de ella por sí mismo. A los diez meses, se concentra en la inspección y la exploración de los juguetes. Según los estudios realizados por Gesell e Igl, el niño de esta edad...

> ... se divierte jugando con una taza y finge beber. Se lleva objetos a la boca y los muerde. Disfruta de su tosca actividad motora: sentándose y jugando cuando se le ha situado en la posición adecuada, inclinándose hacia delante e incorporándose de nuevo. Coge un juguete, da patadas, pasa de estar sentado a andar a gatas, se levanta y puede agacharse. Comienza a desplazarse. Goza con ciertas actividades sociales, como el juego del escondite, se lleva todo a la boca, se mece o anda ayudándose con ambas manos, apoyadas en el suelo. Las niñas muestran los primeros síntomas de timidez ladeando la cabeza cuando sonríen.[3]

El niño de diez meses ha descubierto que puede hacer algo que surge de su propia conciencia y de su pensamiento original. Esta autorrealización es el principio del Adulto (figura 4). Los datos del Adulto se almacenan como resultado de la capacidad del niño para descubrir por sí mismo la diferencia entre el «concepto enseñado» de la vida, propio del Padre que hay en él, y el «concepto sentido» de la vida, propio del Niño. El Adulto elabora un «concepto

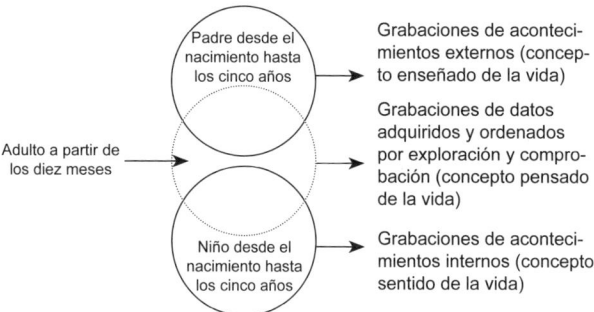

Figura 4. Aparición gradual del Adulto a partir de los diez meses

pensado» de la vida basado en el almacenamiento y la ordenación de datos.

La motricidad que da nacimiento al Adulto pasa a convertirse en un elemento tranquilizador en la vida posterior, cuando una persona se siente turbada y sale a dar una vuelta para «despejarse». Pasear arriba y abajo se considera asimismo como una manera de aliviar la ansiedad. Existe una grabación en la mente que nos dice que el movimiento es algo bueno, algo que posee una cualidad tranquilizadora y que nos ayuda a ver con más claridad los problemas.

Durante esos primeros años, el Adulto es vulnerable y anda a tientas. Fácilmente se ve «apaleado» por las órdenes del Padre o los miedos del Niño. La madre dice, hablando de una copa de cristal: «¡No, no! ¡No toques eso!». El niño puede retirar la mano y llorar, pero, a la primera oportunidad, la tocará de todos modos, para ver de qué se trata. En la mayoría de las personas, el Adulto, a pesar de todos los obstáculos que se interponen en su camino, sobrevive y continúa funcionando con progresiva eficacia a medida que avanza el proceso de maduración.

El Adulto «se ocupa principalmente de transformar los estímulos en elementos de información, y de ordenar y almacenar esta información basándose en la experiencia adquirida».[4] Difiere en esto del Padre, que dictamina de forma imitativa y quiere imponer conjuntos de normas prestadas, y del Niño, que tiende a reaccionar más abruptamente sobre la base del pensamiento prelógico y de percepciones escasamente diferenciadas o distorsionadas. A través del Adulto, el niño puede empezar a distinguir la diferencia entre la vida tal como le fue mostrada y enseñada (el Padre), la vida tal como la sentía, la deseaba o la imaginaba (el Niño), y la vida tal como la ve por sí mismo (el Adulto).

El Adulto es una calculadora de datos, que elabora decisiones una vez que ordena la información recibida de las tres fuentes: el Padre, el Niño y los actos que el Adulto ha reunido y está reuniendo (figura 5). Una de las funciones más relevantes del Adulto consiste en examinar los datos del Padre, averiguar si son o no ciertos y si conservan actualmente su validez, para aceptarlos finalmente o rechazarlos, así como en someter a examen al Niño para comprobar si sus sentimientos son o no adecuados al presente, si son arcaicos o una respuesta a los datos arcaicos del Padre. El objetivo no consiste en prescindir del Padre y del Niño, sino en tener libertad para examinar esos conjuntos de datos. El Adulto, como dice Emerson, «no debe ser obstaculizado por la bondad, sino que debe examinar

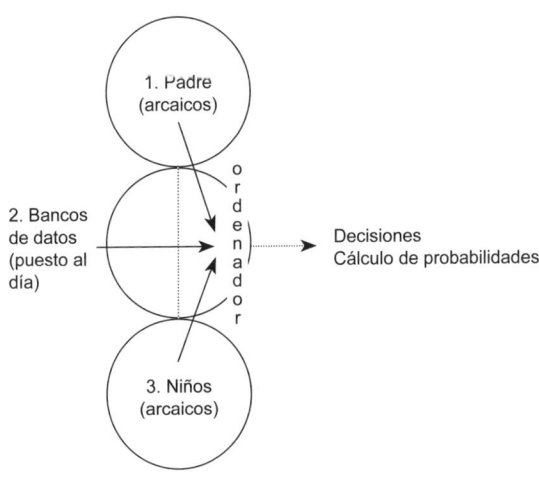

Figura 5. El Adulto reúne datos de las fuentes

si se trata realmente de bondad», o maldad, para el caso, como en la decisión original: «Estoy mal».

La revisión de los datos del Padre por parte del Adulto puede empezar a una edad muy temprana. El niño que descubre que la mayoría de los datos del Padre son dignos de confianza se siente más seguro: «¡Me dijeron la verdad!».

«Realmente es cierto que los coches, en la calle, son peligrosos», concluye el pequeño que ha visto como un coche atropellaba a su perrito en la calle. «Realmente, es verdad que todo es mejor cuando comparto mis juguetes con Bobby», piensa el niño a quien Bobby acaba de regalar algo que le gusta mucho. «Realmente, se está mejor con la ropa interior seca», concluye la niña que ha aprendido a ir al cuarto de baño ella sola. Si las directrices de los padres se apoyan en la realidad, el niño, a través de su propio Adulto, llegará a experimentar un sentimiento de integridad, de totalidad. Lo que ha sometido a prueba resiste la prueba. Los datos de su experimentación que resisten este examen comienzan a crear unas «constantes» en las que puede confiar. Sus hallazgos le confirman las enseñanzas que recibió anteriormente.

Conviene aclarar que la verificación de los datos por parte del Padre no borra las grabaciones malas del Niño, producidas por la imposición original de aquellos datos. La madre cree que la única manera de mantener apartado de la calle a Johnny, su hijito de tres años, es darle un cachete. Johnny no comprende el peligro. Su respuesta está hecha de miedo, ira y frustración, y no es capaz de advertir que su madre le quiere y está protegiendo su vida. El miedo, la ira y la frustración permanecen grabados. Estos sentimientos no se borran cuando, más tarde, llega a entender que su madre tenía razón al obrar de la manera que lo hacía, pero el entendimiento de cómo la situación original de la infancia produjo tantas grabaciones malas de este tipo puede liberarnos de su reproducción continua en el presente. No podemos borrar las grabaciones, pero podemos decidir no reproducirlas.

Del mismo modo que el Adulto pone al día los datos del Padre para determinar cuáles de ellos son válidos y cuáles no, también pone al día los datos del Niño para determinar qué sentimientos pueden expresarse sin peligro. En nuestra sociedad se considera apropiado que una mujer llore en una boda, pero no que le grite después a su marido, durante el banquete. Y, sin embargo, tanto el llanto como los chillidos son emociones propias del Niño. El Adulto mantiene la expresión emocional dentro de los límites adecuados. La función de este, que actualiza los datos del Padre y del Niño, aparece descrita gráficamente en la figura 6. El Adulto dentro del adulto que aparece en la figura se refiere a los datos de la realidad que han sido actualizados. (Antes, la evidencia me decía que los viajes espaciales eran solo fantasías; hoy sé que son reales).

Otra de las funciones del Adulto es el cálculo de probabilidades. Esta función se desarrolla muy lentamente en el niño, y, al parecer, para la mayoría de nosotros, constituye una ardua tarea durante toda la vida. El niño se ve enfrentado constantemente a alternativas desagradables (o te comes las espinacas o te quedas sin

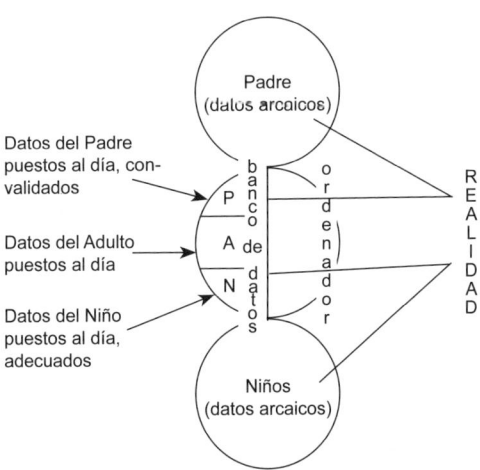

Figura 6. Función del Adulto que pone al día
los datos por medio de pruebas

helado), que ofrecen escasos incentivos para el examen de probabilidades. Las probabilidades no examinadas pueden constituir la base de muchos de nuestros fracasos conciliatorios, y las señales de peligro inesperadas pueden ser causa de más «deterioros» o dilaciones del Adulto que las señales esperadas. Cabe establecer aquí una comparación con los indicadores automáticos de las cotizaciones de la bolsa, que en los días de gran actividad pueden llevar retrasos de horas. En ocasiones nos referimos a esta demora con la expresión «retraso de la calculadora», para la cual la vieja práctica de «contar hasta diez» es un buen remedio.

La capacidad para el cálculo de probabilidades puede aumentarse a través de un esfuerzo consciente. Al igual que sucede con los músculos del cuerpo, el Adulto crece y aumenta su eficiencia con el adiestramiento y el uso. Si el Adulto permanece alerta a la posibilidad de perturbaciones, a través del cálculo de probabilidades puede también imaginar soluciones que resuelvan la perturbación en caso de que esta realmente llegue a producirse.

Sin embargo, en situaciones de gran tensión, el Adulto puede resultar menoscabado hasta el extremo de que las emociones le dominen de manera inapropiada. Los límites entre el Padre, el Adulto y el Niño son frágiles, a veces borrosos, y también vulnerables ante las señales que tienden a crear de nuevo las situaciones que ya experimentamos en los días de nuestra infancia desvalida y dependiente. A veces el Adulto se ve inundado por señales del tipo «malas noticias» tan abrumadoras que queda reducido a la condición de mero «testigo presencial» de la conciliación. Una persona que se ha encontrado en esta situación podrá decir: «Sabía que lo que hacía estaba mal, pero no podía evitarlo».

En la enfermedad que llamamos neurosis traumática podemos observar respuestas irrealistas, irracionales, no adultas. La señal de peligro o de «malas noticias» afecta al Padre y al Niño al mismo tiempo que al Adulto. El Niño responde como lo hizo originalmente, con un sentimiento de ESTAR MAL. Esto puede ocasionar todo tipo de fenómenos regresivos. El sujeto puede volver a sentirse como un niño pequeño, desvalido y dependiente. Uno de estos fenómenos más primitivos es el bloqueo mental que se produce con cierta frecuencia en los hospitales psiquiátricos donde impera la política de «puertas cerradas». Cuando la puerta se cierra detrás del paciente recién llegado, este se retrae de un modo rápido y pronunciado. Es por esto por lo que soy contrario a que se trate a los pacientes en un ambiente donde predomina el cuidado paternalista. Dar pábulo al Niño indefenso que hay en el individuo demora el proceso reconstructivo de devolver al Adulto a la operatividad.

El hospital ideal debería ser un cómodo hotel con una «zona de juegos» para el Niño, alrededor de un edificio clínico consagrado a actividades que promuevan la autonomía del Adulto. Las enfermeras no vestirían uniforme ni actuarían como padres con los pacientes. Por el contrario, vestidas de calle, dedicarían sus conocimientos a ayudar a cada individuo a descubrir la identidad de su Padre, de su Adulto y de su Niño.

En nuestros grupos de tratamiento utilizamos ciertas frases coloquiales clave, como: «¿Por qué no permanece usted en su Adulto?», cuando un miembro advierte que los sentimientos se adueñan de él. Otra de estas frases es: «¿Cuál fue la conciliación original?». Esto se pregunta con el propósito de inducir al Adulto a analizar la similitud entre la actual señal que provoca la angustia y la conciliación original en la que el niño experimentó la misma angustia.

La tarea normal del Adulto consiste, pues, en comprobar los viejos datos, confirmarlos o invalidarlos, y almacenarlos de nuevo para su futuro empleo. Si esta tarea se desarrolla sin obstáculos y se produce una relativa ausencia de conflictos entre lo enseñado y lo real, la calculadora puede consagrarse a una nueva e importante tarea: la creatividad, que tiene su origen en la curiosidad del Niño, así como en el Adulto. El Niño aporta el «deseo de» y el Adulto el «cómo hacerlo». Para la creatividad es esencial que la calculadora tenga tiempo. Si esta está ocupada con viejos asuntos, le quedará poco tiempo para dedicarse a cosas nuevas. Muchas directrices del Padre pasan a ser automáticas una vez que han sido comprobadas y esto permite que la calculadora pueda dedicarse a la creatividad. Muchas de nuestras decisiones, en las conciliaciones cotidianas, son automáticas. Por ejemplo, cuando vemos una flecha en una calle de dirección única, automáticamente renunciamos a ir en dirección opuesta. No ocupamos nuestra calculadora con la ordenación minuciosa de datos sobre ingeniería de caminos, accidentes de tráfico o maneras de pintar las señales. Si tuviéramos que partir de cero en cada decisión, o prescindiendo totalmente de los datos aportados por nuestros padres, nuestra calculadora raramente tendría tiempo para el proceso creativo.

Hay quienes sostienen que los niños indisciplinados, no coartados por ningún tipo de límite, son más creativos que aquellos cuyos padres les han impuesto ciertos límites. No creo que sea cierto. Un niño tiene más tiempo para las actividades creativas —explorar, inventar, montar o desmontar algo— si no tiene que perder tiempo tomando decisiones fútiles para las cuales cuenta con datos insuficientes. Tiene más tiempo para hacer un muñeco de nieve si no se le permite entablar una larga discusión con su madre acerca de si debe ponerse calzado de goma o no. Si a un niño se le permite desarrollar su creatividad pintando las paredes de la sala de estar con betún para los zapatos, no estará preparado para las dolorosas consecuencias que se producirán cuando haga lo mismo en casa de los vecinos. Los resultados dolorosos no producen sentimientos BUENOS. Hay otras consecuencias que consumen tiempo, como el que se pasa en un hospital, reponiéndose después de un «encuentro experimental» con un coche en la calle. Y este es un tiempo que se roba a la calculadora. Los conflictos ocupan gran cantidad de tiempo —se produce un conflicto que consume mucho, por ejemplo, cuando lo que dicen los padres no le parece verdad al Adulto—. El individuo más creativo es el que descubre que gran parte del contenido del Padre se ajusta a la realidad. Entonces, puede archivar esta información comprobada en el Adulto, confiar en ella, olvidarla y dedicarse a otras cosas: hacer volar una cometa, construir un castillo de arena o dedicarse al cálculo diferencial.

Sin embargo, muchos niños pierden mucho tiempo a causa del conflicto que surge entre los datos del Padre y lo que ven en la realidad. Su problema más perturbador es que no comprenden por qué el Padre posee tal dominio sobre ellos. Cuando la verdad llama a la puerta del Padre, este dice: «Bueno, vamos a razonar juntos». El niño cuyo padre está en la cárcel y cuya madre roba para poder mantenerle tiene una poderosa grabación en su Padre: «¡Nunca debes confiar en un policía!». Si, por azar, conoce a un policía simpático, su Adulto ordena todos los datos relativos a ese amable individuo, que organiza un partido de fútbol en la finca adyacente, invita a toda la pandilla a comer maíz tostado, se muestra amistoso y habla en voz baja. Al niño aquí se le plantea un conflicto: lo que ve en la realidad es diferente de lo que le han enseñado. El Padre le dice una cosa, y el Adulto otra. Durante la etapa en que su seguridad depende de sus padres, por muy pobre que pueda ser esta seguridad, probablemente aceptará el veredicto de sus progenitores, según el cual los policías son malos. De esa forma se transmiten los prejuicios. Para el niño puede resultar más seguro creer en una mentira que dar crédito a sus propios ojos y oídos. El Padre amenaza de tal manera al Niño (a través de un diálogo interior ininterrumpido) que el Adulto abandona y deja de investigar las áreas de conflicto. Por lo tanto, la proposición «los policías son malos» aparece como una verdad. A eso lo llamamos la contaminación del Adulto, fenómeno que se examinará en el capítulo seis.

3

LAS CUATRO
ACTITUDES VITALES

Porque la tristeza como humor legítimo consiste en el hecho
de que honradamente y sin engaño se refleje de manera
puramente humana en lo que ha de ser un niño.

Soren Kierkegaard

A muy temprana edad, el niño llega a esta conclusión: «Estoy mal». Y también a esta otra conclusión acerca de sus padres: «Vosotros estáis bien». Esto es lo primero que advierte en su esfuerzo —que durará toda la vida— por comprenderse a sí mismo y entender el mundo en el que vive. Esta actitud —YO ESTOY MAL, TÚ ESTÁS BIEN— es la decisión más determinante de su vida. Queda grabada de forma indeleble c influirá en todo lo que haga. Por el hecho de tratarse de una decisión podrá cambiarla por una nueva. Pero no sin que antes la haya comprendido.

Para apoyar estas afirmaciones me he propuesto realizar en la primera parte de este capítulo un análisis de las situaciones del recién nacido, del niño pequeño y del niño ya mayor, tanto en los años preverbales como en los verbales. Muchas personas insisten en que tuvieron una «infancia feliz» y que jamás llegaron a la conclusión: «Yo estoy mal, tú estás bien». Por mi parte, estoy convencido de que todo niño llega a ella, aunque su infancia sea feliz. En primer lugar, analizaré cómo es su llegada a la vida y mostraré que los acontecimientos de su nacimiento y su primera etapa de vida se graban en su mente, aunque no los recuerde.

A propósito de esto, debemos recordar que Penfield llegó a la conclusión de que el cerebro realiza tres funciones: primera, grabación; segunda, recuerdo, y tercera, nueva vivencia. No podemos recordar la primera etapa de nuestra vida, pero es evidente que podemos volver a vivir —y, de hecho, lo hacemos— las primeras experiencias cuando regresamos al «estado de sentimiento» del niño recién nacido. Puesto que el recién nacido no emplea palabras, sus reacciones se limitan a sensaciones, sentimientos y, tal vez, vagas y arcaicas fantasías. Expresa sus sentimientos a través del llanto o por medio de diferentes movimientos corporales que pueden revelar intranquilidad o bienestar. Sus sensaciones y fantasías, aunque son inefables porque en la época en que fueron grabadas el niño no disponía del uso de la palabra, se reproducen de vez en cuando durante el sueño, en su vida posterior.

Veamos un ejemplo. Una paciente me habló de un sueño que se le había repetido durante toda su vida. Cada vez que lo tenía, despertaba en estado de pánico, jadeando y con fuertes palpitaciones. Se esforzaba por describir su sueño, pero no encontraba las palabras necesarias para hacerlo. En una de las ocasiones en que intentó explicarlo dijo que se sentía como una «minúscula partícula, un pequeño punto, y que unas cosas grandes, enormes, esféricas y cósmicas giraban a mi alrededor, formando grandes espirales, aumentando progresivamente de tamaño, amenazando con absorberme, hasta que sentí perderme en aquella cosa vasta y enorme». Aunque su relato iba acompañado de una observación acerca de la pérdida de su identidad, la naturaleza de aquel pánico extremo parecía indicar que podía tratarse del miedo a perder la vida, como reacción biológica primaria a la amenaza de muerte.

Un tiempo después volvió a hablar del mismo sueño. Era la primera vez que lo había tenido en un año. Se encontraba de viaje con su marido y ambos habían comido en un restaurante algo alejado, en un ambiente de gran calidad, muy superior a la de la comida que se servía en él. Cuando regresaron al hotel, la paciente se encontró algo indispuesta y decidió echar una siesta. Pronto se durmió, pero no tardó en despertar presa del pánico, a causa de aquel mismo sueño. Sentía también un agudo dolor de estómago, que la obligaba «a doblarse sobre sí misma, a causa del dolor». No le había ocurrido recientemente nada que justificara su ansiedad, y el sueño generador de pánico parecía estar en cierta manera relacionado con aquel dolor agudo. El sueño continuaba siendo indescriptible, pero esta vez la paciente pudo informar de otra sensación: la sensación de ahogo.

Ciertas averiguaciones acerca de la madre de la paciente permitieron atribuir un posible origen a aquel sueño. Su madre, una mujer corpulenta, había amamantado a sus hijos, y había sostenido firmemente que no existía ningún problema que no se resolviera comiendo. Para ella, cuidar bien de un niño consistía en atiborrarle de comida. Por otra parte, era una mujer agresiva y dominante. Deducimos (es lo único que podemos hacer) que aquel sueño tenía su origen en la época en que la paciente todavía no sabía hablar, puesto que era incapaz de describirlo. La asociación del sueño con el dolor de estómago sugería cierta relación con alguna experiencia gástrica ocurrida durante la primera infancia. Es probable que, cuando era lactante y se sentía harta, su madre insistiera en darle el pecho a pesar de que estaba llena. Posiblemente, la niña experimentaba en esas ocasiones alguna sensación de pesadez, ahogo y dolores de vientre. El contenido del sueño (la pequeña partícula absorbida por aquellas cosas enormes y cósmicas) podía ser una reproducción de la sensación que la criatura tenía de su situación, en la que se veía como un pequeño punto absorbido por aquellas cosas enormes y redondas, los senos de su madre, o tal vez la imponente presencia de la propia madre.

Este tipo de sueño nos lleva a apoyar el supuesto de que nuestras primeras experiencias, a pesar de ser inefables, quedaron grabadas en nuestro interior y se reproducen en el presente. Otro hecho que indica que las vivencias se graban en nosotros desde nuestro nacimiento es la retención de los datos aprendidos. Las reacciones del recién nacido a los estímulos externos, aunque al principio son instintivas, pronto reflejan una experiencia condicionada o aprendida (o grabada). Por ejemplo, el pequeño aprende a mirar en la dirección en que oye los pasos de su madre. Si todas las experiencias y sentimientos se graban, podemos comprender el pánico, la ira o el miedo extremos que sentimos en ciertas situaciones como una nueva vivencia del estado original de pánico, ira o miedo que sentimos de niños. Podemos interpretarlo como una reproducción de la grabación original.

Para comprender la importancia de esto conviene analizar la situación del niño. Con referencia a la figura 7, observamos una línea que representa el período de tiempo que va desde el momento de la concepción hasta los cinco años. El primer tramo corresponde a los nueve meses que transcurren desde la concepción hasta el nacimiento. Durante estos nueve meses se produce una iniciación

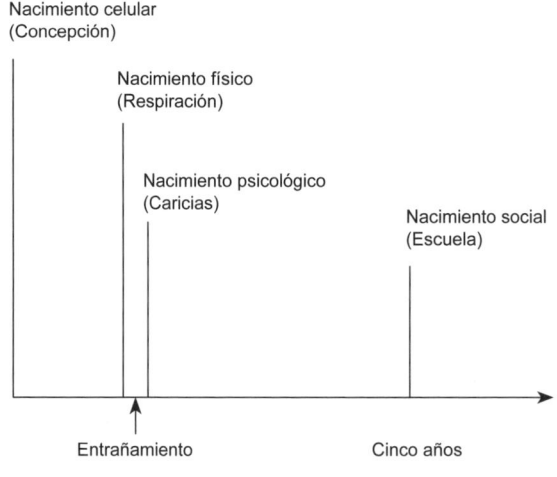

Figura 7. Nacimiento del individuo desde
la concepción hasta los cinco años

a la vida dentro del medio más perfecto que el ser humano puede llegar a experimentar jamás. A este modo de vida lo denominamos «estado de intimidad simbiótica».

Después, en el momento del nacimiento biológico, el pequeño ser, en pocas horas, es empujado a un terrible estado de contraste en el que se halla expuesto a sensaciones extrañas, y sin duda terroríficas, de frío, aspereza, presión, ruidos, falta de apoyo, excesiva iluminación, separación y abandono. El recién nacido se encuentra, durante un breve período de tiempo, dividido, apartado, separado y privado de toda relación. Las numerosas teorías sobre el trauma del nacimiento coinciden en afirmar que los sentimientos producidos por este acontecimiento se graban en el cerebro y permanecen de alguna manera en él. Esta hipótesis es apoyada por el gran número de sueños recurrentes del tipo «tubo de desagüe» que tantos individuos experimentan en situaciones de tensión extrema. Los pacientes relatan sueños en los que se ven arrastrados, desde una masa de agua relativamente tranquila, al interior de un desagüe. Experimentan sensaciones de presión y aceleración. Esta sensación se sufre también en los casos de claustrofobia. El niño al nacer se ve inundado de estímulos abrumadores y desagradables, y, según Freud, estos sentimientos que experimenta le proporcionarán un modelo para todas sus ansiedades posteriores.[1]

En poco tiempo, un salvador se presenta ante el recién nacido. Se trata de otro ser humano que lo toma en brazos, lo envuelve en cálidas vestiduras, lo sostiene e inicia el gesto tranquilizador de la «caricia». Este es el punto del nacimiento psicológico (figura 7). Se trata de la primera información que le llega al niño de que la vida «de fuera» no es del todo mala. Es una reconciliación, una restauración de la intimidad, que pone en marcha su voluntad de vivir. Sin ella, el niño moriría, si no físicamente, sí psicológicamente. La muerte física provocada por una condición llamada «marasmo» se producía a menudo, en otros tiempos, en los hospicios donde los niños no tenían esas caricias iniciales. No había ninguna causa física que explicara aquellas defunciones, excepto la falta del estímulo esencial.

Esta dolorosa alternancia de sensaciones placenteras y desagradables mantiene al niño en un estado de desequilibrio constante. Durante los dos primeros años de vida no posee herramientas conceptuales para pensar –palabras–, para elaborar una explicación de su incierta condición en su mundo. Sin embargo, registra continuamente los sentimientos que surgen de las relaciones entre él y los demás, primordialmente la madre, y esos sentimientos se relacionan directamente con las caricias físicas y la ausencia de estas. La estimación que el niño puede hacer de sí mismo es insegura e incierta, porque sus sentimientos buenos son transitorios y se sustituyen de continuo por sentimientos malos. Finalmente, esa incertidumbre le convence de que él está mal. ¿En qué momento llega el niño a alcanzar la posición: «Yo estoy mal, tú estás bien»?

Piaget,[2] basándose en minuciosas observaciones de lactantes y niños un poco mayores, sostiene que el desarrollo de la causalidad se inicia en los primeros meses de vida, y se adquiere totalmente a finales del segundo año. Dicho de otro modo, los datos, bajo la forma de un batiburrillo de impresiones, empiezan a acumularse de un modo secuencial, hasta el punto de que se hace posible una posición preverbal o conclusión. Piaget dice: «En el curso de los dos primeros años de vida, la evolución de la inteligencia sensorial y motriz, así como la elaboración correlativa del universo, parecen conducir a un estado de equilibrio lindante con el pensamiento racional». Por mi parte, creo que ese estado de equilibrio, evidente a finales del segundo año de vida o durante el tercero, es un producto de la conclusión del niño acerca de sí mismo y de los demás: su posición vital. Una vez decidida su posición, ya tiene algo sólido con lo que trabajar, una base para poder prever cosas. Piaget sostiene que, en esos primeros procesos mentales, no son capaces de «conocer o formular verdades», sino que se limitan a desear el éxito o la adaptación práctica: «Si yo no estoy bien y tú estás bien, ¿qué puedo hacer yo para que tú, que eres una persona que está bien, seas bueno conmigo, que soy una persona que está mal?». Esta posición puede parecer poco favorable, pero para el niño es una impresión cierta, y es mejor que nada. De ahí el estado de equilibrio. El Adulto que hay en el niño ha logrado su primer triunfo al «dar sentido a la vida», resolviendo lo que Adler llamaba «el problema central de la vida» —la actitud hacia los demás— y lo que Sullivan designaba como «las actitudes del yo que el individuo llevará siempre consigo».

Una de las formulaciones más claras acerca del desarrollo de posiciones es la expuesta por Kubie:

> Solo se puede formular una deducción segura: al principio de la vida, a veces en los primeros meses y otras veces más tarde, a menudo *se establece una posición emocional central*... Un hecho clínico que ya es evidente es que, una vez establecida la posición emocional central al principio de la vida, esta se convierte en la posición afectiva *sobre la cual el individuo tenderá a volver automáticamente durante el resto de sus días.* Esto, a su vez, puede constituir la mayor salvaguarda o la mayor vulnerabilidad de su vida. De hecho, el establecimiento de una posición emocional central puede ser *una de las primeras generalidades* en la evolución del proceso neurótico humano, puesto que puede iniciarse incluso en la época preverbal y presimbólica de la infancia... Siempre que la posición emocional central sea dolorosa, el individuo puede pasarse toda la vida defendiéndose contra ella, recurriendo una y otra vez a trucos conscientes e inconscientes cuyo único objetivo es rehuir esa posición central dolorosa[3] [las cursivas son mías].

Kubie plantea después la cuestión de si esas posiciones son o no alterables en los años posteriores de la existencia del individuo. Yo creo que sí lo son. A pesar de que las primeras experiencias que dieron lugar a esa posición no se pueden borrar, pienso que las primeras posiciones pueden cambiarse. Lo que una vez fue decidido puede dejar de decidirse.

El análisis conciliatorio elabora la siguiente clasificación de las cuatro posiciones vitales posibles respecto a uno mismo y los demás:

1. Yo estoy mal, tú estás bien.
2. Yo estoy mal, tú estás mal.
3. Yo estoy bien, tú estás mal.
4. Yo estoy bien, tú estás bien.

Antes de examinar cada una de estas posiciones, deseo realizar unas cuantas observaciones generales acerca de ellas. Yo creo que, al final del segundo año de vida o durante el tercero, el niño se ha decidido ya por una de las tres primeras posiciones. La fórmula «yo estoy mal, tú estás bien» es la primera decisión provisional basada en la experiencia del primer año de vida. Hacia el final del segundo año, esta posición se confirma y se estabiliza o deja paso a la posición dos o tres: «yo estoy mal, tú estás mal» o «yo estoy bien, tú estás mal». Una vez que el niño ha llegado hasta aquí, se mantendrá en la posición elegida, y esta gobernará todo lo que hace. Permanecerá con él durante el resto de su vida, a menos que, más tarde, pase de manera consciente a la cuarta posición. Sin embargo, las personas no cambian de posición con tanta facilidad. En las tres primeras, la decisión se basa totalmente en las «caricias» o en la ausencia de estas; son no verbales. Se trata de conclusiones, no explicaciones. Pero son algo más que respuestas condicionadas: son lo que Piaget denominó elaboraciones intelectuales en la construcción de la causalidad. En otras palabras, son un producto de la ordenación de datos por parte del Adulto que hay en el niño pequeño.

YO ESTOY MAL, TÚ ESTÁS BIEN

Esta es la posición universal de la primera infancia; se trata de una conclusión lógica del niño por su situación durante su nacimiento y su infancia. Existe algo bueno en esta posición gracias a la presencia de las «caricias». Todo niño es acariciado durante el primer año de su vida simplemente por el hecho de que hay que tomarlo en brazos para cuidar de él. Pero hay también un elemento malo, y es la conclusión a la que llega sobre sí mismo. Creo que es evidente que la abrumadora acumulación de sentimientos malos en el niño hace que resulte lógica (sobre la base de su evidencia) esta mala conclusión sobre sí mismo. Al aplicar el análisis conciliatorio tanto a personas enfermas como a sanas, he obtenido una reacción general de «¡eso es!» cada vez que he explicado el origen del Niño que no está bien. Creo que el reconocimiento del Niño que no está bien, que existe en cada uno de nosotros, es la única manera compasiva, y por tanto curativa, de analizar los «juegos». Considerando la universalidad de los juegos, la universalidad del «yo estoy mal» es una deducción razonable.

La ruptura de Adler con Freud se produjo acerca de este punto: no era el sexo lo que se hallaba en la base de la lucha del hombre en la vida, sino más bien los sentimientos de inferioridad, o malos, que surgían con carácter universal. Adler sostenía que el niño, a causa de su pequeña estatura y de su vulnerabilidad, se considera inevitablemente inferior en relación con las figuras adultas que le rodean. Harry Stack Sullivan, con quien estudié durante los cinco años que precedieron a su muerte, fue enormemente influido por Adler, y a mí, a su vez, me influyó en gran medida Sullivan, cuya principal aportación al pensamiento psicoanalítico fue el concepto de las relaciones interpersonales, transacciones o conciliaciones, afirmaba que el niño elabora una estimación de sí mismo sobre la base de las apreciaciones de los demás, a lo que él llamaba «las apreciaciones reflejas». Decía:

El niño carece del método y la experiencia necesarios para elaborar un retrato exacto de sí mismo; así pues, solo puede guiarse por las reacciones de los demás ante él. No tiene, casi, motivos para poner en tela de juicio esas apreciaciones, y, en todo caso, es demasiado vulnerable para desafiarlas o rebelarse contra ellas. Acepta pasivamente los primeros juicios, que le son comunicados de un modo enfático a través de palabras, gestos y acciones durante este período. Y así, las actitudes sobre el yo aprendidas en los primeros tiempos de vida son siempre arrastradas por el individuo, dejando cierto margen para la influencia de circunstancias ambientales extraordinarias y para modificaciones a causa de experiencias posteriores.[4]

En esta primera posición la persona se siente a merced de los demás. Siente una gran necesidad de caricias, o de ser reconocida, que es la versión psicológica de las primeras caricias físicas. En esta posición, existe también un elemento de esperanza porque hay una fuente de caricias –tú estás bien–, aunque estas no sean constantes. El Adulto tiene una base sobre la que trabajar: ¿qué debo hacer para ganar sus caricias o su aprobación? De esta manera, el individuo puede intentar dos formas de «vivir» esta posición.

La primera consiste en vivir un guion de vida* que confirme que estoy mal. El guion lo «escribe» inconscientemente el Niño, y puede inducirle a llevar una vida retirada, ya que le resulta demasiado doloroso convivir con gente que está bien. Estas personas pueden buscar las caricias a través de una ficción y lanzarse a una complicada «vida de deseo» compuesta de «si» y de «cuando yo». El guion de otra persona puede suscitar un comportamiento provocador hasta el punto de que los demás se vuelvan contra él (caricias

---

* El análisis de guion es un método para descubrir las primeras decisiones, tomadas de un modo inconsciente, sobre cómo debe vivirse la propia vida. Mi referencia al guion y al contraguion es general. Varios analistas conciliatorios, especialmente Heme, Ernst, Groder, Karpman y Steiner, están realizando estudios definitivos sobre los orígenes y los análisis de los guiones.

negativas), con lo cual se demuestra una vez más que estoy mal. Este es el caso del «niño malo». ¡Ya que decís que soy malo, seré malo! Puede pasarse la vida dando patadas, escupiendo y arañando, y lograr así una integridad fraudulenta en la cual, sin embargo, al menos existe una constante con la que puede contar: «yo estoy mal, tú estás bien». Esto tiene cierto sentido, aunque muy triste: se mantiene la integridad de la posición, pero lleva a la desesperación. La resolución final de esta posición es el abandono (institucionalización) o el suicidio.

Una manera más corriente de «vivir» esta posición es recurrir a un contraguion (también de modo inconsciente), con una divisa prestada del Padre: puedes estar bien, si... Esta persona busca amigos y asociados que tengan un Padre grande porque necesita grandes caricias, y cuanto mayor es el Padre mejor acariciará. (Las caricias positivas solo pueden proceder de individuos que están bien, y el Padre está bien, como lo estuvo desde el principio). Este tipo de personas se muestran siempre dispuestas a complacer, llenas de voluntad y deseosas de satisfacer las peticiones de los demás. Algunos de nuestros mejores hombres (y mujeres) están donde están gracias a esos esfuerzos por obtener la aprobación de los demás. Sin embargo, se obligan a llevar una vida de escalar montañas, y cada vez que llegan a la cumbre de una se encuentran frente a otra. El yo estoy mal escribe el guion; el tú estás bien (y yo quiero ser como tú) escribe el contraguion. Sin embargo, ni el primero ni el segundo consiguen crear felicidad o una sensación de valor perdurable, ya que la posición no ha cambiado: «Haga lo que haga, sigo estando mal».

Una vez que la posición es descubierta y cambiada, los logros y las habilidades resultantes del contraguion pueden ser de suma utilidad cuando la persona construye un plan de vida nueva y consciente con el Adulto.

YO ESTOY MAL, TÚ ESTÁS MAL

Si todos los niños que sobreviven a la infancia llegan inicialmente a la conclusión «yo estoy mal, tú estás bien», ¿cómo se llega a la segunda posición, «yo estoy mal, tú estás mal»? ¿Qué ha ocurrido con el «tú estás bien»? ¿Qué ha pasado con el origen de las caricias?

Hacia el final del primer año de vida, al niño le sucede algo muy importante: camina. Ya no es necesario que lo tomen en brazos. Si su madre es una persona fría, poco dada a acariciar a los niños, si solo le acariciaba durante el primer año porque no tenía más remedio que hacerlo, el hecho de haber aprendido a andar significa que ya han pasado sus días de Niño pequeño. Las caricias cesan por completo. Por otra parte, los castigos son más severos y frecuentes, puesto que ahora el niño es capaz de saltar de su cama, de coger cosas y, además, no se está quieto. También se hace daño a sí mismo con mayor frecuencia, ya que su movilidad le hace tropezar con obstáculos o caer por las escaleras.

La vida, que en el primer año ofreció algún que otro consuelo, ahora no ofrece nada. Las caricias han desaparecido. Si ese estado de abandono y dificultades se prolonga durante el segundo año de vida, el niño llega a la conclusión «yo no estoy bien, tú no estás bien». En esta posición, el Adulto deja de desarrollarse, dado que una de sus funciones primordiales —conseguir caricias— ya no tiene sentido puesto que no existe ninguna fuente de caricias. En esta posición, la persona abandona. No hay esperanza. Simplemente pasa por la vida y, finalmente, puede llegar a acabar en una institución mental, en un estado de extrema reclusión, con un comportamiento regresivo que refleja un deseo vago y arcaico de volver a su vida del primer año, cuando recibió las únicas caricias por el hecho de ser un niño al que había que tomar en brazos y dar de comer.

Es difícil imaginar que un individuo pase toda su vida sin recibir una caricia. Incluso quienes tuvieron una madre que odiaba estas muestras de cariño, sin duda encontraron a otras personas capaces de compadecerse de ellos en esa situación y que los acariciaron. Sin embargo, una vez que una posición es adoptada, todas las experiencias se interpretan de una manera selectiva y capciosa, con el fin de apoyarla. Si una persona llega a la conclusión de que tú estás mal, la aplicará a todas las demás personas, y rechazará sus caricias, por muy sinceras que estas puedan ser. Originalmente, halló cierta forma de integridad, o cierta coherencia, en su primera conclusión, y por eso las nuevas experiencias no pueden quebrantar esta posición tan fácilmente. Ahí radica el carácter determinante de las posiciones. Además, quien adopta esta posición deja de hacer uso de su Adulto en sus relaciones con los demás. Por consiguiente, aun en tratamiento, es difícil llegar a su Adulto, sobre todo si se tiene en cuenta que, para esta persona, el terapeuta también entra en la categoría del «tú estás mal».

Hay un solo estado patológico en que la posición «yo estoy mal, tú estás mal» puede ser la posición inicial, y no una secundaria. Se trata de la condición del niño autista, que no ha nacido psicológicamente. El autismo infantil surge como una reacción del organismo no maduro ante la tensión y la angustia catastróficas de un mundo exterior en el que no hay ninguna caricia que llegue hasta él. El niño autista es el que, en las primeras y críticas semanas de su vida, no se sintió salvado o rescatado. Es como si «no hubiese encontrado a nadie allí», después de su desastrosa expulsión hacia la vida.

Schopler[5] llega a la conclusión de que el autismo es el resultado de la combinación de un factor fisiológico con una falta de caricias. El factor fisiológico puede ser una gran barrera ante los estímulos, hasta el punto de que el niño no llega a registrar las caricias que recibe. Es posible que no se vea totalmente privado de ellas, pero sí de la sensación de recibirlas, o de la «acumulación» de estas sensaciones. Entonces, los padres lo verán como un niño que no reacciona (no le gusta que lo tomen en brazos, se limita a permanecer tumbado, es indiferente), y, en consecuencia, se deja de hacerle caricias porque se llega a la conclusión de que «no le gusta que lo tomen en brazos». Es posible que unas caricias vigorosas hubieran logrado superar la barrera.

En cierta ocasión observé a un niño autista de once años, que no hablaba, y que parecía expresar su posición de «yo estoy mal, tú estás mal» pegando fuertes y repetidos puñetazos contra su tutor y, después, contra su propia cabeza, como si estuviera interpretando su concepción de la vida: «Tú estás mal y yo estoy mal. Hay que aplastar a los dos».

YO ESTOY BIEN, TÚ ESTÁS MAL

Un niño a quien sus padres tratan brutalmente de un modo persistente y prolongado abandonará su posición inicial en la que juzgaba que aquéllos estaban bien, y pasará a la tercera posición, o posición criminal: «yo estoy bien, tú estás mal». En esta posición hay un elemento de bondad, pero ¿de dónde procede? ¿Dónde está la fuente de las caricias si tú estás mal?

Teniendo en cuenta que la posición se decide en el segundo o tercer año de vida, esta es una cuestión difícil de contestar. Si el niño de dos años llega a la conclusión «yo estoy bien», ¿significa esto que su «estoy bien» es el producto de las caricias que se hace a sí mismo? ¿Y cómo se acaricia a sí mismo un niño de esa edad?

Yo creo que este tipo de «autocaricias» se produce cuando el niño está convaleciente de heridas graves y dolorosas, como las que reciben algunos a quienes en el barrio ya se los conoce como «el pobre mártir». Son niños que reciben fuertes palizas de sus padres, hasta romperles los huesos y desgarrarles la piel. Quien se haya roto un hueso o sufrido ese tipo de heridas sabrá el dolor que producen. En los niños que reciben palizas de sus padres son frecuentes estas dolorosas heridas, como costillas rotas, riñones magullados o fracturas de cráneo. ¿Cómo se siente un chiquillo ante el dolor insoportable de unas costillas rotas o la violenta jaqueca producida por la entrada de sangre en el líquido espinal? Y cada hora, cinco niños de Estados Unidos reciben heridas de este tipo a manos de sus padres.

Creo que, precisamente, cuando este niño maltratado está convaleciente, en cierto modo, se lame las heridas al experimentar una sensación de bienestar consigo mismo, a solas, aunque solo sea por comparación con el agudo dolor que ha sufrido recientemente. Es como si dijera: «Estaré perfectamente si me dejáis en paz. Solo estoy muy bien». Cuando los brutales padres aparecen de nuevo, se encoge, horrorizado, temiendo que vuelvan a pegarle. «¡Me hacéis daño! ¡Sois malos! Yo soy bueno, vosotros sois malos». La historia de los primeros años de vida de muchos psicópatas criminales, que ocupan esta posición, revela esta clase de malos tratos físicos graves.

Ese niño ha experimentado la brutalidad, pero también la supervivencia. Lo que le ha ocurrido una vez puede volverle a ocurrir. «He sobrevivido. Sobreviviré». Se niega a abandonar. A medida que va creciendo, empieza a devolver los golpes. Ha visto la dureza y sabe ser duro; tiene permiso (de su Padre) para ser duro y cruel. El odio le mantiene, aunque también puede haber aprendido a disimularlo bajo una máscara de cortesía. Caryl Chessman dijo: «No hay nada que sostenga más que el odio; cualquier cosa es mejor que tener miedo».

Para ese niño, la posición «yo estoy bien, tú estás mal» es una decisión salvadora. La tragedia, para él y para la sociedad, radica en que anda por la vida negándose a mirar hacia dentro. Es incapaz de ser objetivo en lo referente a su implicación con lo que le ocurre. Siempre es «culpa de ellos». De «todos ellos». Los criminales incorregibles ocupan esta posición. Son personas inconscientes, «sin conciencia», convencidas de que son buenas, de que están bien, hagan lo que hagan, y de que la culpa es siempre de los demás. Esta condición, que en otros tiempos fue llamada «imbecilidad moral», es en realidad un estado en el cual la persona ha cerrado la puerta a todo dato que tenga que ver con la bondad de los demás. Por eso, en estos casos, el tratamiento resulta difícil, puesto que el terapeuta, a los ojos del paciente, no está bien, como todos los demás. La expresión límite de esta posición es el homicidio, contemplado por el asesino como algo justificado (del mismo modo que consideró justificado adoptar la posición).

En la posición «yo estoy bien, tú estás mal», la persona sufre por falta de caricias. Estas solo son buenas si es bueno quien acaricia. Sin embargo, en esta posición, no existen las personas buenas. Por consiguiente, no hay caricias buenas. Una persona puede rodearse de una corte de aduladores que le alaben y lo acaricien masivamente. Pero sabe que no son caricias auténticas, porque ha tenido que organizarlas él mismo, de la misma manera que, al principio, tuvo que «acariciarse» él mismo. Cuanto más le alaban, más los desprecia, hasta que finalmente los rechaza en favor de un nuevo grupo de aduladores. «Acércate, que te doy» es una vieja grabación. Así fue en el principio.

YO ESTOY BIEN, TÚ ESTÁS BIEN

Esta es la cuarta posición, donde tenemos puestas todas nuestras esperanzas. Es la posición «yo estoy bien, tú estás bien». Existe una diferencia cualitativa entre las tres primeras posiciones y la cuarta. Las tres primeras son inconscientes, puesto que se adoptaron a una edad muy temprana. La posición «yo estoy mal, tú estás bien» fue la primera, cronológicamente, y en muchas personas persiste durante toda la vida, aunque para algunos niños extremadamente desgraciados, esta posición se sustituyó por la segunda o la tercera. Hacia el tercer año de vida, toda persona se ha establecido ya en una de esas tres posiciones. La decisión por la que se adopta una determinada posición es tal vez una de las primeras funciones del Adulto que se producen en el niño, en su intento por encontrar un sentido a la vida de modo que sea posible aplicar cierta dosis de lógica a la confusión de estímulos y sentimientos. Se llega a esas posiciones a partir de los datos procedentes del Padre y del Niño. Se basan en emociones o impresiones, sin el beneficio de datos externos modificadores.

La cuarta posición, «yo estoy bien, tú estás bien», por el hecho de ser una decisión consciente y verbal, puede incluir no solo un número muy superior de informaciones sobre el propio individuo y los demás, sino también la incorporación de posibilidades aún no experimentadas de las abstracciones de la filosofía y la religión. Las primeras tres posiciones se basan en los sentimientos. La cuarta, en el pensamiento, en la fe, en el empeño y en la acción. Las tres primeras se refieren al por qué. La cuarta, al por qué no. Nuestra concepción de lo bueno no se limita únicamente a nuestras experiencias personales, porque todos somos capaces de trascenderlas en una abstracción de designio final para todos los hombres.

No es que derivemos hacia una nueva posición, sino que más bien se trata de una decisión que tomamos nosotros. En este sentido, se asemeja a una experiencia de conversión. No podemos decidirnos por la cuarta posición sin tener una información enormemente superior a la que tienen la mayoría de las personas sobre las circunstancias que rodearon las posiciones originales decididas a una edad tan temprana. Dichosos los niños que, en su infancia, se ven expuestos a situaciones en las que pueden demostrarse a sí mismos su propio valor y el valor de los demás, porque eso les ayuda a sentir que están bien. Por desgracia, la posición más común, compartida tanto por personas que «triunfan» como por aquellas que «fracasan» es la de «yo estoy mal, tú estás bien». El método más corriente para enfrentarse a esta posición son los juegos. Berne define un juego como...

... una serie sin interrupción de conciliaciones posteriores complementarias que se dirigen hacia un resultado perfectamente definido

y previsible. Descriptivamente, se trata de un juego de conciliaciones, a menudo repetidas, superficialmente plausibles, con una
motivación oculta; o, en otras palabras, una serie de movimientos
con una trampa o «truco».[6]

Yo creo que todos los «juegos» tienen su origen en el simple
juego infantil que podemos observar en cualquier grupo de niños
de tres años: «El mío es mejor que el tuyo». Se participa en este
juego en busca de un pequeño alivio momentáneo que ayude a soportar el terrible peso del «estoy mal».

Es importante tener presente lo que significa la posición «yo
estoy mal, tú estás bien» para un niño de tres años. «Yo estoy mal»
significa: solo mido sesenta centímetros, estoy indefenso, soy frá-
gil, estoy sucio, no hago nada bien, soy torpe y no tengo palabras
para hacerte comprender todo lo que se siente en mi posición. «Tú
estás bien» significa: mides metro ochenta, eres fuerte, siempre
tienes razón, conoces todas las respuestas, eres elegante, tienes un
poder de vida y muerte sobre mí, puedes pegarme y hacerme daño
y sigues estando bien.

El niño agradece cualquier alivio ante esta injusta situación.
Un plato más lleno de crema, empujar para ser el primero en una
cola, burlarse de los errores de la hermana, pegar al hermano menor, dar un puntapié al gato o tener más juguetes proporcionan
un alivio momentáneo aunque vaya seguido de un desastre, como
recibir una paliza de los padres, un golpe del hermano menor, un
arañazo del gato o descubrir que otro tiene más juguetes todavía.

Las personas mayores realizan variaciones más o menos complicadas de este mismo juego. Hay quien logra un alivio momentáneo acumulando bienes, viviendo en una casa mejor y más grande
que mengano o, incluso, haciendo alardes de modestia: «Yo soy más
modesto que tú». Estas maniobras, basadas en lo que Adler deno-
minaba «las ficciones guía», pueden aportar el deseado alivio aunque vayan seguidas después de un desastre en forma de hipoteca

abrumadora o facturas desorbitadas que condenen a la persona a una vida de perpetua estrechez. En el capítulo siete se habla en detalle de los juegos como una «solución» que produce desdicha, la cual se suma a la desdicha original y confirma el «estoy mal».

Este libro tiene como objetivo demostrar que la única manera de rehacerse, o de pasar a estar bien, consiste en aclarar las circunstancias de nuestra infancia subyacentes a las tres primeras posiciones, que son perpetuadas por el comportamiento actual.

Finalmente, es importante comprender que el «yo estoy bien, tú estás bien» es una posición y no un sentimiento. Las grabaciones del «estoy mal» que hay en el Niño no pueden borrarse con una decisión tomada en el presente. Lo que sí se puede hacer es comenzar a crear una colección de grabaciones que den buenas salidas a las conciliaciones, éxitos dentro de unos cálculos de probabilidades correctos, éxitos dentro de acciones integradas que tengan sentido, que sean programadas por el Adulto, y no por el Padre o el Niño, éxitos basados en una ética que tenga una base racional. Quien ha vivido muchos años siguiendo las decisiones de un Adulto emancipado posee una gran colección de experiencias pasadas de este tipo y puede decir con seguridad: «Sé que esto funciona». El «yo estoy bien, tú estás bien» funciona porque no se espera de él una alegría o una tranquilidad inmediatas.

En cierta ocasión, una joven divorciada de uno de mis grupos se lamentaba enojada: «¡Usted y su maldito truco del estoy bien! Anoche fui a una fiesta y decidí ser lo más amable posible, y también decidí que todos los asistentes estaban bien. Me acerqué a una mujer que conozco y le dije: "¿Por qué no viene a tomar café alguna vez conmigo?", y la mujer me dejó hundida cuando me dijo: "Me encantaría, pero comprenderá que no todo el mundo tiene tiempo para andar de visita y de cháchara como usted". ¡Eso no sirve para nada!».

Las tormentas personales o sociales no van a cesar de inmediato por el hecho de que hayamos adoptado una nueva posición.

El Niño exige resultados inmediatos, como el café instantáneo, los barquillos al minuto o el alivio contra la acidez de estómago. No podemos garantizar que, por el hecho de adoptar la posición «yo estoy bien, tú estás bien», se experimenten inmediatamente buenos sentimientos. Debemos ser sensibles a la presencia de las viejas grabaciones; pero podemos decidir apagar el «magnetófono» cuando las grabaciones que reproduce socavan la fe que tenemos en un nuevo estilo de vida que, con el tiempo, aportará nuevos resultados y felicidad a nuestra vida. El Adulto puede, también, identificar las respuestas del Niño en los demás y decidir no reaccionar de la misma manera.

En el próximo capítulo se hablará del cambio que esto supone, y de cómo ese cambio es posible.

4

PODEMOS CAMBIAR

*Todos los hombres se jactan
del progreso de la sociedad y
ninguno de ellos progresa.*

Ralph Waldo Emerson

Declarar que tenemos problemas no es realmente de gran ayuda. Resulta más acertado afirmar que la mayor parte de nuestra energía, día tras día, se emplea en la toma de decisiones. Los pacientes dicen a menudo: «No logro decidirme, dígame qué tengo que hacer, tengo miedo de tomar una decisión errónea»; o bien, ante su incapacidad para decidir, exclaman: «Siempre estoy al borde del fracaso, me odio, nunca llego a concretar mis proyectos, mi vida es una sucesión de fracasos».

A pesar de que estas declaraciones expresan problemas, todas ellas tienen su origen en la dificultad que representa la toma de decisiones. El carácter inquietante de la indecisión se manifiesta, en ocasiones, a través del ruego indiscriminado de: «Haga algo, lo que sea, pero haga algo». En nuestro trato con los pacientes, observamos que aparecen dos dificultades principales a la hora de tomar decisiones: la primera es «siempre tomo la decisión errónea», que es la expresión de la persona cuyas decisiones, y las actividades que proceden de ellas, le producen malos resultados, y la segunda, «no dejo de pensar en lo mismo una y otra vez», que es la expresión del individuo cuyo ordenador se encuentra atestado de asuntos inacabados y decisiones pendientes.

El primer paso hacia la solución de estas dos dificultades estriba en reconocer que, en cada decisión, hay tres conjuntos de datos que es preciso ordenar. El primero es el del Padre, el segundo el del Niño y el tercero el del Adulto. Los datos del Padre y del Niño son viejos. Los del Adulto representan la realidad exterior tal como es en el presente, junto con una gran cantidad de datos guardados en el pasado, independientes del Padre y del Niño. En reacción a un estímulo transaccional, entran en el ordenador datos procedentes de estas tres fuentes. ¿Quién va a responder, el Padre, el Adulto o el Niño? Tal vez la mejor forma de explicar este proceso sea a través de un ejemplo que lo ilustre.

Imaginemos que un hombre de negocios de mediana edad, que goza de buena reputación como padre, marido y ciudadano responsable, debe decidir si ha de firmar o no una petición que será publicada en un periódico local. La petición apoya un proyecto de ley sobre la vivienda, que permitirá a individuos de todas las razas vivir donde se lo permitan sus medios. Lo llaman por teléfono para que añada su nombre al del resto de peticionarios, y, en cuanto ha colgado, se siente disgustado, con el estómago encogido, y piensa que acaban de arruinarle el día.

Debe tomar una decisión, y, evidentemente, esto le plantea un conflicto interior. ¿De dónde proceden los datos del conflicto?

Una de sus fuentes es el Padre. Entre las grabaciones que «resuenan» se puede escuchar: «No hagas recaer la vergüenza sobre la familia»; «No te metas en problemas»; «¿Por qué tú precisamente?»; «Lo primero son tu familia y tus hijos». Esas grabaciones son como los acompañamientos musicales de otra grabación más compulsiva, registrada durante los primeros años de su vida, en su hogar de una ciudad sureña: «Cada cual en el lugar que le corresponde». En realidad, tiene a su disposición toda una categoría de datos del

Padre, bajo el título de «negro». La puerta se cerró sobre ese conjunto de datos, a través de unas fuertes directrices, cuando nuestro hombre aún era un niño: «No preguntes tonterías»; «Es un negro, he aquí el porqué»; «¡Y que no me entere de que has vuelto a las andadas!» (Hasta las «inofensivas» canciones infantiles orquestaban el tema con alusiones despectivas a los negros).

Esas primeras grabaciones, reforzadas a lo largo de los años por ininterrumpidas directrices paternas y por la posterior comprobación de que la presencia de los negros puede provocar conflictos (por ejemplo, en Little Rock, Selma, Watts y Detroit), constituyen una fuerza poderosa que pesa en la decisión de nuestro hombre.

La fuerza de esos datos que ingresan en el ordenador radica en su capacidad para reproducir el miedo en el Niño. El Padre de «metro ochenta» está intentando imponerse de nuevo al Niño de «sesenta centímetros». De modo que el segundo juego de datos procede del Niño. Estos datos expresan sentimientos, principalmente miedo: qué dirán, qué pasaría si mi hija se casara con uno de ellos, mi terreno perdería valor... Las dificultades son reales en este caso, pero la intensidad de los sentimientos tiene más que ver con la dificultad original del niño de tres años cuya seguridad dependía de sus padres que con esas dificultades reales. Por eso a nuestro hombre se le encoge el estómago y le sudan las manos. El conflicto puede llegar a ser tan doloroso que termine por recurrir al mueble bar o a cualquier otra actividad evasiva para «deshacerse del Padre».

La batalla no duraría demasiado si no existiera otro juego de datos en el ordenador. Son los datos que proceden de la realidad, los que entran en el dominio del Adulto. Un hombre «simple» o «que no piensa» no se preocupa por la realidad. Simplemente, se rinde al Padre. Su divisa es: «Paz a cualquier precio» (para el Niño). «Toda innovación es peligrosa. Así es la naturaleza humana. La historia se repite. Que lo haga otro».

Solo el hombre que alberga en sí mismo a un Adulto activo puede tener en cuenta la gravedad de la amenaza del conflicto racial, incluso para su propio bienestar. Solo su Adulto puede ir en busca de nuevos datos. Solo su Adulto puede comprender hasta qué punto la esclavitud, el hecho de tratar a ciertas personas como meros objetos, produjo en muchos negros una humillación y una desesperación tan devastadoras que solo pudieron hallar su expresión en Little Rock, Selma, Watts o Detroit. Solo el Adulto, como Lincoln, puede decir: «Los dogmas del apacible pasado no sirven para la lucha actual». Solo el Adulto puede estudiar todos los datos con objetividad y buscar otros.

A través de este proceso de identificación y separación de los tres conjuntos de datos, comenzamos a poner orden en el caos de sentimientos e indecisión. Una vez que los datos ya han sido separados, el Adulto puede examinar los tres conjuntos de datos para evaluar su validez.

Las preguntas que nuestro preocupado hombre de negocios debe formular al examinar los datos del Padre que hay en él son: ¿por qué sus progenitores tenían aquellas opiniones? ¿Cómo era el Padre en ellos? ¿Por qué su Niño se sentía amenazado? ¿Hasta qué punto fueron sus padres capaces de examinar su propio Padre-Adulto-Niño? ¿Es verdad lo que ellos creían? ¿Son superiores los blancos a los negros? ¿Una posición antidiscriminatoria haría recaer la vergüenza sobre su familia verdaderamente? ¿Podría ser que, al contrario, la honrara? ¿Tiene en cuenta realmente a su familia y sus hijos si no contribuye a una solución realista de los problemas raciales de su comunidad? También puede resultarle útil preguntar a sus padres cuál es su opinión actual en relación con la que sostenían cuando se grabó su Padre.

Su Adulto debe también examinar los datos procedentes del Niño: ¿por qué se siente tan amenazado? ¿Por qué se le encoge el estómago? ¿Se trata de una amenaza real? ¿Es su miedo realista, hoy en día? ¿O solo lo era cuando tenía tres años? Puede temer que se produzcan disturbios y violencia. Hasta podrían matarle. Pero debe distinguir entre el miedo producido por los acontecimientos actuales y el miedo que sentía a los tres años. Este último es mucho más grande. A los tres años, el niño no puede cambiar la realidad. Pero a los cuarenta y tres nuestro hombre sí puede. Puede hacer algo para cambiar la realidad, e incluso modificar las circunstancias que producen el peligro real.

La comprensión del «miedo de los tres años» es vital para que el Adulto quede libre para ordenar nuevos datos. Este es el miedo arcaico del Padre omnipotente que induce a «prejuzgar» y da pie a sus prejuicios. Una persona con prejuicios es como el niño del capítulo dos, que acepta que «los polis son malos» como una verdad fundamental porque teme hacer lo contrario. Esto produce la contaminación del Adulto (figura 8), y esta contaminación permite que los prejuicios, o los datos del Padre no sometidos a crítica, se manifiesten como una verdad.

Parafraseando a Sócrates, que decía que «la vida no sometida a crítica no es digna de ser vivida», podemos decir que el Padre no sometido a crítica no es digno de constituir la base de nuestra existencia, pues puede estar equivocado.

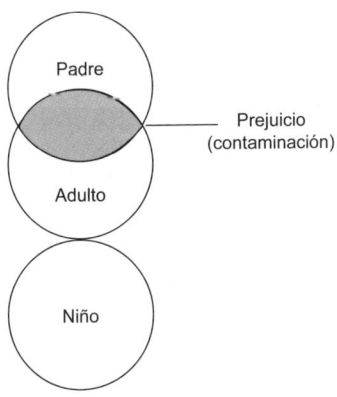

Figura 8. Prejuicio

EL ADULTO EMANCIPADO

El objetivo del análisis conciliatorio o transaccional consiste en que la persona obtenga libertad de opción, libertad para cambiar a voluntad y para transformar sus respuestas a los viejos estímulos y a los nuevos. Gran parte de esta libertad se pierde durante la primera infancia, iniciándose así, según Kubie, el «proceso neurótico». Este proceso nos consagra a resolver continuamente problemas arcaicos; todo tipo de problemas, excepto aprender a tratar de manera eficaz la realidad de hoy.

> Las raíces del proceso neurótico pueden encontrarse en un fenómeno de la infancia o de la primera niñez: la creación de modelos de comportamiento estereotipados o «fijaciones». Entre estos pueden figurar las exhibiciones afectivas —llorar, chillar, terror nocturno...—; las realizaciones (o las no realizaciones) instintivas —comer, roer, vomitar, regurgitar, rechazar ciertos alimentos, preferir otros, ritmos de excreción o de retención...—; formas respiratorias como retener el aliento, u otro tipo de acciones, como tics, darse golpes en la cabeza, mecerse, chuparse el dedo, etc. *Ninguna de estas acciones es, en sí misma y por sí sola, inherentemente anormal. Mientras se pueda cambiar libremente en respuesta a las sugestiones externas o internas, cualquiera de estas acciones es normal. La pérdida de libertad para cambiar es lo que señala el inicio del proceso neurótico*[1] [la cursiva es mía].

El objetivo del tratamiento es devolver al paciente la libertad de cambiar. Esta libertad surge del hecho de conocer la verdad acerca de lo que hay en el Padre y lo que hay en el Niño, y de cómo esos datos intervienen en las transacciones del presente. Precisa también conocer la verdad, o la evidencia, acerca del mundo en el que se vive. Esta verdad exige saber que todas las personas con las que uno trata tienen un Padre, un Adulto y un Niño. Requiere una exploración persistente, no solo de las zonas «cognoscibles» sino también de zonas indeterminadas, que pueden comprenderse mejor mediante otra función del Adulto, el cálculo de probabilidades. Una de las realidades de la condición humana es que, a menudo, tenemos que tomar una decisión antes de conocer todos los hechos. Así ocurre con todos los «compromisos»: con el matrimonio, con el voto, con la firma de una petición, con el establecimiento de prioridades, con todos esos valores a los que nos adherimos independientemente, es decir, con el Adulto.

El Niño que hay en nosotros exige certidumbre. El Niño quiere saber que el sol saldrá cada mañana, que su madre estará allí, que el «niño malo» será castigado. Sin embargo, el Adulto puede aceptar el hecho de que la certidumbre no siempre existe. El filósofo Elton Trueblood escribe:

El hecho de no tener certeza absoluta en ninguna de las conclusiones humanas no significa que la tarea de inquirir sea infructuosa. Es verdad que siempre tenemos que actuar sobre la base de las probabilidades, pero tener una probabilidad ya es tener algo. Lo que buscamos, en cualquier reino del pensamiento humano, no es la certidumbre absoluta, puesto que esta se nos niega por el hecho de ser hombres, sino más bien la vía más modesta de aquellos que encuentran modos dignos de confianza a la hora de discernir los diferentes grados de probabilidad.[2]

Así ocurre en el campo explorativo de la filosofía y de la religión, al cual me referiré con mayor detalle en el capítulo doce.

El Adulto de nuestro hombre de negocios, enfrentado a la petición que le invitan a firmar, reconoce que los resultados son inciertos. Si firma, puede quedar en ridículo. Si su posición «yo estoy bien, tú estás bien» incluye a todos los seres humanos, con independencia de su raza o religión, podría ser atacado por personas con prejuicios que podrían perjudicarle en su profesión; es posible que sea expulsado del club de golf o, tal vez, su relación con su esposa se vea afectada. Pero también puede sopesar la posibilidad de que su contribución a la búsqueda de una solución del problema racial que reina en su comunidad conduzca, a largo plazo, a una reducción sustancial del problema, lo cual le puede llevar a obtener caricias para su Niño, en forma de reputación de hombre íntegro y valeroso.

Cuando el Padre o el Niño dominan, el resultado es previsible. Esta es una de las características de los juegos. En ellos siempre hay cierta seguridad. Pueden producir un resultado doloroso, pero es un dolor que el jugador ha aprendido a asimilar. Cuando el Adulto se encarga de la transacción, el resultado no siempre es previsible. Existe la posibilidad del fracaso, pero también la del éxito. Y lo que es más importante, existe la posibilidad de un cambio.

¿QUÉ ES LO QUE INDUCE A LA GENTE A QUERER CAMBIAR?

Son tres los motivos que pueden inducir a la gente a querer cambiar. Una de ellas es que estén hartos de sufrir. Se han dado cabezazos, una y otra vez, contra la misma pared, y deciden que ya tienen bastante. Llevan tanto tiempo introduciendo monedas en la misma máquina tragaperras sin obtener ningún premio que finalmente deciden dejar de jugar o cambiar de máquina. Sufren de jaquecas, tienen úlceras sangrantes, son alcohólicos... Han tocado fondo. Piden un alivio. Quieren cambiar.

Otra razón que induce a la gente a desear un cambio es esa lenta desesperación que llamamos fastidio o aburrimiento. Es lo que siente la persona que va por el mundo diciendo: «Bueno, ¿y qué?», hasta que, por fin, formula el gran «¿y qué?» último. Esa persona está preparada para dar un giro a su vida.

Una tercera causa del deseo de cambiar, en una persona, es el descubrimiento súbito de que puede hacerlo. Este ha sido uno de los efectos que se han podido observar en el análisis conciliatorio. Muchos individuos que no habían mostrado un especial deseo de cambiar han entrado en contacto con el análisis conciliatorio a través de conferencias o de otras personas que les han hablado de él. Este conocimiento ha producido en ellos una búsqueda de nuevas posibilidades, que las ha inducido a averiguar más cosas y les ha infundido un deseo creciente de cambiar. También existe un tipo de paciente que, aunque sufre síntomas de incapacitación, realmente no desea esa transformación. Se somete a tratamiento, pero con una cláusula condicional que reza: «Prometo dejar que usted me ayude, a condición de que no me cure». Sin embargo, esta actitud negativa cambia a medida que el paciente vislumbra la posibilidad de otra forma de vida. El conocimiento funcional del Padre-Adulto-Niño permite al Adulto explorar nuevas y excitantes fronteras de la vida, un deseo que siempre ha existido en la persona, pero que había permanecido sepultado bajo el peso del «estoy mal».

¿POSEE EL HOMBRE EL LIBRE ALBEDRÍO?

¿Puede una persona realmente cambiar si lo desea? Y, si puede, ¿es ese cambio un producto de sus condicionamientos pasados? ¿Posee el hombre el libre albedrío? Uno de los problemas más difíciles de la posición freudiana es el del determinismo en oposición a la libertad. Freud y la mayoría de los conductistas sostienen que la causalidad observada en el universo se produce también en los seres humanos; que lo que sucede hoy puede comprenderse teóricamente en relación con lo que sucedió en el pasado. Si un hombre, hoy, asesina a otro hombre, la orientación freudiana nos ha acostumbrado a bucear en su pasado para hallar en este el móvil de su acción. Se da por hecho que existe una o varias causas, y que estas deben de encontrarse en el pasado. El determinista puro sostiene que el comportamiento del hombre no es libre, sino tan solo un producto de su pasado. La conclusión inevitable es que el hombre no es responsable de sus actos; que, en realidad, no posee libre albedrío. Este conflicto filosófico surge con todo su dramatismo en los tribunales de justicia. La posición judicial mantiene que el hombre es responsable. La determinista, que subyace en gran parte en los testimonios psiquiátricos, es que el hombre, en virtud de los acontecimientos de su pasado, no es responsable.

La realidad de la causalidad es innegable. Si pegamos un golpe a una bola de billar y esta choca con otras, que a su vez van a chocar con otras, debemos aceptar que existe una secuencia encadenada de causa y efecto. El principio monista sostiene que en toda la naturaleza actúan ese tipo de leyes. Sin embargo, la historia demuestra que, mientras que las bolas de billar sometidas a la ley de la causalidad no dejan de ser bolas de billar exactamente iguales a las que eran antes, los seres humanos sí cambian. La evidencia de la evolución –y de la experiencia personal– nos ha mostrado que el hombre es algo más que sus antecedentes.

Will Durant ha escrito, a propósito de cómo Benn Bergson, el filósofo francés de finales del siglo XIX y principios del XX, llevó el problema del determinismo hasta el absurdo:

> Finalmente, ¿acaso era el determinismo más inteligible que el libre albedrío? Si el momento presente no contiene una opción viva y creadora, y es total y mecánicamente un producto de la materia y del movimiento del momento anterior, también se podría decir que este preciso momento es el efecto mecánico del momento anterior, y este último del precedente, y así sucesivamente hasta llegar a las primitivas nebulosas como causa total de todos los acontecimientos posteriores, de todos los versos de Shakespeare y de todos los sufrimientos de su alma; de manera que la sombría retórica de Hamlet y Otelo, de Macbeth y Lear, en cada una de sus cláusulas y de sus frases, fue escrita, muchos siglos atrás, en los remotos cielos y los distantes eones, por la estructura y el contenido de aquella

nube legendaria. Se exige mucho de nuestra credulidad... Había en ello materia suficiente para rebelarse; y si Bergson se encumbró tan rápidamente hacia la fama fue porque tuvo el valor de dudar donde todos los que dudaban creían piadosamente.[3]

La respuesta no radica en refutar la naturaleza causal del universo o del comportamiento del hombre, sino en buscar las causas en otras partes, además de en el pasado. El ser humano hace lo que hace por ciertas razones, pero no todas estas razones se encuentran en el pasado. En una entrevista para la televisión, se me pidió mi opinión acerca de por qué Charles Whitman subió a la torre de la Universidad de Texas y disparó contra decenas de personas. Después de haber revisado una serie de razones, me preguntaron: «¿Por qué hay personas que hacen esto y otras que no lo hacen?». La pregunta es válida. Si nuestra posición es que no conocemos suficientemente la historia pasada de un individuo, eso significa que seguimos aferrados a la posición de que la respuesta se encuentra «en algún punto del pasado».

Pero existe una diferencia esencial entre un hombre y una bola de billar. El hombre puede mirar hacia el futuro con la ayuda de su mente. Recibe la influencia de otro tipo de orden causal que Charles Harteshorné llamó creativa.[4] Elton Trueblood examinó a fondo esta cuestión, y sugiere que las causas del comportamiento humano pueden hallarse no solo en el pasado sino también en la capacidad del hombre para vislumbrar el futuro o calcular probabilidades:

La mente humana actúa, en gran parte, en relación con las causas finales. Esto es tan obvio que parece imposible dejarlo de lado, y, sin embargo, todas las personas que niegan el libre albedrío apelando a la analogía de la causalidad en la bola de billar no lo tienen en cuenta. Ciertamente, la bola de billar se mueve primordialmente por casualidad eficiente, pero el hombre actúa de un modo totalmente diferente. El hombre es un ser cuyo presente es dominado constantemente por el inexistente pero poderoso futuro. Lo que no es influye en lo que es. Si tengo un grave problema, su solución no es simplemente el resultado de una combinación mecánica de fuerzas, como ocurriría en un cuerpo físico; en mi caso, yo pienso, y la mayoría de mis pensamientos se preocupan por lo que puede producirse, en el caso de que puedan tomarse ciertas decisiones.[5]

Ortega y Gasset define al hombre como «un ser que no consiste tanto en lo que es como en lo que va a ser».[6] Trueblood, por su parte, señala que...

... no es suficiente con decir que el resultado es determinado hasta por el carácter previo del individuo, porque la realidad que compartimos puede hacer emerger una novedad genuina en el propio acto de pensar. El pensamiento, tal como lo experimentamos en la realidad cotidiana, no es una mera conciencia de la acción, como sucede en la doctrina epifenoménica, sino una verdadera causa creadora. Cuando un hombre piensa, ocurre algo que, de otro modo, no hubiese ocurrido. Este es el significado de la «cautocausalidad» como auténtica tercera posibilidad en nuestro dilema familiar.[7]

De este modo, vemos al Adulto como el lugar donde reside la acción y la esperanza, y donde, por consiguiente, el cambio es posible.

5

EL ANÁLISIS DE LA CONCILIACIÓN

No comprendo mis propias acciones.

San Pablo

Puesto que ya hemos establecido un vocabulario, vamos a pasar a la técnica básica de utilizar ese lenguaje para analizar una conciliación. La conciliación se compone de un estimulo procedente de una persona y de una respuesta a ese estimulo por parte de otra, cuya respuesta se convierte a su vez en un nuevo estímulo para la primera persona. El objetivo del análisis es descubrir qué parte de cada uno –el Padre, el Adulto o el Niño– da lugar a cada estímulo y a cada respuesta.

Son muchas las claves que nos ayudan a identificar los estímulos y las respuestas, y a averiguar si proceden del Padre, del Adulto o del Niño; no son solo las palabras utilizadas, sino también el tono de la voz, los gestos y la expresión del rostro. Cuanto más aprendemos a interpretar esas claves, más datos adquirimos sobre el análisis conciliatorio o transaccional. No hay necesidad de adentrarse profundamente en el material anecdótico del pasado para descubrir qué es lo que está grabado en el Padre, en el Adulto y en el Niño. Nos revelamos a nosotros mismos, hoy.

A continuación, tenemos una lista de claves físicas y verbales para cada estado.

CLAVES FÍSICAS DEL PADRE: fruncir el ceño, apretar los labios, agitar el dedo índice y apuntar con él, menear la cabeza, mostrar una «expresión de horror», golpear rítmicamente el suelo con el pie, poner los brazos en jarras, cruzar los brazos sobre el pecho, estrujarse las manos, suspirar, dar golpecitos a otro en la cabeza... Estos son gestos típicos del Padre. Sin embargo, puede haber otros, particulares del Padre de cada uno. Por ejemplo, si el padre de una persona tenía la costumbre de aclararse la garganta y levantar los ojos al cielo cada vez que se disponía a emitir un veredicto acerca del mal comportamiento de su hijo, esa expresión aparecerá en esta persona cada vez que se disponga a emitir un veredicto procedente del Padre que hay en él, aunque la mayoría de la gente no identifique esa actitud como un gesto del Padre. También existen diferencias culturales. Por ejemplo, en Estados Unidos, cuando la gente suspira, tiende a exhalar, mientras que en Suecia, inhala.

CLAVES VERBALES DEL PADRE: «Voy a terminar con esto de una vez por todas»; «No puedo por nada del mundo... »; «Nunca olvidaré...» («siempre» y «nunca» son, con frecuencia, palabras del Padre, que revelan las limitaciones de un sistema arcaico cerrado a los nuevos datos); «¿Cuántas veces te lo he dicho?»; «Yo en tu caso...».

Muchos términos valorativos, tanto críticos como favorables, pueden identificar al Padre en el sentido de que formulan un juicio sobre otra persona, basado no en una valoración del Adulto, sino en respuestas automáticas y arcaicas. Podemos poner, como ejemplo, las siguientes expresiones: «estúpido», «travieso», «ridículo», «asqueroso», «molesto», «perezoso», «tonterías», «absurdo», «pobrecito», «el pobre», «¡no, no!», «hijito», «rey», «reina» (como las vendedoras de los mercados), «¿cómo te atreves?», «muy mono», «¡venga!», «¿y ahora qué?», «¿otra vez?». Es importante tener en cuenta que estas palabras son claves o indicios, y que no son concluyentes. El Adulto puede decidir, tras una seria deliberación, y sobre la base de un sistema ético de Adulto, que una cosa es estúpida, ridícula, asquerosa y molesta. Las palabras «deberías» y «debes» revelan, a menudo, la presencia del Padre, pero, como veremos en el capítulo doce, estas dos palabras también pueden pertenecer al Adulto. Es su uso automático, arcaico e irreflexivo lo que revela la activación del Padre. El empleo de estas palabras, junto con los gestos físicos y el contexto de la transacción, nos ayudará a identificar al Padre.

CLAVES FÍSICAS DEL NIÑO: puesto que las primeras reacciones del Niño ante el mundo exterior no fueron verbales, las claves más claras para identificarlo están en su expresión física. Cualquiera de las siguientes expresiones muestra la intervención del Niño en una conciliación: las lágrimas, los labios temblorosos, hacer pucheros, los berrinches, la voz aguda o llorona, hacer girar los ojos dentro de las órbitas, encogerse de hombros, bajar la mirada, hacer cosquillas, reírse, levantar la mano para pedir permiso para hablar, morderse las uñas, retorcerse, soltar risitas ahogadas, etc.

CLAVES VERBALES DEL NIÑO: además del modo de hablar infantilizado que todos conocemos, son muchas las palabras que identifican al Niño: «quiero», «necesito», «no quiero», «me da igual», «cuando sea mayor», «más grande», «el mayor», «el mejor» (muchos superlativos tienen su origen en el Niño como «triunfos» del juego «el mío es mejor»). Las expresiones del tipo: «Mira, mamá, sin manos» son formuladas para impresionar al Padre y superar el sentimiento de estar mal. Hay otro grupo de palabras que los niños dicen continuamente. Sin embargo, no son claves del Niño, sino del Adulto que actúa en el niño. Estas palabras son: «por qué», «qué», «dónde», «quién», «cuándo» y «cómo».

CLAVES FÍSICAS DEL ADULTO: ¿qué aspecto tiene el Adulto? Si quitamos las grabaciones visuales del Padre y del Niño, ¿qué aparece? ¿Un rostro sin expresión? ¿Una expresión bondadosa? ¿Aburrida? ¿Sosa? Ernst[1] sostiene que el rostro inexpresivo no pertenece al Adulto. Aquel que escucha con su Adulto se identifica por un movimiento constante –del rostro, de los ojos, del cuerpo–, y por un parpadeo cada tres, cuatro o cinco segundos. La ausencia de movimiento significa que la persona no escucha. El rostro del Adulto es sincero, dice Ernst. Si la cabeza está un poco ladeada, la persona escucha con la mente también algo ladeada. El Adulto también permite que el Niño, curioso y excitado, muestre su rostro.

CLAVES VERBALES DEL ADULTO: como ya se ha observado, el vocabulario básico del Adulto consiste en: «por qué», «qué», «dónde», «cuándo», «quién» y «cómo». Además, también utiliza: «cuánto», «de qué manera», «relativamente», «verdadero», «falso», «probable», «desconocido», «objetivo», «creo», «comprendo», «opino que», etc. Todas estas palabras muestran una ordenación de datos propia del Adulto. En la expresión «opino que», la opinión puede proceder del Padre, pero la declaración es propia del Adulto, puesto que reconoce que se trata de una opinión y no de un hecho. «Opino que los estudiantes de las escuelas superiores deberían votar» no es lo mismo que decir: «Los estudiantes de las escuelas superiores deben votar».

Con la ayuda de estas claves, podemos empezar a identificar al Padre, al Adulto y al Niño en las conciliaciones que tenemos con los demás.

En cualquier situación social podemos encontrar numerosos ejemplos de todos los tipos de conciliación imaginables. Hace unos años, un día de otoño, viajaba en un autobús Greyhound hacia Berkeley y observé varias conciliaciones. La primera fue un intercambio entre Padre y Padre (figura 9), entre dos señoras melancólicas que estaban sentadas una al lado de la otra, frente a mí. En su diálogo desarrollaron una filosofía, algo dilatada, sobre un único tema: si el autobús llegaría a Berkeley a la hora o con retraso. Meneando la cabeza con aire sapiencial, sostuvieron un largo diálogo que comenzó con las siguientes conciliaciones:

SEÑORA 1: (Consulta su reloj, le da cuerda, murmura algo, echa una ojeada a la señora que está sentada a su lado, suspira con fastidio).

SEÑORA 2: (Suspira, se mueve en su asiento, y consulta también su reloj).

SEÑORA 1: Parece que vamos a llegar tarde otra vez.

SEÑORA 2: Como siempre.

SEÑORA 1: ¿Ha visto usted alguna vez un autobús que llegue a la hora?

SEÑORA 2: Nunca.

SEÑORA 1: Esta mañana se lo dije a Herbert: «El servicio ya no es lo que era».

SEÑORA 2: Tiene usted toda la razón. Así andan las cosas.

SEÑORA 1: Sin embargo, hay que pagar igual, eso sí.

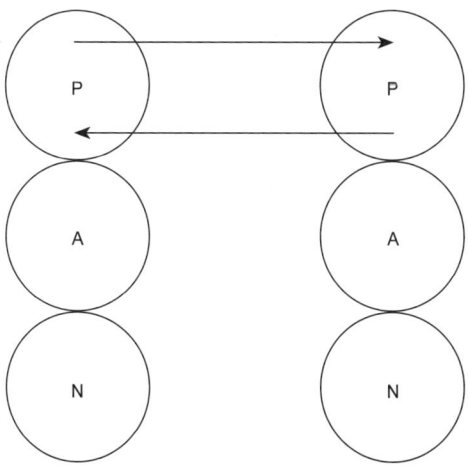

Figura 9. Conciliación Padre-Padre

Esas conciliaciones tienen lugar entre Padre y Padre, en cuanto que se desarrollan sin contar con los datos de la realidad, y son la misma clase de diálogos sentenciosos que esas señoras, cuando eran niñas, oyeron entre sus madres y tías acerca de las vicisitudes de los viajes en tranvía. La señora 1 y la señora 2 disfrutaban hablando de sus «desdichas» más de lo que habrían disfrutado al reconocer los hechos reales. Esto se debe al hecho de que criticar a otros y encontrar faltas en ellos produce un sentimiento agradable. Cuando criticamos y encontramos faltas en los demás, reproducimos las críticas y las acusaciones que se grabaron en el Padre durante nuestra infancia, y esto hace que nos sintamos «buenos», porque el Padre «está bien», y nosotros coincidimos con él. Encontrar a alguien que coincida con nosotros, y jugar a ese juego, produce un sentimiento casi de omnipotencia.

La señora 1 hizo el primer movimiento. La señora 2 pudo haber parado el juego si, en algún momento de la conversación, hubiera respondido con su Adulto a cualquiera de las declaraciones de su compañera de viaje:

SEÑORA 1:   (Consulta su reloj, le da cuerda, murmura algo, echa una ojeada a la señora que está sentada a su lado, y suspira con fastidio).

POSIBLES REACCIONES DEL ADULTO:
1. Ignorar el suspiro y mirar hacia otro lado.
2. Una simple sonrisa.
3. Preguntar: ¿No se encuentra bien? (en el caso de que la señora 1 se mostrara muy desesperada).

SEÑORA 1:   Parece que vamos a llegar tarde otra vez.

POSIBLES REACCIONES DEL ADULTO:
1. ¿Qué hora es?

2. El autobús suele llegar puntualmente.
3. ¿Ha llegado usted tarde otras veces?
4. Lo preguntaré.

SEÑORA 1:   ¿Ha visto usted alguna vez un autobús que llegue a la hora?

POSIBLES REACCIONES DEL ADULTO:

1. Sí.
2. No suelo viajar en autobús.
3. Nunca se me ha ocurrido pensarlo.

SEÑORA 1:   Esta mañana se lo dije a Herbert: «El servicio ya no es lo que era».

POSIBLES REACCIONES DEL ADULTO:

1. No estoy de acuerdo.
2. ¿A qué servicio se refiere usted?
3. En mi opinión las cosas no han empeorado.
4. Yo no puedo quejarme.

Cualquiera de esas respuestas o reacciones habría sido del Adulto, pero, entonces, no habrían resultado complementarias. La persona que disfruta con el juego de «¿no es terrible?» no acepta fácilmente la intrusión de los hechos. Si unas jóvenes vecinas casadas disfrutan cada mañana con su sesión de «los maridos son estúpidos», mirarán con malos ojos a la nueva vecina que declara, entusiasmada, que su marido es una joya.

Eso nos lleva a la primera regla de comunicación en el análisis transaccional o conciliatorio. Cuando el estímulo y la respuesta, en el diagrama conciliatorio del Padre-Adulto-Niño, forman líneas paralelas, la conciliación es complementaria y puede prolongarse indefinidamente. No importa la forma que tomen (Padre-Padre,

Adulto-Adulto, Niño-Niño, Padre-Niño, Niño-Adulto...) con tal de que sean paralelas. La señora 1 y la señora 2 no decían nada acertado en relación con los hechos, pero, como su diálogo era complementario, duró unos buenos diez minutos.

El «regodeo en la desgracia» de estas dos pasajeras llegó a su fin cuando el hombre que estaba sentado frente a ellas preguntó al conductor si llegarían a Berkeley a la hora. El chófer dijo: «Sí, a las 11:15». Esta fue una conciliación complementaria entre el hombre y el chófer, una conciliación Adulto-Adulto (figura 10). Se trató de una respuesta directa a una demanda directa de información. No había en ella ningún elemento del Padre («¿Qué probabilidades hay de que, para variar, lleguemos a Berkeley puntualmente?») ni ningún elemento del Niño («No sé por qué siempre voy en el autobús que va más despacio»). Fue un diálogo desapasionado. Este tipo de conciliación siempre se atiene a los hechos.

Detrás de estas dos señoras, había otras dos personas cuya actividad ilustra otro tipo de conciliación, la del Niño-Niño. Una de estas personas era un muchacho con barba, de aspecto rudo, con el cabello descuidado, que llevaba unos pantalones negros

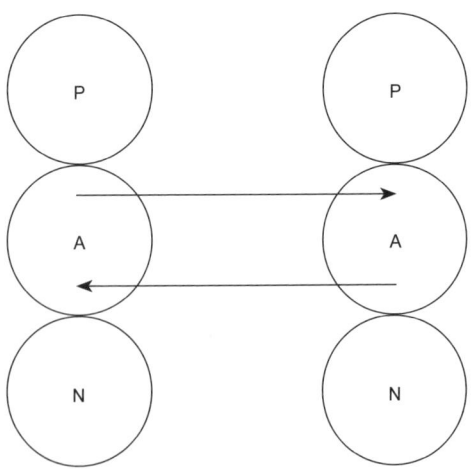

Figura 10. Conciliación Adulto-Adulto

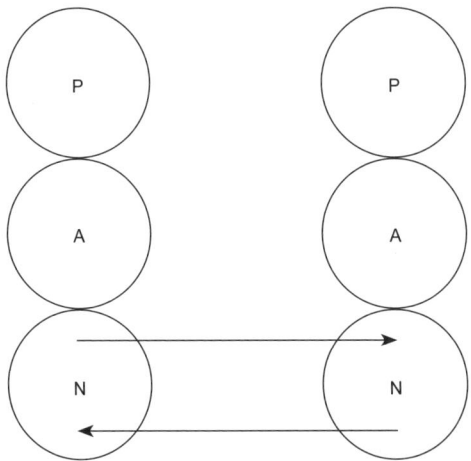

Figura 11. Conciliación Niño-Niño

polvorientos y una chaqueta de piel negra. El otro adolescente vestía de manera similar y exhibía cierto aire de disipación. Ambos estaban enfrascados en la lectura de un libro barato titulado *Secretos del culto de la tortura*. De haberse tratado de dos sacerdotes absortos en la misma lectura, se habría podido suponer que buscaban en el libro datos del Adulto acerca de tan extraño tema; pero, en aquellos dos adolescentes, parecía más lógico suponer que se trataba de una conciliación Niño-Niño, que les producía prácticamente el mismo placer cruel que obtendrían dos chiquillos de cinco años que descubren cómo arrancar las alas a las moscas. Supongamos que estos dos adolescentes pusieran en práctica este nuevo conocimiento y encontraran la manera de torturar a alguien tal como se explicaba en el libro. No habría intervención del Adulto (no habría comprensión de las consecuencias) ni del Padre («Es horrible hacer esas cosas»). Aunque la conciliación produjera un mal resultado para ellos (la llegada de la policía, o de la madre en el caso de los niños de cinco años que arrancan las alas a las moscas), las dos personas protagonistas de la transacción habrían estado de acuerdo. Por tanto, se trata de una conciliación complementaria, Niño-Niño (figura 11).

Ejemplos adicionales de
conciliaciones complementarias

Conciliaciones Padre-Padre (figura 9):

ESTÍMULO: Su deber es estar en casa, con los niños.

RESPUESTA: Evidentemente, esa mujer no tiene sentido de la responsabilidad.

ESTÍMULO: Es repugnante ver cómo van subiendo los impuestos para que esos inútiles se enriquezcan a costa de todos.

RESPUESTA: ¿A dónde iremos a parar?

ESTÍMULO: Los niños, hoy en día, son unos vagos.

RESPUESTA: Así son los tiempos que vivimos.

ESTÍMULO: Voy a llegar al fondo de todo eso de una vez por todas.

RESPUESTA: ¡Haces bien! En esas cosas hay que cortar por lo sano.

ESTÍMULO: Es hijo ilegítimo, ¿sabes?

RESPUESTA: Eso lo explica todo.

ESTÍMULO: Se casó con él por su dinero.

RESPUESTA: Bueno, pues eso es todo lo que consiguió.

ESTÍMULO: Nunca se puede confiar en ese tipo de gente.

RESPUESTA: ¡Exacto! Todos son iguales.

Conciliaciones Adulto-Adulto (figura 10):

ESTÍMULO: ¿Qué hora es?

RESPUESTA: Yo tengo las cuatro y media.

ESTÍMULO: Llevas un traje estupendo.

RESPUESTA: Gracias.

ESTÍMULO: Esa tinta nueva se seca muy rápidamente.

RESPUESTA: ¿Es más cara que la otra?

ESTÍMULO: Pásame la mantequilla, por favor.

RESPUESTA: Ahí la tienes.

ESTÍMULO: ¿Qué es eso que huele tan bien, querida?

RESPUESTA: Una tarta de manzana que está en horno... ¡a punto para comer!

ESTÍMULO: No sé qué hacer. No consigo decidirme.

RESPUESTA: Creo que no debes esforzarte en tomar ahora una decisión, cansado como estás. ¿Por qué no te acuestas y mañana hablamos de ello?

ESTÍMULO: Parece que va a llover.

RESPUESTA: Eso predijo el hombre del tiempo.

ESTÍMULO: Las relaciones públicas son parte del trabajo de gerencia.

RESPUESTA: Quieres decir que no se pueden confiar a una agencia, ¿verdad?

ESTÍMULO: John parece preocupado últimamente.

RESPUESTA: ¿Por qué no le invitamos a cenar?

ESTÍMULO: Estoy cansado.

RESPUESTA: Vamos a dormir.

ESTÍMULO: Veo que los impuestos volverán a subir el próximo año.

RESPUESTA: Mal asunto, desde luego. Pero si tenemos que seguir gastando, no hay más remedio que buscar el dinero en alguna parte.

Conciliaciones Niño-Niño (figura 11):

Es fácil de comprender que no hay demasiadas conciliaciones complementarias Niño-Niño que no estén relacionadas con el juego. Y esto es así porque el Niño es más dado a conseguir caricias que a darlas. La gente sostiene conciliaciones para conseguir caricias. Bertrand Russell decía: «Es imposible pensar profundamente por puro sentido del deber. Por mi parte, necesito, de vez en cuando, un pequeño éxito para mantener... una fuente de energía».[2] Sin la participación del Adulto en la conciliación no se originan caricias para nadie y la relación pasa a ser no complementaria o muere por aburrimiento.

El movimiento *hippie* es un claro ejemplo social de ese fenómeno. La flor de los *hippies* cantaba las alabanzas de una vida hecha de conciliaciones Niño-Niño. Pero la terrible verdad no tardó en imponerse: no es divertido ir a lo tuyo si todos los demás se preocupan únicamente de ir a lo suyo. Al desconectarse de la sociedad se desconectaron del Padre (desaprobación) y del Adulto (realidad «trivial»), pero al hacerlo descubrieron que también secaban la fuente de los elogios. (Un par de niños de cuatro años pueden decidir fugarse de sus casas, pero abandonan la idea cuando piensan que sería estupendo tomarse un helado, y se dan cuenta de que para eso necesitan a sus mamás). Los primeros *hippies* buscaban las caricias entre sí, pero estas pasaron a ser cada vez más impersonales y vacías. El chico le dice a la joven: «Claro que te quiero. ¡Quiero a todo el mundo!». Así comenzaron a recurrir, cada vez más, a medios primitivos de acariciarse, como la fantasía (la evasión por medio de las drogas) o la actividad sexual continua. El sexo puede ser una actividad exclusivamente Niño-Niño, en cuanto que el deseo sexual es una grabación genética del Niño, al igual que todas las necesidades biológicas primarias. Lo más agradable del sexo, sin embargo, consiste en el factor de Adulto, hecho de consideración, amabilidad y responsabilidad con los sentimientos del otro. No todos los *hippies* se hallan huérfanos de esos valores, de la misma manera que no todos los *hippies* carecen de un Padre y de un Adulto. Muchos, sin embargo, viven obsesionados con la búsqueda de sí mismos y, en cierto modo, se usan unos a otros como estímulos sensoriales.

Es posible encontrar relaciones felices entre *hippies*, o amistades entre niños sumamente placenteras, que contengan conciliaciones no totalmente Niño-Niño, en las cuales existe, además, una ordenación de datos propia del Adulto y también valores del Padre. Veamos el ejemplo de dos niñas que juegan:

NIÑA 1 (NIÑO):   Yo hago de mamá y tú de hijita.
NIÑA 2 (NIÑO):   Siempre me toca a mí ser la hijita.

NIÑA 1 (ADULTO): Bueno, pues lo haremos por turnos; primero tú haces de mamá, y la próxima vez, me tocará a mí.

Este diálogo no es puramente Niño-Niño, pues interviene el Adulto (aportando la solución al problema) en la última declaración. También muchas de las transacciones entre niños pueden ser Adulto-Adulto, aunque nos parezcan infantiles a causa de la escasez de datos:

NIÑA: ¡Socorro, socorro! ¡A Buzzy (el gato) se le ha caído un diente!

HERMANITA: ¿Sabes si el ratoncito Pérez le deja dinero a los gatos?

Tanto el estímulo como la respuesta son del Adulto, declaraciones válidas sobre la base de los datos disponibles. ¡Buena ordenación de datos, pero datos erróneos!

Las conciliaciones complementarias Niño-Niño se observan con más frecuencia en lo que las personas hacen que en lo que se dicen unas a otras. Lo mismo se puede decir de los niños muy pequeños. Una pareja de adultos que se abrazan y gritan a pleno pulmón en una montaña rusa está manteniendo una transacción Niño-Niño. Tagliavini y Tassinari, cuando cantan el dúo del acto II de *Mefistófeles*, podría decirse que sostienen una intensa conciliación Niño-Niño, así como el abuelo y la abuela que caminan descalzos por la playa. Pero es el Adulto quien ha hecho posibles esas felices experiencias. La entrada a la montaña rusa costó un dinero a la pareja. Tagliavini y Tassinari estudiaron durante muchos años para poder experimentar el éxtasis del canto. El abuelo y la abuela pueden compartir la alegría de estar juntos gracias a haber llevado toda una vida de concesiones mutuas. Una relación no puede durar mucho sin el Adulto. Cuando este no se encuentra cerca, el Niño se enreda en las conciliaciones cruzadas, de las cuales hablaré más adelante, en este mismo capítulo.

CONCILIACIONES PADRE-NIÑO

Otro tipo de conciliación complementaria es la que existe entre el Padre y el Niño (figura 12). El marido (Niño) está enfermo, tiene fiebre y necesita cuidados. La esposa (Padre) sabe lo mal que se siente y está dispuesta a tratarle como una madre. Esto puede prolongarse indefinidamente de manera satisfactoria siempre que ella esté dispuesta a mostrarse maternal. Hay matrimonios que tienen ese carácter. Si un marido quiere jugar a ser «el niñito» y su mujer está dispuesta a ser maternal, a cargar con todas las responsabilidades y a cuidar de él, el matrimonio puede ser completamente satisfactorio mientras ninguno de los dos desee cambiar de papel. Pero si uno de ellos se harta de la situación, la relación se perturba y surgen los disgustos.

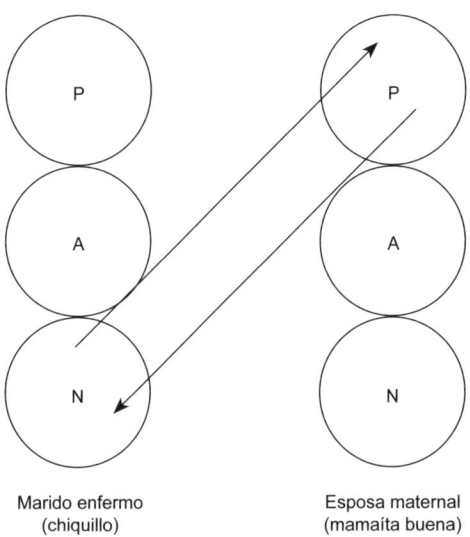

Marido enfermo
(chiquillo)

Esposa maternal
(mamaíta buena)

Figura 12. Conciliación Niño-Padre

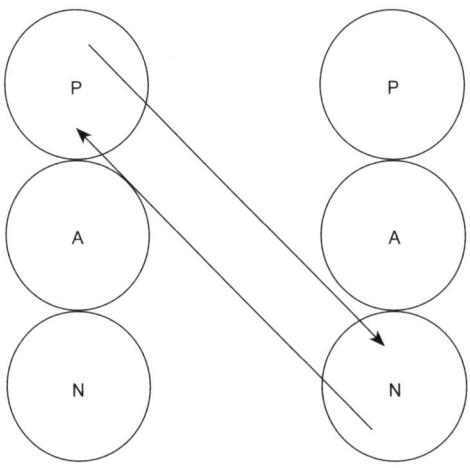

Figura 13. Conciliación Padre-Niño

En la figura 13 se representa gráficamente una conciliación complementaria entre George F. Babbitt (Padre) y la señora Babbitt (Niño):

SEÑOR BABBITT (leyendo el periódico): ¡Cuántas noticias! Un terrible tornado en el sur. Mala suerte, desde luego. Pero, mira, esto es magnífico. ¡Es el principio del fin de estos tipos! ¡La Asamblea de Nueva York ha aprobado una moción que va a dejar fuera de la ley a los socialistas! Y hay una huelga de empleados de ascensores en Nueva York y una muchedumbre de universitarios ocupan sus sitios. ¡Así se hace! Y un grupo de gente de Birmingham ha pedido que ese agitador, ese tal De Valera, sea deportado. ¡Muy bien! ¡Por Dios! Esa chusma de agitadores, pagados con oro alemán... No tenemos por qué meternos con los irlandeses ni con ningún otro gobierno extranjero. Nosotros, al margen. Y se rumorea, y parece que es cierto, que Lenin ha muerto. Estupendo. Lo que no entiendo es por qué no vamos allí de una vez y echamos a esos bolcheviques a patadas.

SEÑORA BABBITT: Tienes razón.[3]

CONCILIACIONES NIÑO-ADULTO

Otro tipo de transacción complementaria es la que se establece entre el Niño y el Adulto (figura 14). Una persona asustada por sus sentimientos de «no estar bien» puede buscar seguridad realista en otra persona. Un marido puede tener una entrevista de negocios, de la cual depende su ascenso. A pesar de que está perfectamente preparado en todos los aspectos, lleva una sobrecarga de datos del Niño que obstaculizan el funcionamiento de su ordenador: «¡No voy a conseguirlo!». Y así se lo dice a su mujer: «¡No voy a conseguirlo!», con la esperanza de que ella haga un recuento de las razones reales por las cuales sí puede conseguirlo, siempre y cuando no permita que su Niño «que no está bien» eche a perder su oportunidad. El marido sabe que su mujer posee un buen Adulto y «lo toma prestado» cuando el suyo está acorralado. La respuesta de su mujer no es una respuesta de Padre, que sería tranquilizadora pero no contaría con los datos de la realidad o se limitaría a negar los sentimientos del Niño: «Claro que lo conseguirás, ¡no seas tonto!».

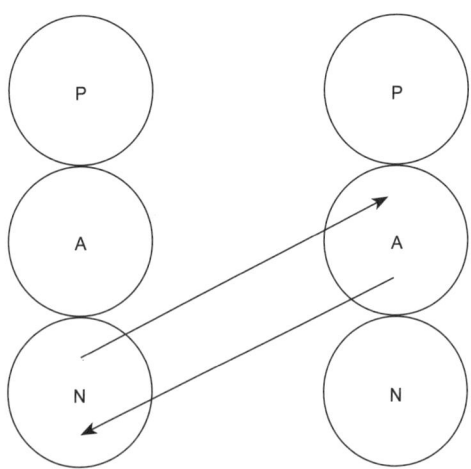

Figura 14. Conciliación Niño-Adulto

CONCILIACIONES ADULTO-PADRE

Otro tipo de conciliación complementaria es la del Adulto y el Padre (figura 15), representada aquí por un hombre que quiere abandonar el vicio de fumar. Este tiene datos reales del Adulto sobre las razones por las cuales dejar de fumar es importante para su salud. A pesar de eso, pide a su mujer que haga el papel de Padre, que destruya sus cigarrillos cuando encuentre alguno y que «le riña firmemente» si enciende uno. Esta transacción ofrece excelentes posibilidades de juego. En cuanto el hombre ha traspasado la responsabilidad al Padre que hay en su mujer, puede adoptar el papel de niño travieso y jugar a «de no ser por ti yo podría» o a «a que no me pillas».

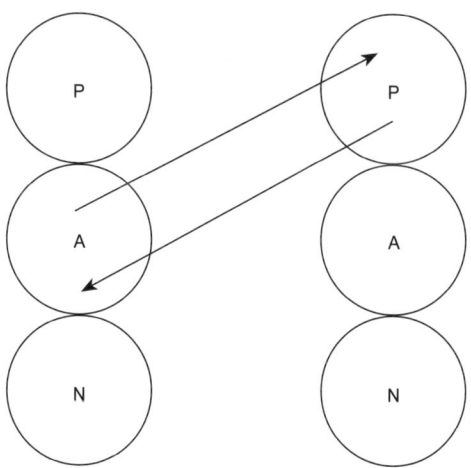

Figura 15. Conciliación Adulto-Padre

CONCILIACIONES NO COMPLEMENTARIAS
O CRUZADAS

La conciliación cruzada (figura 16) es un tipo de conciliación que suele producir perturbaciones. El ejemplo clásico de Berne es la conciliación marido-mujer cuando el marido pregunta: «Cariño, ¿dónde están mis gemelos?» (un estímulo de Adulto, que solicita información). Una respuesta complementaria por parte de su mujer sería: «En el cajón de arriba de la izquierda de tu tocador» o bien «No los he visto, pero te ayudaré a buscarlos». Sin embargo, si la querida esposa ha tenido un mal día, gritará: «¡Donde tú los dejaste!», y el resultado será una conciliación cruzada. El estímulo era Adulto, pero la esposa ha cedido la respuesta al Padre.

Eso nos lleva a la segunda regla de la comunicación en el análisis conciliatorio. Cuando el estímulo y la respuesta se cruzan en el diagrama conciliatorio Padre-Adulto-Niño, la comunicación se interrumpe. Marido y mujer ya no pueden hablar de los gemelos, porque primero deben discutir por qué él nunca guarda sus cosas.

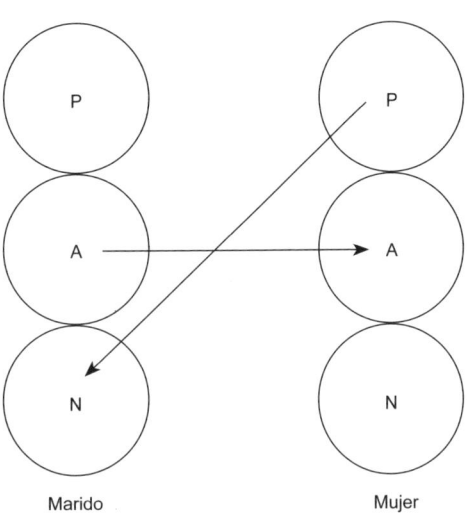

Figura 16. Conciliación cruzada

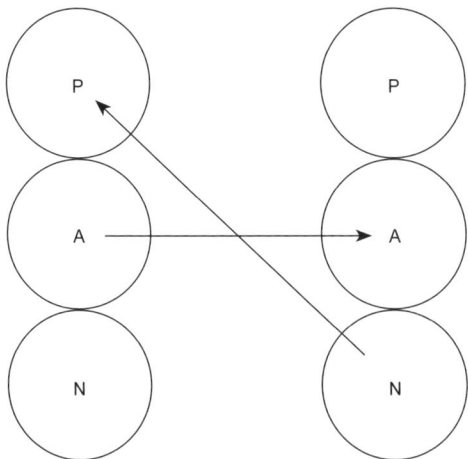

Figura 17. Conciliación cruzada

Si la respuesta de la mujer hubiese sido de Niño —«¿Por qué tienes que gritarme siempre?»— (figura 17), se habría llegado al mismo callejón sin salida. Estas conciliaciones cruzadas pueden accionar toda una serie de intercambios o diálogos subidos de tono que terminan con un golpe fuerte. Los modelos repetidos de este tipo dan lugar a juegos como «eso es muy propio de ti», «de no ser por ti yo podría», «grita, grita» o «ya te pillé, hijo de...», que se analizarán con más detenimiento en el capítulo siete.

El origen de las respuestas inapropiadas del Adulto se encuentra en la posición del Niño «que no está bien». Una persona dominada por este sentimiento verá en todas las observaciones que le hagan cosas que no están realmente en ellas: «¿Dónde compraste esos filetes?», «¿Qué pasa con estos filetes?»; «Me encanta tu nuevo peinado», «Nunca te gustó que llevara el pelo largo»; «Me han dicho que se mudan ustedes», «Bueno, en realidad no podemos permitírnoslo, pero este barrio se está poniendo inhabitable»; «Ponme más patatas, cariño», «Y luego dices que la que está gorda soy yo». Como dice una de mis pacientes: «Mi marido dice que veo malas intenciones hasta en un libro de cocina».

Ejemplos adicionales de conciliaciones cruzadas

ENFERMO (A):   Me gustaría trabajar en un hospital como este
ENFERMERA (P):   No podrías ocuparte de tus propios problemas
                 (figura 18).
MADRE (P):   Ve a elegir habitación.
HIJA (P):   Tú no eres quién para decirme lo que debo ha-
                 cer. Tú no mandas. Papá es quien manda (figu-
                 ra 19).
TERAPEUTA (A):   ¿Qué es lo que usted más odia de la vida?
ENFERMO (N):   ¡El papeleo, el papeleo (golpea la mesa con el
                 puño), maldita sea, el papeleo! (figura 20).
HIJO (A):   Esta noche tengo que terminar un informe para
                 entregar mañana.
PADRE (P):   ¿Por qué tienes que dejar siempre las cosas para
                 el último momento? (figura 21).

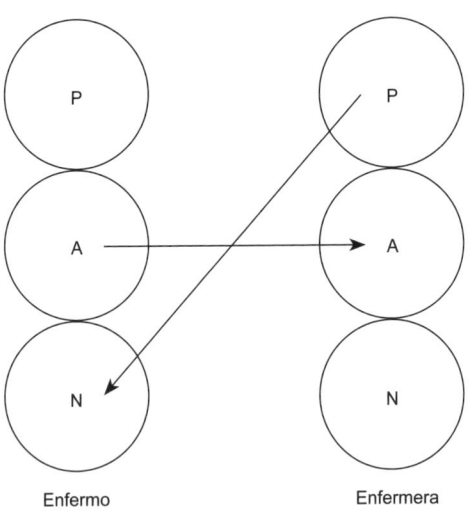

Figura 18

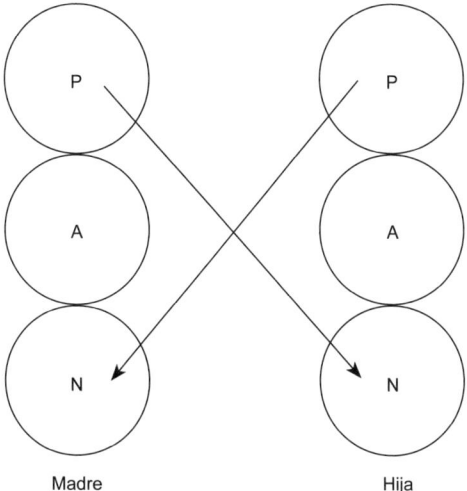

Figura 19

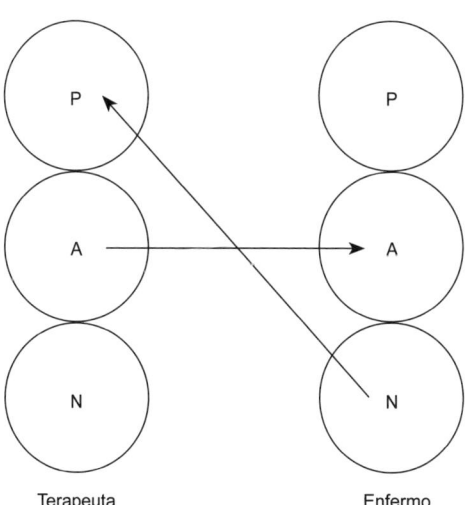

Figura 20

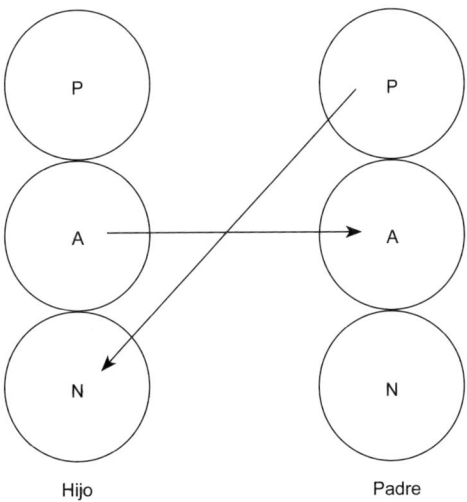

Figura 21

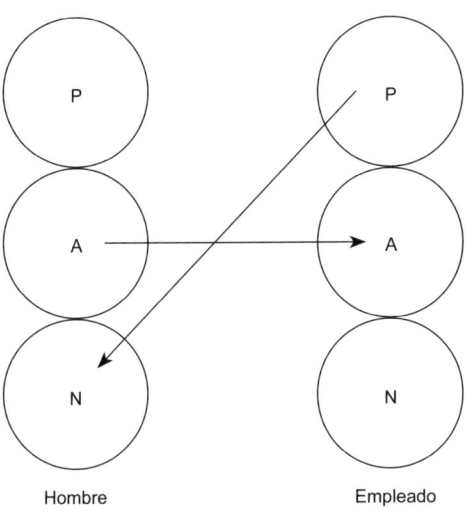

Figura 22

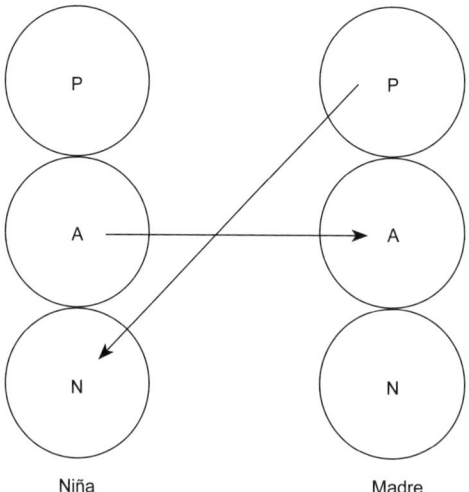

Niña   Madre

Figura 23

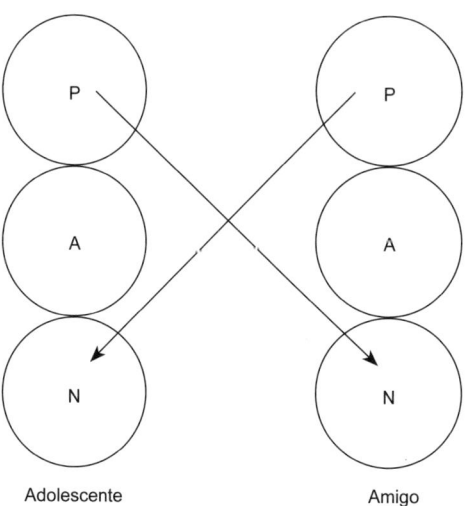

Adolescente   Amigo

Figura 24

Un hombre (A)   (de pie con un amigo): Íbamos a abrir el tapón
del depósito de gasolina y se nos ha caído la llave
detrás del parachoques. ¿Puede ayudarnos a sa-
carla?

El empleado de la gasolinera (P): A mí no se me ha caído (figura 22).

Niña (A):   Las camisetas sucias son más calientes.

Madre (P):   Anda, ve a darte un baño (figura 23).

Adolescente (P): Bueno, francamente, a mi padre le gusta más
Palm Springs.

Amigo (P):   Mi familia procura evitar lugares turísticos (figura 24).

Niña (N):   Odio la sopa. No me la comeré. Cocinas muy mal.

Madre (N):   ¿Ah, sí? Pues voy a marcharme de casa, y tú tendrás que hacerte la comida, hija (figura 25).

Niño (N):   Mi padre tiene un millón de dólares.

Niña (N):   Eso no es nada. El mío tiene «infinito» de dólares
(«infinito» es la expresión que utilizan los niños de
cuatro años en lugar de «infinidad») (figura 26).

La hija de Babbitt, Verona (A): Ya lo sé, pero... ¡Oh, quisiera
contribuir! Quisiera trabajar como asistenta social. Me pregunto si
alguno de esos grandes almacenes me permitiría instalar un servicio de ayuda social, con una sala de espera agradable, con cortinas
de cretona, sillones de mimbre y todo eso. Oh, yo podría...

Babbitt (P): ¡Oye, niña! Lo primero que debes entender es
que toda esa tontería de la ayuda social y la asistencia solo es una
rendija por la que se está colando el socialismo. ¡Cuanto antes un
hombre sepa que nadie va a mimarle, que se acabó la sopa boba,
esas cosas gratuitas y los desayunos gratis para sus hijos, antes en-
contrará trabajo y empezará a producir, producir, producir! Eso es
lo que necesita el país, y no toda esa palabrería que no hace más que
debilitar la voluntad del obrero y meter en la cabeza de sus hijos

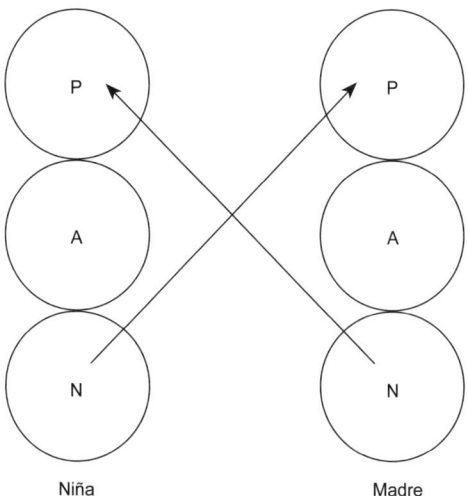

Figura 25

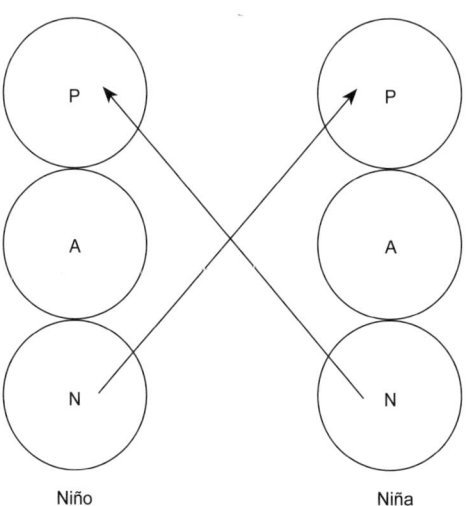

Figura 26

malas doctrinas. En cuanto a ti, si te ocuparas del negocio en lugar de andar haciendo el tonto todo el día... Cuando yo era joven decidí qué era lo que quería hacer, y me aferré a ello contra viento y marea, y por eso hoy soy lo que soy (figura 27).[4]

Las respuestas del Padre, como la de Babbitt, siguen procediendo del «yo estoy mal» del Niño. El hombre siente que sus hijos no le aprecian, que no entienden lo duro que tuvo que luchar; y todavía siente que está mal. Si su Niño se expresara directamente, tal vez lloraría. Sin embargo, elige un camino más seguro y cede la conciliación al Padre, en quien residen la justicia y la corrección, y que, además, «tiene respuestas para todo».

La persona cuyo Niño que no está bien se halla constantemente en activo no puede participar en conciliaciones que la aproximen a la realidad porque se encuentra preocupada continuamente con asuntos inacabados de una realidad pasada. No es capaz de aceptar abiertamente un cumplido porque cree que no lo merece y sospecha que debe de encerrar algo malo, alguna intención oculta. Esta persona se halla en un intento continuo por mantener la integridad

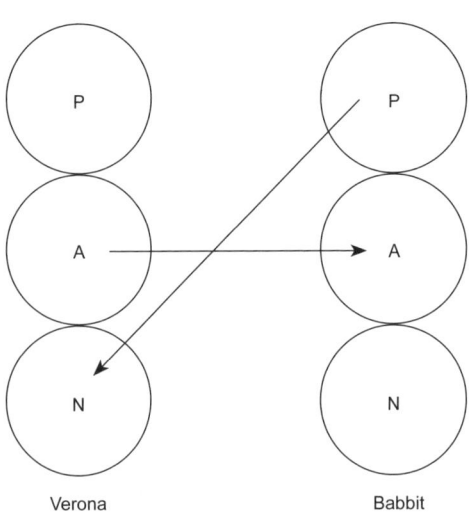

Figura 27

de la posición en la que se instaló durante su niñez. Aquel que siempre recurre al Niño, en realidad, está diciendo: «Miradme, no estoy bien», mientras que el que siempre recurre al Padre, en realidad, está indicando: «Mírate, no estás bien (y eso hace que yo me sienta mejor)». Las dos maniobras son una expresión de la posición «no estoy bien» y ambas contribuyen a la prolongación de la desesperanza.

La posición «no estoy bien» no se expresa solamente en las respuestas. Es posible que se encuentre también en el estímulo. El marido puede preguntar a la mujer: «¿Dónde has escondido el abrelatas?». El estímulo principal es Adulto, puesto que pide una información objetiva. Pero en la palabra «escondido» hay una comunicación secundaria («Tu manera de llevar la casa es un misterio para mí. Yo ya me habría derrumbado si fuera tan desordenado como tú. ¡Si pudiera encontrar por una vez, por una sola vez, algo en su sitio!»). Esto es el Padre. Se trata de una crítica apenas velada, y estimula una conciliación doble (figura 28).

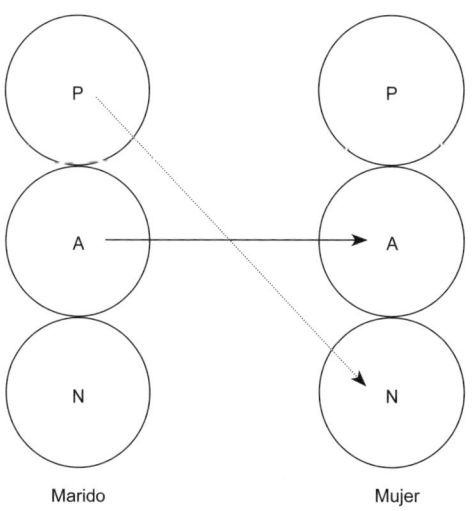

Figura 28

La marcha de esta conciliación depende de la mujer, según a qué estímulo prefiera responder. Si quiere mantener la paz y se siente lo suficientemente bien para no considerarse amenazada, puede responder: «Lo escondí al lado de las cucharas». La respuesta es complementaria puesto que aporta la información solicitada y al mismo tiempo declara, con buen humor, haber recibido la anotación de su marido relativa a sus cualidades de ama de casa. Si su Adulto juzga que, para su matrimonio, es importante que tenga en cuenta la ligera sugerencia de su marido, puede darse por advertida y volverse más ordenada. Si su Adulto domina la conciliación, podrá hacerlo.

Pero si quien responde es su Niño que no está bien, la respuesta primaria se referirá a la palabra «escondido», y la mujer puede contestar algo así como: «Pero ¿qué te pasa, hijo? ¿Estás ciego?». Y, entonces, la petición del abrelatas deja de ser relevante y cede el lugar a una discusión, en la que se repiten los adjetivos «ciego», «estúpida», etc. Como consecuencia, la lata sigue sin abrir, y se pone en marcha el juego de «¡grita, grita!».

Algunas conciliaciones de esta naturaleza pueden incluir estímulos y respuestas a todos los niveles. Un hombre llega a su casa y escribe con el dedo «Te quiero» en el polvo que cubre la mesita auxiliar. El Adulto dirige la situación, pero en ella también están presentes el Padre y el Niño (figura 29). El Padre dice: «¿Por qué nunca limpias la casa?». El Niño dice: «Por favor, no te enfades por esta crítica». Pero es el Adulto quien dirige la situación, sobre la base de que el hecho de quererse es lo importante en el matrimonio, y por eso no permite que ni el Padre ni el Niño la dominen realmente. «Si le digo que la quiero no se enfadará conmigo, y quizá así comprenda que, al fin y al cabo, para un hombre como yo es importante tener un hogar presentable». La conciliación puede resultar complementaria si la esposa está bien, lo suficientemente bien para poder aceptar una pequeña crítica constructiva. La historia tendrá un final feliz si limpia la casa, sale a recibir a su marido a la puerta con

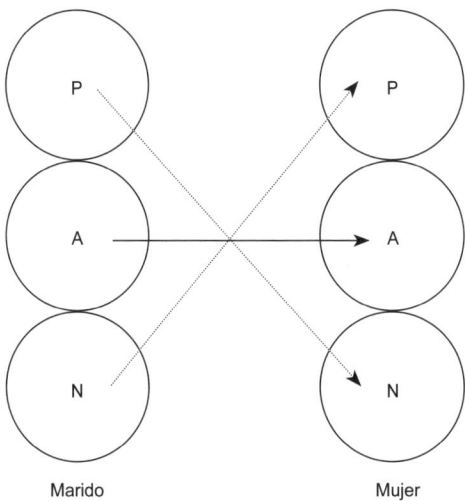

Figura 29

un refresco en la mano, y le dice que es sentimental e imaginativo: «Otros no hacen más que gruñir y quejarse; en cambio yo, ¡qué maravilla de marido tengo!». Ese enfoque no puede menos que dar un buen resultado. Pero si la mujer no es capaz de reaccionar de esta forma, su Padre probablemente replicará: «¿Cuándo limpiaste tú el garaje por última vez?». O su Niño la llevará a correr a la ciudad para ir de tiendas y vengarse. Esa conciliación sirve para ilustrar el hecho de que incluso cuando intervienen el Padre y el Niño, el resultado puede ser amable y fomentar la felicidad conyugal, siempre que el Adulto tome las riendas del asunto.

El Adulto puede elegir el modo de responder a un estímulo de forma complementaria para proteger al mismo tiempo la relación y a los individuos que intervienen en ella. Esto exige a veces un cálculo (intuitivo) muy rápido. Veamos un ejemplo.

Estamos en un cóctel y un hombre (Niño) inicia la conciliación pellizcando a una mujer en una nalga. La mujer (Adulto) responde: «Mi madre siempre me dijo que hay que ofrecer la otra mejilla». ¿Por qué identificamos esta respuesta como propia del Adulto? La mujer habría podido responder como Padre: «¡Viejo verde!», e incluso pegarle una bofetada. De haber respondido su Niño, podría haber llorado, o haberse sonrojado o enojado. O, tal vez, podría haberse mostrado seductora. Pero su respuesta fue de Adulto, puesto que consiguió comunicar gran cantidad de información con pocas palabras:

1. Tuve una madre que siempre me decía... de modo que ¡ten cuidado!
2. Ofrezco la otra mejilla... y además, conozco la Biblia, de modo que ya ve usted que no soy lo que creía.
3. El humor del juego de palabras advierte al hombre: «Mi Niño se está riendo muy a gusto, usted está bien, y yo sé aceptar las bromas».
4. ¡La conciliación ha terminado aquí!

La persona que siempre sale airosa de todo tipo de situaciones no lo hace por casualidad. Posee un Adulto muy poderoso. Esta virtud resulta de mucha utilidad en la vida social, como en el caso que acabo de citar, pero nunca es tan importante como en el propio hogar. De un cóctel siempre puedes marcharte; marcharse de casa ya es otra cosa.

Surge la pregunta: ¿Cómo se consigue que el Adulto trabaje mejor y más rápidamente? Cuando alguien llama a la puerta principal de la vida, ¿quién acudirá primero, el Padre, el Adulto o el Niño?

CÓMO PERMANECER EN EL ADULTO

El Adulto se desarrolla más tarde que el Padre y el Niño, y parece que no le es fácil alcanzarlos a lo largo de la vida. El Padre y el Niño ocupan circuitos primarios, los cuales tienden a activarse automáticamente en reacción a los estímulos. Por consiguiente, lo primero que hay que hacer para fortalecer al Adulto es aprender a captar las señales del Padre y del Niño. La exaltación sentimental es una señal de que el estímulo ha «atrapado» al Niño. Conocer al propio Niño, permanecer sensible a nuestros propios sentimientos de estar mal, es la primera condición indispensable para que el Adulto pueda proceder a la ordenación de datos. Tener conciencia de que eso que se siente «es mi Niño que no está bien» permite evitar la exteriorización de los sentimientos en forma de acciones. La ordenación de esos datos requiere unos instantes. Contar hasta diez es un método útil para aplazar la respuesta automática a fin de que el Adulto pueda mantener el dominio de la conciliación. «Ante la duda, abstente de actuar» es una buena norma para detener las reacciones arcaicas o destructivas del Niño. Aristóteles sostenía que la auténtica manifestación de fuerza reside en la retención. La fuerza del Adulto se demuestra, en primer lugar, en esa capacidad para refrenar las respuestas automáticas y arcaicas del Padre y del Niño, en espera de que el Adulto calcule las adecuadas.

Las señales del Padre pueden vigilarse del mismo modo. Resulta muy útil programar algunas preguntas de Adulto aplicables a los datos del Padre: ¿es verdad? ¿Es aplicable el caso? ¿Es adecuado? ¿De dónde he sacado yo esa idea? ¿Cuáles son los hechos?

Cuanto más conozcamos el contenido del Padre y del Niño que hay en nosotros, más fácilmente podremos separarlos del Adulto. En el Reino Unido llaman a la psicoterapia «elegir en uno mismo». Este es precisamente el método requerido para desarrollar al Adulto. Cuanto más comprendemos al propio Padre y al propio Niño, más separado, autónomo y poderoso se hace nuestro Adulto.

Una manera de ejercitarse en la identificación del Padre y del Niño consiste en prestar atención al diálogo interior. Esto es relativamente sencillo, puesto que no existe ninguna exigencia exterior de respuesta, y uno tiene tiempo para examinar los datos. Cada vez que nos sintamos sombríos, deprimidos y melancólicos, podemos formulamos la pregunta: «¿Por qué mi Padre le está pegando a mi Niño?». Los diálogos interiores en tono acusatorio son bastante frecuentes. A propósito de Alfred Morth Whitehead, Bertrand Russell escribió: «Al igual que otros hombres que llevan una vida extremadamente disciplinada, tenía tendencia a los soliloquios deprimentes, y, cuando creía estar solo, se insultaba a sí mismo en voz baja por sus supuestos defectos o deficiencias».[5]

Cuando una persona puede decir: «Ese es mi Padre» o «Ese es mi Niño», lo dice con el Adulto. De modo que, por el mero hecho de preguntarse, ya se ha pasado al Adulto. Ante una situación angustiosa, podemos sentir un alivio inmediato si nos preguntamos: «¿Quién va a responder?».

Al hacernos sensibles a nuestro propio Niño, empezamos también a hacernos sensibles al Niño de los demás. Nadie ama a una persona que le inspira temor. Tememos al Padre que hay en los demás; sin embargo, podemos amar a su Niño. En una conciliación difícil resulta de mucha utilidad poder ver al Niño de la otra persona, y hablarle no con condescendencia, sino con amor, con afán de protección. Ante la duda, acariciemos. Cuando respondemos al Niño de una persona, no tememos a su Padre.

En *No se lo digas a nadie,* de Adele Rogers St. John, encontramos un ejemplo de cómo hablar al niño, cuando Hank Gavin dice:

> Yo... tuve una especie de visión de ella a través de cómo era ahora. Me había ocurrido ya un par de veces lo mismo en tratos importantes con otros hombres, con empresarios. Tenía una visión de ellos como si pudiera ver a través de ellos... y, a veces, era una especie de tipo extraño, ansioso, desesperado... como el niño que había sido cuando pescaba con lombrices. Puede que parezca algo muy remoto, pero me ocurrió un par de veces, y... me dirigí a aquel tipo y todo salió bien.[6]

Aquel tipo era el Niño.

Otra forma de fortalecer al Adulto consiste en darse el tiempo necesario para tomar algunas decisiones importantes sobre los valores básicos, con lo cual se vuelven innecesarias un gran número de decisiones menos importantes. Esas grandes decisiones siempre pueden revisarse —aunque el tiempo que se emplea en tomarlas merece la pena pues nos evita perderlo con cada pequeño incidente en el que podamos aplicar los valores básicos— y forman una base ética sobre la cual resulta fácil responder a preguntas que surgen a cada momento, como «¿qué hacer?».

Para tomar esas grandes decisiones se hace necesario un esfuerzo consciente. No se puede aprender a navegar en plena tormenta. Igualmente, no podemos construir un sistema de valores en la fracción de segundo que transcurre entre el momento en que nuestro hijo nos dice: «Johnny me ha pegado un puñetazo en la nariz» y nuestra respuesta. No es posible elaborar una conciliación constructiva dirigida por el Adulto si no se ha meditado previamente sobre los valores básicos y las prioridades.

Si tienes un barco, sabes que te conviertes en un buen navegante porque conoces cuáles son las consecuencias de ser un navegante mediocre. No esperas a que llegue la tormenta para enterarte de cómo funciona la radio. Si estamos casados, llegamos a convertirnos en expertos maridos o mujeres porque conocemos las consecuencias de ser maridos o mujeres mediocres. Elaboramos un sistema de valores subyacentes a nuestro matrimonio, que, después, nos resulta de gran utilidad cuando el mar está revuelto. Entonces, el Adulto está preparado para imponerse en las conciliaciones con preguntas como: «¿Qué es lo importante, aquí?».

El Adulto, actuando como una calculadora de posibilidades, puede elaborar un sistema de valores que abarque no solo la relación conyugal, sino todas las relaciones. A diferencia del Niño, puede calcular las consecuencias y aplazar los placeres, establecer nuevos valores basados en un examen más profundo de los fundamentos históricos, filosóficos y religiosos de los valores. A diferencia del Padre, el Adulto se preocupa más de la preservación del individuo que de la preservación de la institución. El Adulto puede situarse conscientemente en la posición de que ser una persona amorosa es importante, puede ver algo más que una orden del Padre en la idea: «Es más dichoso quien da que quien recibe».

Erich Fromm ha reflexionado acerca de la manera de dar del Adulto:

> La interpretación errónea más extendida es la que presupone que dar es renunciar a algo, verse privado de algo, sacrificarse. La gente cuya principal orientación es de tipo improductivo siente el acto de dar como un empobrecimiento... solo porque es doloroso dar, debemos (Padre) dar; la virtud de dar, para ellos, estriba justamente en la aceptación del sacrificio...
>
> Para el carácter productivo (Adulto), dar tiene un significado completamente distinto. Es la máxima expresión de poder. En el acto de dar experimento mi fuerza, mi riqueza y mi poder. Esta experiencia de vitalidad y de poder exacerbados me llena de alegría. Me siento rebosante, derrochador, vivo y, además, lleno de gozo. Dar es más alegre que recibir, no porque sea una privación, sino porque, en el acto de dar, está la expresión de mi vitalidad [DE ESTAR BIEN].[7]

Esta forma de dar puede adoptarse como forma de vida. Esa elección u opción puede permanecer subyacente a todas las decisiones en las que el Adulto pregunta: «¿Qué es lo importante, aquí? ¿Estoy actuando como un ser que ama?».

Una vez que hemos tomado esas decisiones sobre los valores podremos interceptar de manera constructiva el «¿dónde escondiste el abrelatas?» y continuar reforzando, día tras día, la posición «yo estoy bien, tú estás bien».

En resumen, para construir un Adulto fuerte:

1. Debemos aprender a reconocer al Niño: sus vulnerabilidades, sus temores, sus principales métodos para expresar esos sentimientos.

2. Debemos aprender a reconocer al Padre: sus admoniciones, sus órdenes, sus posiciones prefijadas, y sus principales formas de expresar esto.

3. Debemos permanecer sensibles al Niño que hay en los demás. Hablando a ese Niño, acariciándolo, protegiéndolo y entendiendo su necesidad de expresión creadora, así como la carga de «no estar bien» que lleva sobre sus hombros.

4. Si es necesario, contaremos hasta diez para dar tiempo al Adulto a ordenar los datos que le llegan y para discernir entre lo que pertenece al Padre, al Niño y lo que es pura realidad.

5. En caso de duda, es recomendable abstenerse. Nadie puede reprocharnos algo que no hemos dicho.

6. Elaborar un sistema de valores. Las decisiones solo pueden tomarse dentro de un marco ético. En el capítulo doce, «El Padre-Adulto-Niño y los valores morales», examinaremos detalladamente cómo el Adulto elabora un sistema de valores.

6

EN QUÉ NOS
DIFERENCIAMOS

*Las herramientas de la mente se con-
vierten en cargas cuando el medio que
las hizo necesarias deja de existir.*

Henri Bergson

Todas las personas son parecidas a nivel estructural, puesto que todas tienen un Padre, un Adulto y un Niño. Sin embargo, se diferencian en dos cosas. En primer lugar, el contenido del Padre, el Adulto y el Niño es único para cada una de ellas, dado que se trata de grabaciones de experiencias únicas de cada uno; y, en segundo lugar, la manera de trabajar del Padre, el Adulto y el Niño es también diferente en cada individuo.

Este capítulo se dedicará a examinar esas diferencias funcionales. Existen dos tipos de problemas funcionales: la contaminación y la exclusión.[1]

LA CONTAMINACIÓN

Después de haber pasado una hora –la primera de nuestra sesión– explicando el esquema Padre-Adulto-Niño a una joven de dieciséis años, retraída, poco comunicativa, de bajo nivel cultural y pésima alumna, que me había sido enviada por el Departamento de Beneficencia, le pregunté: «¿Podrías decirme ahora qué entiendes tú por el Padre-Adulto-Niño?».

Tras un largo silencio, la joven dijo: «Significa que todos estamos hechos de tres partes y que debemos mantenerlas separadas si no queremos tener problemas».

Las perturbaciones que se producen cuando estas tres partes no están separadas son lo que llamamos la contaminación del Adulto.

Idealmente (figura 30), los círculos del Padre, el Adulto y el Niño están separados. Pero, en muchas personas, estos círculos se superponen parcialmente.

La zona de superposición (a) de la figura representa la contaminación del Adulto por ciertos datos del Padre que son anticuados o que no han sido analizados de un modo crítico, y que se exteriorizan como ciertos. Es lo que llamamos prejuicios. De ese modo,

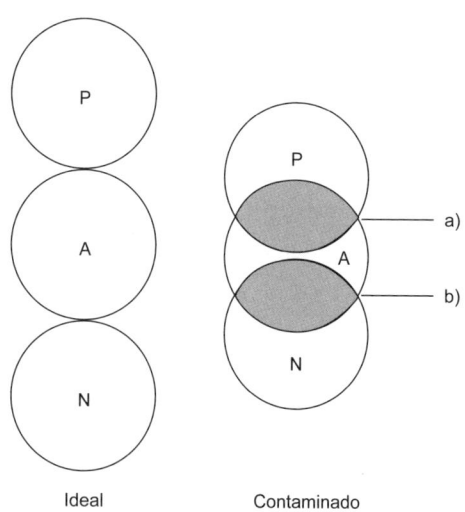

Figura 30. Contaminación
a) Prejuicios
b) Desilusiones

ciertas creencias como la de que «la piel blanca es mejor que la negra», «ser diestro es mejor que ser zurdo» o «los policías son malos» se exteriorizan en las conciliaciones sobre la base de sendos prejuicios, antes de que los datos de la realidad puedan ser aplicados (Adulto). El prejuicio se crea durante la primera infancia, cuando se cierra la puerta de la sana curiosidad hacia determinados temas, a causa de unos padres que pretenden dar seguridad a sus hijos de esa forma. El pequeño no se atreve a abrir la puerta por miedo a la reprimenda paternal.

Todos sabemos lo difícil que resulta razonar con un individuo que tiene prejuicios. Con algunas personas sí es posible exponer una defensa lógica, razonada con pruebas, acerca de los problemas raciales, de la condición de los zurdos o de cualquier otro tema sobre el cual la persona tiene un prejuicio. Pero su Padre domina absolutamente una porción de su Adulto, y apoyarán sus prejuicios con toda clase de argumentaciones disparatadas para defender su posición. Por ilógica que pueda parecer esa postura, su rigidez obedece a razones de seguridad. Como hemos visto en el capítulo 2, puede resultar más seguro aceptar una mentira que dar crédito a los propios ojos y oídos. Por consiguiente, es imposible eliminar el prejuicio a través de un razonamiento de Adulto sobre el tema. La única manera de eliminarlo consiste en poner de manifiesto el hecho de que ha dejado de ser peligroso estar en desacuerdo con los propios padres y actualizar al Padre con datos procedentes de la realidad actual. Así pues, el tratamiento, en realidad, consiste en separar al Padre del Adulto y volver a determinar los límites entre ellos.

La zona de superposición (b) de la figura 30 representa la contaminación del Adulto por el Niño en forma de sentimientos o experiencias arcaicas, exteriorizadas en el presente de un modo inapropiado. Las ilusiones y las alucinaciones son dos de los síntomas más corrientes de este tipo de contaminación. Una ilusión se basa en el temor. Un paciente que me decía que «el mundo es feo», me describía el mundo tal como le parecía cuando era un niño.

Un niño que ha vivido una infancia temiendo constantemente las brutalidades de unos padres iracundos y desequilibrados, de mayor puede sentirse inundado por el mismo temor, hasta el punto de crearse datos «lógicos» que lo justifiquen. Puede pensar que el vendedor ambulante que pasa por la calle va realmente a asesinarle. Si se le hace ver que no es más que un vendedor, esa persona puede justificar su miedo con una declaración de este tipo: «Lo supe en cuanto le vi. ¡Es él! El FBI lo busca. En la oficina de correos, vi su fotografía entre las personas buscadas por la policía. Por eso viene ahora a por mí». Como en el caso del prejuicio, esa ilusión no se puede eliminar mediante la simple declaración de que realmente es solo un vendedor ambulante. Únicamente cabe eliminarla poniendo de manifiesto el hecho de que la amenaza original contra el Niño ya no existe exteriormente. Solo cuando el Adulto ha sido descontaminado puede ordenar los datos de la realidad.

Las alucinaciones son otro tipo de contaminación del Adulto por el Niño. Una alucinación es un fenómeno provocado por un estado de angustia y de tensión extremas en el cual lo que en el pasado se experimentó externamente —abandono, rechazo, crítica— se vuelve a experimentar externamente a pesar de que «no hay nadie». Una experiencia registrada «adopta visos de realidad» y la persona «oye» voces que existieron en la realidad pasada. Si le preguntamos qué dicen esas voces contestará, de un modo muy característico, que son palabras de crítica, de amenaza o de violencia. La alucinación será tanto más extravagante cuanto más extravagante haya sido la niñez de esa persona. Este tipo de alucinaciones no resultan difíciles de comprender si consideramos los malos tratos, verbales y físicos, de que son objeto algunos niños.

LA EXCLUSIÓN

Además de la contaminación, existe otra perturbación funcional que explica en qué nos diferenciamos: la exclusión.

La exclusión se manifiesta a través de una actitud estereotipada y previsible, que se mantiene de manera singular en el tiempo frente a cualquier situación amenazadora. El Padre constante, el Adulto constante y el Niño constante resultan todos ellos de la exclusión defensiva de los dos aspectos complementarios en cada caso.[2]

Se trata de una situación en la que el Padre excluyente puede «bloquear» al Niño, o el Niño excluyente puede «bloquear» al Padre.

LA PERSONA QUE NO SABE JUGAR

El ejemplo típico del Adulto contaminado por el Padre y con un Niño bloqueado (figura 31) es el hombre obsesionado con el deber, que siempre se queda a trabajar en la oficina hasta muy tarde, en todo momento está ocupado en los negocios, y se irrita con los miembros de la familia que quieren planear una salida al campo o una excursión a la nieve. Es como si, en algún momento de su infancia, hubiera sido dominado por unos padres serios, severos y amantes del deber, de manera tan absoluta que llegara a la conclusión de que la única manera de no encontrar obstáculos en la vida es ahogando por completo a su Niño o bloqueándolo. La experiencia le demostró que cada vez que daba rienda suelta al Niño surgían problemas: «Vete a tu habitación»; «Los niños tienen que estar callados»; «Cuántas veces tengo que decírtelo»; «¡Crece ya de una vez!». Si además el niño fue premiado por su perfecto conformismo, su esfuerzo diligente, su cumplimiento del deber y por

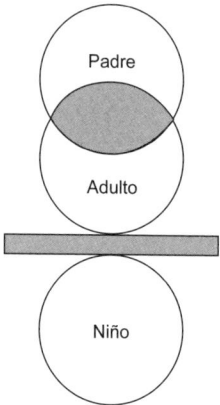

Figura 31. Adulto contaminado por el Padre, con el Niño bloqueado

hacer exactamente lo que se le decía, el camino de la sabiduría y la prudencia se le aparecería como el del conformismo total con el Padre y el bloqueo completo de sus impulsos infantiles.

Ese tipo de persona tiene muy poca felicidad grabada en su Niño. Probablemente nunca podrá dar rienda suelta a su Niño feliz, porque este es muy pequeño. Pero se le puede hacer comprender que su posición no es justa con su familia y sus propios hijos, y que hasta su matrimonio puede fracasar si continúa empeñándose en bloquear al Niño que hay en su mujer y en sus hijos. Si su Adulto se lo propone firmemente, puede salir de excursión con su familia, acortar su tiempo de trabajo en la oficina, escuchar con atención y cariño (una disciplina de Adulto) las fantasías de sus hijos, y participar en la vida de estos. Con su Adulto, puede apreciar el valor que posee el hecho de ser una persona que ama o el de conservar su familia. No podrá cambiar el carácter de su Padre ni crear el Niño feliz que no posee, pero puede adquirir una comprensión y una visión clara, que le ayudarán a construirse una vida satisfactoria en el presente.

LA PERSONA SIN CONCIENCIA

El Adulto contaminado por el Niño y con un Padre bloqueado constituye un problema más grave, particularmente para la sociedad (figura 32). Esta posición se produce en aquella persona cuyos padres, o quienes ejercieron esta función, fueron tan brutales y aterradores o, en el extremo opuesto, tan estúpidamente indulgentes que la única manera de conservar la vida fue «arrojarlos fuera de sí» o bloquearlos. Es el caso típico del psicópata, la persona que, en un momento determinado de su vida, abandona su posición inicial de «yo estoy mal, tú estás bien» y asume la de «yo estoy bien, tú estás mal». Ese niño llega a la conclusión correcta de que sus padres están mal. Y estos realmente están tan mal que él los excluye totalmente. En los casos más extremos puede llevar a cabo esa exclusión a través del homicidio. Cuando menos, los excluye psicológicamente, de suerte que, en cierto modo, no tiene Padre. Excluye al Padre que le causa dolor, pero, con ello, también excluye lo poco «bueno» que hay en el Padre. En sus conciliaciones actuales, esa persona no dispone de ninguna grabación que le aporte datos relativos a la conducta social, a lo que se «debe» y «no se debe» hacer, a las normas culturales ni, en general, a todo lo relacionado

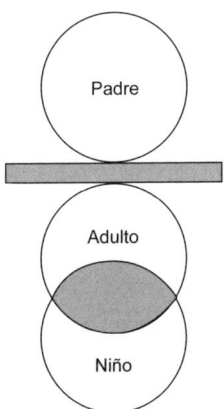

Figura 32. Adulto contaminado por el Niño, con el Padre bloqueado

con la conciencia. Su conducta aparece dominada por el Niño, que, a través del Adulto contaminado, maneja a los demás para sus propios fines. Su Adulto es capaz de calcular las consecuencias, pero las únicas que le preocupan se refieren a si lo cogerán o no, y raramente contiene elementos de preocupación por los demás. Aunque existen excepciones, la regla general es que nunca aprenderemos a amar si no hemos sido amados. Si en los primeros cinco años de vida solo hay una lucha crítica por la supervivencia física y psicológica, es probable que esa lucha se prolongue durante toda la vida.

Una manera de saber si una persona posee o no un Padre es analizar la existencia de sentimientos de bochorno, remordimiento, vergüenza o culpa. Esos sentimientos, que existen en el Niño, aparecen cuando el Padre «regaña al Niño». Si no existen, es probable que el Padre haya sido bloqueado. Cabe creer, con gran probabilidad de acierto, que si un hombre que ha sido arrestado por abusar sexualmente de un niño no expresa sentimientos de remordimiento o de culpa —aparte del hecho de que lo hayan atrapado— no tiene un Padre en activo. Este hecho es importante con vistas a su rehabilitación. El tratamiento de una persona como esta es difícil. Es imposible evocar al Padre donde no lo hay. Se han realizado varios experimentos con monos que no fueron criados por sus verdaderas madres sino por muñecos de alambre recubiertos de felpa. Durante su infancia, los monos mostraron un gran afecto por sus madres-muñeco. Pero cuando llegaron a la madurez, su capacidad para la reproducción y el cuidado de sus propios hijos resultó mínima.[3] Les faltaba experiencia maternal; es decir, que, contrariamente a lo que suele creerse, la actitud maternal no es meramente instintiva, y si esa actitud no se grabó en el Padre, no puede reproducirse.

El pronóstico para una persona que tiene un Padre bloqueado no es tan grave, puesto que, a diferencia del mono, esa persona tiene un ordenador con doce mil millones de células, con el que valora la realidad y construye respuestas aunque no haya ninguna registrada en su mente. Un psicópata criminal puede comprender su (Padre)-Adulto-Niño hasta el extremo de que su Adulto puede dirigir sus actividades futuras de modo que su estilo de vida cambie totalmente. Es posible que nunca llegue a tener un Padre que funcione y que respalde a su Adulto, pero su Adulto puede llegar a ser lo suficientemente fuerte para llevarle a una vida de éxitos en la que se gane la aprobación e, incluso, la estima de los demás. En esa posibilidad deben basarse todos los esfuerzos de rehabilitación de delincuentes.

EL ADULTO DESPEDIDO

La persona que tiene un Adulto bloqueado (figura 33) es psicótico. Su Adulto no funciona, y, por consiguiente, no está en contacto con la realidad. Su Padre y su Niño llevan las riendas, a menudo con una mezcla desordenada de datos atrasados, una reproducción desordenada de viejas experiencias que ya no tienen sentido porque

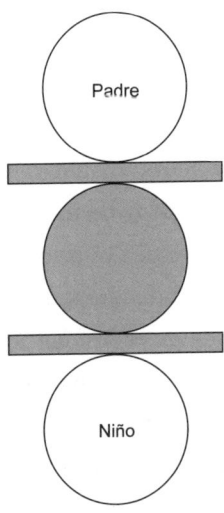

Figura 33. Adulto bloqueado o despedido

tampoco lo tenían cuando se registraron. Esta actitud resultó fácilmente observable en una enferma de un hospital de mujeres que cantaba himnos religiosos (Padre) mezclados con obscenidades relacionadas con las funciones corporales (Niño). El contenido era extravagante, pero parecía reproducir un antiguo conflicto Padre-Niño entre el bien y el mal, entre lo que se debe hacer y lo que no se debe hacer, la salvación y la condenación. El contenido de aquellas producciones verbales revelaba inmediatamente gran cantidad de información sobre el Padre y el Niño. El hecho de que el Adulto hubiera desaparecido demostraba la gravedad del conflicto. «La lucha es demasiado enconada; más vale no entrar en ella». Esto no quiere decir que la mujer experimentase algún alivio con esa rendición. Al contrario, estaba a merced de los mismos sentimientos de terror que había experimentado cuando era una niña.

El primer paso en el tratamiento de un enfermo psicótico consiste en reducir esos sentimientos de terror. Para la recuperación del enfermo es indispensable que, desde su primer encuentro con el terapeuta, capte a través de la práctica la posición «yo estoy bien, tú estás bien». En 1963, mi colega Gordon Haiberg informó sobre los efectos de la formulación de esta posición en los pacientes psicópatas a quienes sometió a tratamiento en el Stockton State Hospital:

El tratamiento empieza con un primer intercambio de miradas entre el terapeuta y el paciente, cuando el terapeuta se sitúa en la posición fundamental «yo estoy bien, tú estás bien». Los psicóticos están deseando establecer una relación con la gente que tenga más sentido... Cuando esos individuos, por lo general muy perceptivos, se encuentran ante un sujeto que adopta la posición «yo estoy bien, tú estás bien», experimentan una sensación nueva que les intriga. El Adulto es «atrapado» por esa actitud humana y empieza por preguntar: «¿Cómo es que tú estás fuera y yo estoy dentro?». La pregunta no se contesta inmediatamente, sino en el momento adecuado —señalado por la intuición—, cuando el terapeuta ya ha podido determinar cuál es la maniobra o el juego más destructivo que practica el paciente. Entonces, a este se le informa simple y directamente, por ejemplo: «Usted asusta a la gente»... Se le dice francamente que está bien, que es importante porque él, como ser humano, es único, y, entonces, el enfermo empieza a cobrar esperanzas. Cuando el Adulto puede comenzar a ordenar datos, a escuchar, a aprender y a ayudar en las decisiones, los poderes innatos de regeneración empiezan a actuar por sí mismos y se inicia el proceso curativo.[4]

En mis grupos del hospital, que suelen estar formados por un número de pacientes que oscila entre diez y veinte, a menudo hay enfermos psicóticos. En el seno de un grupo, donde el «yo estoy bien, tú estás bien» es la divisa explícita, el paciente psicópata se siente apoyado, acariciado y tranquilizado, y de ese modo se crean las condiciones necesarias para el regreso del Adulto.

En uno de esos grupos, había una mujer que se levantaba repetidamente durante toda la hora de sesión para tirar de su falda hacia abajo y taparse las rodillas. Aunque esta actividad no pasaba inadvertida, nadie hizo caso de ella, nadie mostró una actitud desaprobadora; el grupo, simplemente, prosiguió con su debate. En la sesión se dedicaban treinta minutos a explicar el sistema Padre-Adulto-Niño y, después, seguía un debate. Terminada la sesión, el hombre que estaba sentado al lado de aquella mujer le dijo: «¿Sabe usted?, las he contado, y se ha levantado usted diecinueve veces para tirar de la falda». Un tanto sorprendida y casi encantada ante ese descubrimiento, la mujer dijo: «¿De veras?».

La paciente pudo dar esa respuesta de Adulto sin la menor sospecha de una amenaza. Esta aparición del Adulto, aunque débil, es el principio del restablecimiento del contacto con la realidad, y prepara el escenario para la enseñanza del Padre-Adulto-Niño, a través del cual el paciente hará nuevos descubrimientos acerca de su propia conducta.

EL BLOQUEO PERIÓDICO EN LA PERSONALIDAD MANÍACO-DEPRESIVA

Una persona con un Padre constante, un Niño constante o un Adulto constante, que excluye las otras dos partes de su personalidad, reacciona ante los hechos que le rodean de manera fija y previsible. Su estado de espíritu permanece también constante.

La mayoría de nosotros cambiamos de humor dependiendo de qué parte de nuestro sistema Padre-Adulto-Niño domina en nuestro comportamiento o manera de pensar. Hay días en los que sentimos que estamos bien y días en los que no. Generalmente, si lo intentamos, podemos averiguar las razones de nuestra exaltación o depresión. A veces, esas razones son escurridizas y no parecen estar relacionadas con ninguna señal específica del presente. Muchas personas modifican su humor con los cambios de estación. Las épocas de fiestas o de vacaciones a menudo producen depresión, como lo demuestra claramente el marcado aumento del número de individuos que ingresan en los hospitales por Navidad. La llegada del otoño produce júbilo a muchas personas porque se reproducen en ellas las viejas grabaciones del regreso al colegio, y «vuelven a sentir» los olores agradables de las cajas de lápices de colores, de los suelos encerados y de la tiza y la pizarra. Sin embargo, esos mismos olores pueden producir depresión en otras personas, dependiendo del recuerdo que tengan de sus años escolares. Muchos de nuestros cambios de humor tienen que ver con la reproducción de estas antiguas grabaciones. Aunque escurridizas, las razones que subyacen a estos cambios de humor se pueden descubrir con un poco de voluntad por parte del Adulto. La mayoría de nosotros evitamos los sentimientos melancólicos y gozamos con los placenteros, porque el Adulto domina la situación y mantiene nuestro comportamiento con una actitud adecuada.

Existe una condición en la que esos cambios de humor son tan extremados que producen como resultado un comportamiento exagerado sobre el cual el Adulto no tiene ningún dominio. El Adulto no solo no puede controlar el comportamiento sino que ni siquiera es capaz de descubrir la causa del cambio de humor. Esta es la condición de la personalidad maníaco-depresiva. Una persona maniaco-depresiva experimenta, periódicamente, graves e inexplicables cambios de humor. En la fase maníaca u optimista, se siente eufórica, en la cumbre del mundo, y llena de energía. Puede mostrarse habladora o agresiva. Es como si el Niño gobernase en ella. En esa fase, el Padre no parece ejercer ninguna influencia restrictiva sobre el Niño, y la persona siente que no puede equivocarse en nada. Salta de una cosa a otra, lanzándose con entusiasmo a una actividad solo para abandonarla después por otro placer aún más arriesgado, como si, en cierto modo, quisiera probar hasta dónde puede llegar en su desenfreno vital. El problema radica en que, aunque se siente magníficamente, su Adulto está menoscabado, contaminado, y su comportamiento no es realista. Puede resultar perjudicial para otras personas, y, en los casos extremos, es posible que sea necesario reducirle u hospitalizarle. En otros casos puede «calmarse» y pasar por lo que parece ser un período estable que puede prolongarse durante largo tiempo. Durante ese período, el Adulto domina el comportamiento de esa persona y, entonces, resulta realista y adecuado.

Después, por una razón que ni ella misma comprende, se hunde en un período de depresión extrema. El «estoy bien» ha desaparecido tan misteriosamente como había aparecido. La vida se le antoja vacía, carece de energía, y su Padre ha reaparecido con toda su carga de críticas y su antigua opresión. De nuevo el Adulto se encuentra menoscabado y la persona se queda inmovilizada en su depresión.

El maníaco-depresivo se diferencia de las demás personas que de un modo ordinario experimentan cambios de humor normales durante el día en que estos cambios surgen de un modo inexplicable, y, además, son periódicos y se repiten una y otra vez.

Para comprender qué es lo que pone en marcha los ciclos del maníaco-depresivo es imprescindible comprender que tanto la omnipotencia de la fase maníaca como la indignidad de la fase depresiva son sentimientos grabados en el Niño. Ambos sentimientos son reacciones a grabaciones arcaicas en el Padre. En ambas fases el diálogo interior se establece entre el Padre y el Niño. En la fase depresiva, el Padre regaña al Niño y en la fase maníaca lo aplaude.

Como en el análisis de todos los sentimientos, es importante preguntarse: «¿Cuál fue la conciliación original?». En la personalidad maníaco-depresiva, con frecuencia encontramos un Padre fuerte, cuando no abrumador, que contiene órdenes y permisos contradictorios grabados durante los primeros años de existencia –probablemente, según las observaciones de Piaget, durante los dos primeros años de vida–, cuando el Adulto del niño comienza a elaborar un sistema de causas y efectos. En ese momento crítico, si se producen inconsistencias y contradicciones abrumadoras, el niño puede renunciar a la elaboración intelectual de la estructura de causa y efecto (eso no tiene sentido, se mire como lo mire) y puede llegar a pensar que lo que le ocurre es una cuestión de tiempo en lugar de una relación entre objetos y acontecimientos. El sujeto maníaco-depresivo no puede identificar qué es lo que provoca sus cambios de humor, al igual que le ocurrió inicialmente. Su humor es tan imprevisible ahora como lo fue entonces, porque los castigos y los elogios de sus padres eran imprevisibles. Freida Fromm-Reichmann ha observado que la persona que muestra oscilaciones maníacas y depresivas fue educada, por regla general, con una gran inconsistencia. El Adulto del niño no podía encontrar sentido a los cambios cíclicos de sus padres, con lo cual acabó por renunciar, intentando formular la siguiente posición: «Yo estoy mal y no estoy seguro de cómo estás tú». El niño llega a la convicción, sin embargo, de que «es hora de que suceda algo» o «todo lo bueno llega a su fin». Así ocurría en su infancia, y así debe ocurrir ahora.

El hecho de que hubiera algo bueno, o muy bueno, lo cual se reproduce en la fase maníaca, parece indicar que el padre (generalmente la madre, dado que fue la persona más influyente en el niño durante sus dos primeros años de vida) le proporcionó, realmente, una dosis elevada de caricias y de aprobaciones, además de un rechazo aplastante. Las respuestas de la madre con su hijo no tenían relación con lo que este hacía sino con sus propios cambios de humor o de personalidad.

Consideremos lo difícil que le resulta a un niño de dos años comprender lo que ocurre cuando, periódicamente, su madre se convierte en un tipo de persona totalmente diferente. Ese cambio puede obedecer a varias razones. Una de ellas es el alcoholismo. La madre está «algo alegre». Mima al niño, lo acaricia y le hace cosquillas hasta hacerle gritar. Juega con su hijo a perseguirse alrededor de la mesa. Lo arroja al aire. Aplaude y se ríe histéricamente cada vez que el niño agarra al gato por la cola y lo balancea en el aire. ¡Viva! ¡La vida es fantástica! Después, la madre se queda dormida por el efecto del alcohol. El niño queda abandonado durante horas. Tiene hambre. No ha comido nada. Su madre ha desaparecido y las caricias también. ¿Cómo puede conseguirlas de nuevo? ¿Qué ha ocurrido? El niño no lo sabe. Más tarde, la madre se despierta con resaca. No puede soportar la visión del niño y lo aparta a empujones. El niño llora y vuelve hacia ella. Su madre le pega. ¿Qué ha ocurrido? ¿Qué ha hecho él? ¡Con lo bien que se sentía antes! ¡Qué mal se siente ahora! Llora hasta quedarse dormido. Empieza un nuevo día. Mamá vuelve a estar «algo alegre». Allá vamos. Anoche la cosa fue mal. Ahora volvemos a ser felices. Y, desde luego, todo volverá a estropearse. El niño no sabe por qué, pero está seguro de que, con el tiempo, todo cambiará. La vida es algo terriblemente bello (maníaco) y algo terriblemente feo (depresivo). De este modo sombrío, el niño califica los dos estados, dada la realidad que ha conocido a través de la experiencia: el cambio se producirá brusca, totalmente, y de manera imprevisible.

En el carácter o la formación de los padres pueden existir otras causas que provoquen esos cambios de humor: la afición a las drogas, la religiosidad (una preocupación religiosa excesiva, excluyente o mística) o la psicosis; o tal vez la madre posea una personalidad maníaco-depresiva, no a causa del alcohol sino de antiguas grabaciones que ahora reproduce en su hijo. El trastorno maníaco-depresivo suele reproducirse dentro de las familias. Es fácil comprender cómo se transmite. En ambientes confusos como estos, el «estoy mal» del niño se amplifica de un modo desmedido. Se advierte una salvación posible en el intento de aplacar al Padre: «Puedo estar bien si...». Pero ese «si» cambia constantemente. («Anoche, cuando agarré al gato por la cola, mamá sonrió y me abrazó. Esta mañana volví a hacerlo y me pegó»). A medida que el niño crece, esa clase de reacciones inconsistentes se van reforzando. Se le castiga severamente por decir palabras «feas»; pero esa noche, el niño oye cómo su padre divierte a los compañeros de juego de póquer contándoles las «palabrotas» que dice su hijo e, incluso, llama al niño y le insiste (contrariamente a las órdenes que le había dado antes) para que cuente a tío Harry «aquello que dijiste antes».

Se puede definir la personalidad maníaco-depresiva como la de aquella persona cuyo Adulto en desarrollo vio interrumpido su proceso inicial de elaboración de un sistema de causalidad relacionado con la aprobación o la desaprobación de sus padres. Puesto que, en los primeros años, esa aprobación o desaprobación se manifestó casi siempre por medio de premios orales o por la ausencia de estos, los cambios de humor del adulto maníaco-depresivo se relacionan también con el sentimiento de «la vida es buena» de la fase maníaca y con el de «la vida está vacía» de la fase depresiva.

Al igual que sucede con el resto de los problemas emocionales, es necesario conducir al Adulto a examinar los sentimientos y a animarle a que pregunte: «¿Por qué?». La mayor dificultad en el tratamiento de la personalidad maníaco-depresiva radica en que, a muy tierna edad, el niño dejó de preguntar por qué, y, en realidad, decidió no volver a preguntarlo jamás. Fromm-Reichmann observa en los maníaco-depresivos una «falta de capacidad para observar correctamente; falta de interés, de adiestramiento inicial y de talento para la observación y la comprensión introspectiva». Esas características observables son producto de aquella decisión precoz. El tratamiento consiste en devolver al Adulto a la posición ejecutiva, de la cual renunció, con respecto de la causalidad. Como han desaparecido las fronteras entre el Adulto y el Niño, y los sentimientos se han apoderado de la persona, a menudo es necesario prescribir medicamentos tranquilizantes o antidepresivos al paciente. Una vez que el Niño está calmado, el Adulto empieza a funcionar y, entonces, es posible ayudarle a descubrir las razones de sus cambios de humor «inexplicables». Al principio, el niño estuvo a merced de «ellos». Ahora, la persona puede llegar a entender que aquello que hace puede traerle elogios o críticas adversas. Los elogios o las críticas adversas que recibe hoy podrán ser menos intensos que los que ha recibido en su infancia —el elogio tal vez no provoque el optimismo maníaco, ni la crítica el pesimismo depresivo—, pero la persona queda liberada de la extrema ansiedad de «lo imprevisible» que se halla, incluso, en la fase maníaca.

EL ABURRIMIENTO CONSTANTE

Existe un tipo de individuo soso, cuyas grabaciones en el Padre y el Niño son tan insípidas que carece intrínsecamente de materias primas para forjarse una personalidad colorida. Clínicamente, esto suele manifestarse en aquellas personas que sienten una vaga depresión (la felicidad es para los demás) o que, simplemente, consideran aburrida la vida. Sus padres fueron obtusos, inexpresivos y ambivalentes. Raras veces castigaban y raras veces premiaban. Nada les entusiasmaba demasiado. El niño no vivió la exaltación del mundo exterior; pocas veces se relacionó con otros niños, y, aunque era «bueno», en cuanto que no daba demasiados problemas, pasaba completamente inadvertido. Su Adulto percibía la realidad adecuadamente, pero esta era una realidad gris y aburrida. Tal vez, al crecer, llegó a tener un Adulto emancipado, pero que no advertía el valor del contacto con los demás. (Este valor, por lo general, se advierte primero en el Padre, si realmente es un valor del Padre). Su personalidad es muy parecida a la de un ordenador. En una fiesta, mientras los demás se divierten, él se dedica a hojear una revista en un rincón, y a hacer lo único que sabe hacer: almacenar datos. Si llega a someterse a un tratamiento, su pregunta será: «Y, realmente, ¿no hay más que eso?». Aunque no constituye un problema para la sociedad, sí lo es para sí mismo. Su realidad está limitada del mismo modo que lo estuvo durante sus años de infancia.

En cierto sentido, en este caso podrían aplicarse las palabras de Alfred North Whitehead: «La educación moral es imposible si se prescinde de la visión habitual de la grandeza». Si se entiende por «moral» un sistema de valores y si se consideran como valores positivos «no ser un pesado», «interesarse por los demás» o «tener un espíritu productivo», está claro que una persona cuyas primeras impresiones en la vida fueron aburridas será un individuo aburrido, a menos que surja en su vida alguna relación espectacular.

Cierto que hay otras razones que explican el aburrimiento. Un niño que comienza a vivir la vida con una gran curiosidad sobre por qué el humo sube, por qué la lluvia cae, quién hizo a Dios y quién le hizo a él, y que recibe únicamente respuestas que no hacen más que aumentar su confusión y que más tarde descubre que son falsas, puede dejar de preguntar, de explorar, y llegar a convertirse en un tipo soso y aburrido. Esa clase de aburrimiento se observa con frecuencia entre los estudiantes universitarios, en relación con la confesión religiosa en la que han sido educados. Su «aburrimiento» tiene su origen en las respuestas simplistas a sus preguntas en busca de la verdad que a menudo recibe, en las inhibiciones impuestas a esa búsqueda (datos observables y contrastados) y en la orden tajante de elegir entre la verdad y la fe, como si estas se excluyeran mutuamente. No todos los sacerdotes dan respuestas simplistas; pero los dogmas no contrastados persisten todavía en numerosas comunidades religiosas. Examinaremos de nuevo este asunto en el capítulo doce, «El Padre-Adulto-Niño y los valores morales».

DIFERENCIAS EN EL CONTENIDO DEL PADRE-ADULTO-NIÑO

Hasta aquí hemos visto las diferencias que existen entre las personas en virtud de las distintas disposiciones estructurales del Padre, el Adulto y el Niño. La mayoría de esas diferencias han sido presentadas como casos clínicos. Pero también nos diferenciamos «saludablemente». El equilibrio mental pasa por un Adulto emancipado que preside todas las conciliaciones. Es decir, en toda conciliación, el Adulto toma datos del Padre, del Niño y de la realidad, y llega a una decisión acerca de lo que hay que hacer. Cuanto más rico sea el banco de datos, más posibilidades hay de éxito. El niño cuyas experiencias infantiles incluyen exploraciones sin límites entre los cacharros de la cocina, el barro donde están las margaritas, pequeños animales domésticos, amigos, salidas al campo, veladas en las que se cuentan cuentos, fiestas tradicionales, juguetes, música, y conversaciones abiertas y amistosas con unos padres que no tienen prisa atesorará un banco de datos en su Padre mucho más rico, y unos sentimientos mucho más positivos en su Niño que el niño que ha vivido aislado y protegido en exceso. El que, en sus primeros años, ensaya métodos para superar su posición de «estoy mal», refuerza su Adulto y se siente alentado a seguir explorando y dominando su propia personalidad. Se convierte en un «niño brillante» que suscita elogios y cuya confianza en sí mismo, la misma que le impulsa a ser brillante, aumenta de un modo constante. El hecho de que haga honor a su familia no minimiza el hecho de que se hace honor a sí mismo, a menos que, durante ese proceso, los padres ejerzan una presión indebida y lo atosiguen con exigencias que, en realidad, no son propiamente por su propio interés.

Por medio de la comprensión de nuestro Padre-Adulto-Niño, podemos llegar a vislumbrar no solo lo que está en el Padre y en el Niño, sino también lo que no está en ellos. Si la muchacha que se lamenta diciendo: «Soy vulgar y aburrida... Simplemente, soy así» pudiera apreciar las deficiencias que existen en su Padre y en su Niño y entender que estas se deben a que su introducción a la vida fue vulgar y aburrida, podría recuperar la libertad, con su Adulto, para entrar en contacto con la realidad y descubrir que no es vulgar ni aburrida. Es posible que tarde algún tiempo en «recuperarse» (no va a convertirse en el alma de la fiesta de la noche a la mañana), pero, por lo menos, se la puede ayudar a comprender que tiene posibilidad de elección. Se ha dicho que achacar nuestros defectos a nuestro carácter no modifica el carácter de nuestros defectos. Decir «yo soy así» no soluciona nada. Decir «yo puedo ser diferente», sí.

7

CÓMO EMPLEAMOS
EL TIEMPO

*El tiempo es lo que más deseamos tener, pero,
por desgracia, lo que peor aprovechamos.*

William Penn

Una de las aventuras científicas más impresionantes de este siglo es la exploración del espacio. No nos basta con comprender que es infinito. Queremos indicadores, plataformas para nuestros satélites o puntos de referencia hacia los cuales podamos dirigir nuestros vehículos espaciales. Deseamos aprehender el espacio, definirlo; de alguna manera, utilizarlo y aprovecharlo.

La otra gran realidad cósmica es el tiempo. Podemos especular acerca de los dos extremos de nuestra existencia terrenal. Ante la imposibilidad de comprender la muerte, podemos creer en la inmortalidad; pero, al igual que sucede con nuestros esfuerzos por definir el espacio, en nuestra definición del tiempo debemos partir del lugar donde estamos. Lo único que podemos saber es que el promedio de vida del hombre es de unos setenta años. Lo que hagamos con esa porción de tiempo que se nos otorga es asunto nuestro. Todavía más inmediata es nuestra preocupación por lo que debemos hacer con las porciones de tiempo que están al alcance de nuestra mano: la semana que viene, mañana, dentro de una hora, ahora mismo.

Todos compartimos con Disraeli la idea de que «la vida es demasiado breve para ser mezquina». Y, sin embargo, nuestra mayor frustración consiste en que gran parte de la vida lo es. Investigar el uso que hacemos de nuestro tiempo tal vez resultaría más significativo y espectacular que explorar el espacio. Dice John How: «¡Qué locura temer la idea de perder la vida de súbito, y, sin embargo, no importarnos perderla, derrocharla en pequeños fragmentos!».

Al igual que nos ocurre con el espacio, no nos basta el concepto de la infinitud del tiempo. Para muchas personas, el interrogante más angustioso es: «¿Cómo voy a pasar la próxima hora?». Cuanto más estructurado está el tiempo, menos difícil resulta ese problema. Muchas personas atareadas, sujetas a numerosas exigencias exteriores, no tienen tiempo de sobra. La «próxima hora» está perfectamente programada. Esa programación o estructuración es lo que la gente trata de conseguir, y, cuando no lo logran por sí mismos, buscan quien les estructure el tiempo. «Dígame qué debo hacer»; «¿Y, ahora, qué hago?»; «Lo que necesitamos es una dirección».

El apetito de estructuración es fruto del apetito de reconocimiento, que, a su vez, proviene del apetito inicial de caricias. El niño no posee la suficiente comprensión del tiempo para poder estructurarlo; simplemente, se pone a hacer las cosas que le apetecen en cada momento. Cuando se hace un poco mayor, aprende a renunciar a los placeres inmediatos con vistas a otros placeres mayores: «Podría salir y jugar en el barro con Susie; pero si espero veinte minutos más y no me quito el vestido de salir a la calle, podré ir al centro con papá». Este es básicamente un problema de estructuración de tiempo: ¿cuál de estas dos opciones será más divertida? ¿Cuál de ellas aportará más satisfacciones? A medida que nos hacemos mayores, el número de las opciones va en aumento. Pero la posición de «estoy mal» nos impide ejercitar esas opciones con toda la libertad con que, tal vez, creemos hacerlo.

En nuestras observaciones sobre conciliaciones entre personas, hemos podido establecer seis tipos de experiencias que incluyen a todas las conciliaciones. Esos tipos de experiencias son: ausencia, rituales, actividades, pasatiempos, juegos e intimidad. La ausencia, aunque no se trata propiamente de una conciliación con otra persona, puede producirse, sin embargo, dentro de un marco social. Un hombre que está almorzando con un grupo de socios pesados, más preocupados por acariciarse a sí mismos que por acariciarle a él, puede ausentarse, retirándose al recuerdo de la noche anterior, en la que las caricias que recibió fueron excelentes. Físicamente se encuentra todavía en la mesa, pero en realidad no está allí. Las aulas de los colegios, durante un hermoso día de primavera, están llenas de cuerpos cuyos «ocupantes» se hallan en la piscina, surcando el espacio en cohetes o recordando el placer de aquellos besos bajo la hiedra. Cuando la gente se ausenta de esa manera es casi seguro que su ausencia la aleja de las personas con las que se encuentra físicamente. Ese tipo de ausencia no ofrece peligros, a menos que se produzcan de manera constante o que sea nuestra esposa quien nos esté hablando.

Un ritual es un empleo del tiempo socialmente programado, en el cual todo el mundo está de acuerdo en hacer lo mismo. No es peligroso, no implica compromiso con otra persona, el resultado es previsible, y hasta puede resultar agradable mientras no se pierda el compás y cada uno haga lo que debe hacer. Hay rituales de adoración, de saludos, de cócteles y de alcoba. El ritual tiene como objetivo permitir que un grupo de personas pasen el tiempo sin tener que acercarse unas a otras. Pueden hacerlo, pero no se ven obligadas a ello. Resulta más cómodo asistir a una misa mayor que a un servicio religioso como los ejercicios espirituales, en el que pueden preguntarte: «¿Estás salvado, hermano?». Las relaciones sexuales son menos engorrosas a oscuras a aquellas personas para las cuales la intimidad física no implica un compromiso personal. Resulta menos comprometedor organizar un cóctel multitudinario que una cena para seis. El «compromiso» es menor, y, por tanto, también es menor la autorrealización. Los rituales, como las ausencias, pueden mantenernos aparte.

Una actividad, según Berne, es un «método corriente, práctico, cómodo y útil para estructurar el tiempo mediante un proyecto destinado a tratar con el material de la realidad exterior».[1] Acudir a una cita de negocios, lavar los platos, construir una casa, escribir un libro, palear la nieve o estudiar son ejemplos de actividades corrientes. Esas actividades, en cuanto que son productivas o creativas, pueden resultar altamente satisfactorias en sí mismas, o conducir a satisfacciones futuras en forma de caricias o elogios por un trabajo bien hecho. Pero, mientras dura la actividad, no hay necesidad de relacionarse íntimamente con otra persona. Puede hacerse, pero no es necesario. Hay sujetos que recurren al trabajo como un medio para rehuir la intimidad: trabajan de noche en la oficina en lugar de volver a su hogar, consagran su vida a amasar una fortuna en lugar de hacer amigos. Las actividades, al igual que las ausencias y los rituales, pueden mantenernos aparte.

Los pasatiempos son, como su propio nombre indica, una manera de pasar el tiempo. Berne define el pasatiempo como

una relación en la cual las conciliaciones son directas. Las personas felices o bien organizadas, cuya capacidad de goce no se encuentra disminuida, pueden entregarse a un pasatiempo social por el simple placer intrínseco del pasatiempo y por la satisfacción que este produce en sí mismo. Para otras personas, particularmente entre neuróticos, es tan solo lo que su nombre indica, una manera de pasar (es decir, de estructurar) el tiempo: hasta que se conozca mejor a esa gente, hasta que hayamos matado esa hora, o, a mayor escala, hasta la hora de acostarse, hasta que lleguen las vacaciones, hasta que comience el curso, hasta que se produzca la curación, la salvación o, incluso, la muerte. Existencialmente, un pasatiempo es una manera de mantener a distancia la culpabilidad, la desesperación o la intimidad, un truco facilitado por la naturaleza o la cultura para apaciguar la desesperación silenciosa. De manera más optimista, en el mejor de los casos, es algo de lo que se disfruta y que, como mínimo, sirve como medio para conocerse con la esperanza de alcanzar la tan anhelada identificación con otro ser humano. En cualquier caso, quienes participan en un pasatiempo lo utilizan de manera oportunista para obtener todos los beneficios primarios y secundarios que puedan conseguir de él.[2]

Las personas que se niegan a participar de manera ocasional en los pasatiempos no resultan socialmente fáciles. Puede decirse que los pasatiempos son un tipo de sondeo social en el cual uno busca información, de manera inofensiva y sin comprometerse, sobre las personas que conoce poco. Berne observa que «los pasatiempos constituyen una base para la selección de las amistades y pueden conducir a una firme y verdadera amistad», y añade que ofrecen la ventaja de «confirmar los papeles y estabilizar las posiciones».

Berne ha dado nombres encantadores e ingeniosos a algunos de esos pasatiempos que podemos observar en los cócteles, comidas de mujeres, reuniones familiares y clubs, en forma de variaciones de las «chácharas», tales como: «General Motors» (comparación de coches) y «Quién ganó» (ambos «cháchara entre hombres»); «Supermercado», «Cocina» y «Ropa» (los tres «cháchara entre mujeres»); «Cómo hacer algo» (cuando alguien se dispone a hacerlo); «Cuánto» (cuesta algo); «No he estado nunca» (en algún lugar romántico); «Sabe usted que» (murmuración); «¿Qué fue de?» (el viejo Pepe); «A la mañana siguiente» (¡vaya resaca!), y «Martini» (yo sé de un sistema mejor).[3]

En los pasatiempos pueden participar el Padre, el Adulto o el Niño. Uno entre Padre y Padre se inició con la siguiente transacción:

MAUDE: ¿Así que tapizas los muebles tú misma?
BESS: Cuando no hay más remedio.

Esa introducción condujo a una conversación sobre lo caro que resulta acudir a un tapicero profesional, las trampas que se hacen en las tapicerías de muebles y las rebajas de la tienda X.

Uno de los pasatiempos entre Niño y Niño consiste en compartir las alternativas imposibles que simbolizan la situación del niño que podríamos llamar «tonto si lo haces» y «tonto si no lo haces». Este pasatiempo puede aliviar la ansiedad, no porque el problema se solucione sino porque este ha sido endosado a otro: «Anda, a ver cómo sales de esa». Tuve la ocasión de escuchar las siguientes preguntas que se formulaban dos niños de cinco años: «¿Qué preferirías, comerte una montaña de hormigas o beberte un cubo de medicina hirviendo?»; «¿Qué preferirías, que te persiguiera un toro salvaje o llevar todo el día los zapatos cambiados de pie?»; «¿Qué preferirías, sentarte encima de una estufa al rojo vivo o que te metieran dentro de la lavadora en marcha cincuenta veces?»; «¿Qué preferirías, que te picaran mil avispas o dormir en una pocilga?»; «Contesta: ¡una cosa o la otra!». Hay que contestar una de las dos cosas. Las versiones para los adultos suelen ser más elaboradas, como, por ejemplo: «¿Eres demócrata o republicano?».

El Adulto puede sostener pasatiempos sobre temas como el estado del tiempo con el propósito de mantener la relación hasta que surja algo interesante o halagador:

SEÑOR A: Parece que se acerca una tormenta.
SEÑOR B: La verdad es que esas nubes son muy negras.
SEÑOR A: Eso me recuerda una vez en que pilotaba mi avión y me encontré en plena tormenta sobre la bahía de San Francisco.
SEÑOR B: ¡Ah! ¿Tiene usted título de piloto de aviación?

Por útiles que puedan resultar los pasatiempos en ciertas situaciones sociales, es evidente que las relaciones que no superan ese nivel mueren de inanición, o, en el mejor de los casos, subsisten dentro de un clima de desesperanza y de creciente fastidio.

Los juegos constituyen un fenómeno conciliatorio de tal importancia que Berne les ha consagrado todo un libro, *Los juegos de la gente*, que ha alcanzado un merecido éxito de ventas. La mayoría de los juegos suscitan perturbaciones. Son causa de rupturas de relaciones y de desdicha, y su comprensión permite dar respuesta a la pregunta: «¿Por qué me ocurre siempre eso a mí?». Berne aclara que la palabra «juego» no debe confundir. No implica necesariamente diversión ni siquiera placer. Para una mejor comprensión del papel de los juegos, recomiendo encarecidamente la lectura de su libro. Sin embargo, reproduzco a continuación una breve definición que será de utilidad para el propósito de esta guía del análisis conciliatorio.

Berne define el juego como...

... una serie ininterrumpida de conciliaciones con segundas intenciones complementarias que se dirigen hacia un resultado perfectamente definido y previsible. Descriptivamente, es un juego de conciliaciones, a menudo repetidas y superficialmente plausibles, con una motivación oculta; o, dicho de un modo más familiar, una serie de movimientos con una trampa o «truco». Los juegos se diferencian claramente de los procedimientos, rituales y pasatiempos por dos características principales: su cualidad de tener un objetivo oculto y su resultado final. Los procedimientos pueden tener éxito, los rituales pueden ser eficaces y los pasatiempos, beneficiosos, pero todos ellos son ingenuos por definición; pueden entrañar respuestas, pero no conflicto, y su final puede ser sensacional, pero no es espectacular. Todo juego, en cambio, es esencialmente deshonesto, y el resultado tiene una calidad dramática muy diferente de la simplemente excitante.[4]

Como ya se indicó en el capítulo 3, todos los juegos tienen su origen en el sencillo juego infantil de «el mío es mejor que el tuyo», fácilmente observable en cualquier grupo de niños de cuatro años. A esa edad, al igual que sucede en la edad adulta, este juego tiene como objetivo conseguir un alivio momentáneo de la pesada carga de la posición «estoy mal». Al igual que sucede con las versiones más complicadas de los adultos, tiene una segunda intención, en cuanto que no expresa lo que se siente realmente. Cuando el niño dice: «El mío es mejor que el tuyo», lo que en realidad siente es: «No soy tan bueno como tú». Se trata de una defensa ofensiva. Es protectora en cuanto que se propone mantener una homeostasis. Y tiene también su resultado, como los juegos de los adultos. Cuando el juego «el mío es mejor que el tuyo» es llevado a sus peores extremos, termina con una buena paliza, un bofetón o una prueba devastadora de que: «No es cierto; el mío es mejor». Eso vuelve a poner al niño en su lugar; se le ha demostrado, una vez más, que «no está bien», y en el mantenimiento de esa posición fija hay un mezquino elemento de seguridad.

Esta es la esencia de todos los juegos. Los juegos son una manera de emplear el tiempo para las personas que no pueden soportar la privación de caricias que entraña la ausencia y cuya posición de «estoy mal» las incapacita para una forma más perfecta de relación, es decir, la intimidad. Aunque produce desdicha, ya es algo. Como dijo un cómico: «Mejor que te huela el aliento que dejar de respirar». Más vale resultar maltratado en un «juego» que no mantener relación alguna. El doctor Richard Galdston, a propósito de los niños que reciben malos tratos escribió:

> Es probable que el niño en desarrollo sobreviva gracias al calor de la ira y que se marchite bajo las heladas de la indiferencia».[5]

Así pues, los juegos benefician a todos los jugadores. Protegen la integridad de la posición sin la amenaza de poner al descubierto esa posición.

Para aclarar más el carácter de los juegos, reproduciré a continuación los «movimientos» del juego «¿por qué no haces tal cosa? Sí, pero...». Los jugadores son Jane y su amiga. (Este juego, normalmente, tiene lugar en situaciones de «ayuda»: en el despacho de un sacerdote, de un psiquiatra, etc.).

JANE: Soy tan vulgar y sosa que ningún chico quiere salir conmigo.

AMIGA: ¿Por qué no vas a una peluquería para que te hagan un peinado diferente?

JANE: Sí, pero resulta muy caro.

AMIGA: Pues cómprate una revista de esas que traen consejos de belleza.

JANE: Sí, ya lo intenté, pero... tengo el pelo demasiado fino. No resiste ningún peinado especial. Con el moño, por lo menos, aguanta.

AMIGA: ¿Y por qué no usas algún maquillaje para dar, por lo menos, realce a tus rasgos?

JANE: Sí, pero es que soy alérgica al maquillaje. Una vez lo intenté y la piel se me puso áspera y agrietada.

AMIGA: Últimamente han salido al mercado varios maquillajes antialérgicos. ¿Por qué no vas a ver a un dermatólogo?

JANE: Sí, pero ya sé qué me va a decir. Me dirá que no como lo que debería comer. Ya sé que solo me alimento de comida basura y que mi dieta no es nada equilibrada. Es lo que pasa cuando se vive sola. Pero, bueno, al fin y al cabo la belleza no está únicamente en la piel.

AMIGA: En eso tienes razón. Tal vez te resultaría útil apuntarte a un curso para adultos, sobre arte, por ejemplo, o sobre la actualidad mundial. Con esos cursos se mejora mucho la conversación, ¿sabes?

JANE: Sí, pero todos son por la noche. Y cuando salgo del trabajo estoy agotada.

AMIGA: Pues hazlo por correspondencia, mujer.

JANE: Sí, pero no tengo tiempo ni para escribir a mi familia. ¿Cómo iba a tenerlo para hacer un curso por correspondencia?

AMIGA: Siempre se encuentra tiempo cuando a una le interesa algo de verdad.

JANE: Sí, pero eso es muy fácil decirlo. Sobre todo a ti, que tienes energías. Yo estoy siempre tan cansada...

AMIGA: ¿Por qué no te acuestas más temprano? No me extraña que estés agotada si te quedas cada noche a ver la tele hasta el fin de la emisión.

JANE: Sí, pero tengo que hacer algo que me divierta. Cuando se es como yo, no hay otro remedio.

Aquí la discusión ha trazado el círculo completo. Jane ha rechazado sistemáticamente todas las sugerencias de su amiga. Empieza por quejarse de que es vulgar y sosa, y termina afirmando que es vulgar y sosa porque «así es como soy».

Su amiga acaba por tirar la toalla, y es posible que finalmente no vuelva a relacionarse con ella, con lo cual acaba de reforzar el sentimiento de Jane de «no estar bien». Eso le «demuestra» a Jane que, realmente, no hay esperanza para ella: ni siquiera puede conservar a las pocas amigas que tiene, y eso la justifica para lanzarse al juego de «¿no es horrible?». El beneficio, para ella, consiste en que no se ve obligada a hacer nada, puesto que ha demostrado, una y otra vez, que «no hay nada que hacer».

De ese mismo juego pueden participar varias personas, en número indeterminado, según Berne:

Un jugador, el que «tiene la mano», presenta un problema. Los demás empiezan a sugerir soluciones, comenzando siempre por: «¿Por qué no pruebas a...?». El jugador que «tiene la mano» responde a cada uno de los jugadores con un: «Sí, pero... ». Un buen jugador puede enfrentarse al resto del grupo durante un tiempo indefinido, hasta que todos abandonan, y él gana.

Puesto que todas las soluciones, salvo raras excepciones, son rechazadas, es evidente que ese juego obedece a algún propósito oculto. El «truco» del «¿por qué no pruebas a...? Sí, pero...» consiste en que no se juega a él con una finalidad aparente (la búsqueda de información o de soluciones por parte del Adulto), sino con el único propósito de tranquilizar y satisfacer al Niño. Una simple transcripción puede «sonar» a algo del Adulto, pero, si se ve en vivo, se observa fácilmente que quien «tiene la mano» se presenta como un Niño incapaz de resolver la situación, con lo cual los demás quedan convertidos en juiciosos Padres deseosos de impartir su sabiduría en ayuda del pobre indefenso. Eso es exactamente lo que desea el que «tiene la mano», puesto que su objetivo es derrotar a esos Padres uno tras otro.[6]

Esta es una versión actualizada de «el mío es mejor que el tuyo», que niega la verdadera convicción: «Tú eres mejor que yo». Cuando el juego llega a su fin, todos los que ofrecieron consejos quedan desolados por haber fracasado en su intento de ayudar al que «tiene la mano», y este ha demostrado lo que quería, que su problema realmente no tiene solución, lo cual permite a su Niño lanzarse al nuevo juego de «¿no es horrible?». «Esta es la realidad, y así soy yo, y por lo tanto no debo hacer nada puesto que, como habéis visto, no hay nada que se pueda hacer».

Berne, en su libro *Los juegos de la gente* describe cerca de tres docenas de juegos. Los ha bautizado con nombres coloquiales, y la mayoría de ellos apuntan, con precisión semántica, a la característica central del juego, como por ejemplo: «¿No es horrible?»; «Si no fuera por ti, yo podría... »; «A ver si os peleáis tú y él...» y «Te he pillado, animal». El tono coloquial de estos nombres suele suscitar sonrisas. Pero la verdad es que los juegos no son divertidos. Son defensas empleadas por personas que sufren, en mayor o menor grado, a causa de su posición de «no estar bien». La popularidad del libro de Berne sobre los juegos ha dado lugar, en numerosos ambientes de cierto nivel cultural, a un nuevo pasatiempo. El concepto de los juegos puede constituir una útil herramienta terapéutica cuando se usa junto con el conocimiento aplicado del sistema Padre-Adulto-Niño; pero en ausencia de esa comprensión profunda, el concepto del juego, particularmente ponerle nombres, puede constituir simplemente otra manera de mostrarse hostil. Las personas que poseen una comprensión suficiente del sistema Padre-Adulto-Niño pueden desarrollar un debate académico sobre los juegos aplicándoselo a sí mismas; sin embargo, verse arrastrado a un juego por otra persona, sin verdadera comprensión ni auténtica preocupación, no hace más que suscitar la ira. Por mi observación de ese fenómeno, estoy firmemente convencido de que el análisis de los juegos debe ir precedido siempre de un análisis estructural y conciliatorio. Saber a qué juego estamos jugando no nos hacer cambiar ipso facto. Es arriesgado despojar a una persona de una defensa sin haberla ayudado antes a comprender su posición –y la situación infantil en que esta fue adoptada– que hizo necesaria esa defensa. En otras palabras, en el supuesto de que solo tuviéramos una hora para ayudar a una persona, el método adecuado sería una enseñanza concisa del significado del sistema Padre-Adulto-Niño y del fenómeno de la conciliación. En un tratamiento a corto plazo, creo que este procedimiento tiene más capacidad para facilitar el cambio que el análisis de juegos.

Resumiendo, diremos que los juegos se nos presentan como «trucos» para estructurar el tiempo, que, al igual que la ausencia, los rituales, las actividades y los pasatiempos, mantienen a la gente apartada. Entonces, ¿qué podemos hacer con el tiempo, de modo que no nos mantenga apartados? George Sarton observó: «Creo que podemos dividir a los hombres en dos categorías principales: los que sufren un deseo tormentoso de unidad, y los que no lo sufren. Entre esas dos clases de personas hay un abismo; el "buscador de la unidad" sufre; el otro está en paz».

Durante millares de años, la existencia del hombre se ha estructurado principalmente con ausencias, rituales, pasatiempos, actividades y juegos. Si alguien viera esta afirmación con escepticismo, creo que bastaría recordarle la persistencia, a lo largo de toda la historia, de la guerra, el más sombrío de todos los juegos. La mayoría de los hombres han aceptado, descorazonados, este estado de las cosas como algo que forma parte de la naturaleza humana, como el curso inevitable de los acontecimientos, como los síntomas de la historia, que se repiten una y otra vez. Muchos han hallado un cierto tipo de paz en esta resignación. Pero, como sugiere Sarton, a través de la historia, las personas realmente inquietas han sido las que se han negado a resignarse a la inevitabilidad del aislamiento y han sentido el deseo tormentoso de unidad. La dinámica central de la filosofía ha sido el impulso de conectar. La esperanza ha existido siempre, pero no ha logrado superar el miedo intrínseco a la proximidad, a perderse en «el otro», a la última de nuestras opciones estructurales: la intimidad.

Podemos pensar en una relación de intimidad entre dos personas como algo que existe independientemente de los cinco primeros modos de estructuración del tiempo: las ausencias, las actividades, los pasatiempos, los rituales y los juegos. La intimidad se basa en la aceptación, por parte de las dos personas, de la posición «yo estoy bien, tú estás bien». Descansa, literalmente, en un amor que «acepta», en el que la estructuración defensiva del tiempo deja de ser necesaria. Dar y compartir son expresiones espontáneas de gozo más que respuestas a unos rituales socialmente programados.

La intimidad es una relación en la que no intervienen los juegos, puesto que sus objetivos no tienen una intención oculta. Pasa a ser posible en una situación donde la ausencia de miedo facilita la plenitud de percepción, donde la belleza puede contemplarse sin tener en cuenta la utilidad, donde el afán posesivo resulta innecesario gracias a la realidad de la posesión.

Es una relación que corre a cargo del Adulto de las dos personas y en la que este permite el surgimiento del Niño natural. En este sentido, podemos decir que el Niño tiene dos naturalezas: el Niño natural (creativo, espontáneo, curioso, consciente, libre de miedo) y el Niño adaptado (adaptado a las exigencias civilizadoras originales del Padre). La emancipación del Adulto puede permitir la reaparición del Niño natural. El Adulto puede reconocer el carácter arcaico de las exigencias del Padre y permitir así que el Niño natural vuelva a emerger, libre del miedo al proceso civilizador inicial, que no solo coartó su comportamiento antisocial agresivo sino también su alegría y su poder creativo. Esa es la verdad que lo hace libre: libre para volver a ser consciente, y libre para oír, sentir y ver como quiera. Esto es parte del fenómeno de la intimidad. De ese modo, un ramo de prímulas constituye una expresión de amor y de alegría más espontánea que un caro perfume de París en el día, socialmente importante, del aniversario. El olvido de una fecha de aniversario no provoca ninguna catástrofe en un matrimonio en el que existe una relación de verdadera intimidad, y sí la provoca a menudo cuando la relación solo existe en virtud de un ritual.

A menudo se formula la pregunta siguiente: las ausencias, los pasatiempos, los rituales, las actividades y los juegos ¿son siempre «malos» en una relación? No resulta nada arriesgado afirmar que los juegos casi siempre son destructivos en cuanto que su dinámica oculta una segunda intención, y esa calidad de ocultación es la antítesis de la intimidad. Los primeros cuatro no son necesariamente destructivos, a menos que pasen a ser una forma predominante de estructuración del tiempo. La ausencia puede ser una manera de relajación, de contemplación solitaria que restaura las fuerzas. Los pasatiempos pueden ser un modo agradable de poner el motor social al ralentí. Los rituales pueden ser divertidos: los bautizos, las fiestas tradicionales o salir corriendo a recibir a papá cuando vuelve del trabajo lo son, puesto que repiten una y otra vez momentos de júbilo que cabe esperar con ilusión, con los cuales se puede contar y que más tarde se podrán recordar. Las actividades —entre ellas el trabajo— no solo son necesarias sino que aportan muchas satisfacciones, puesto que permiten alcanzar la maestría, la excelencia y la habilidad artesanal, y expresar una gran variedad de talentos y capacidades. Sin embargo, si en una relación surge la inquietud cuando esos modos de estructuración del tiempo cesan, cabe afirmar que entre sus miembros existe muy poca intimidad. Hay matrimonios que programan todo el tiempo que han de pasar juntos sobre la base de una actividad frenética. La actividad en sí misma no es destructiva, a menos que la compulsión que induce a una persona a mantenerse ocupada equivalga a mantenerse apartada.

Surge ahora otra pregunta: si renunciamos a los cinco primeros métodos de estructuración del tiempo, ¿alcanzamos automáticamente la intimidad? ¿O nos quedamos sin nada? No resulta fácil definir la intimidad, pero sí es posible mostrar las condiciones que más favorecen su aparición: la ausencia de juegos, la emancipación del Adulto, y la adopción de la posición «yo estoy bien, tú estás bien». Es a través del Adulto emancipado como podemos alcanzar la vasta zona de conocimientos sobre nuestro universo y sobre los demás, explorar las profundidades de la filosofía y de la religión, distinguir lo que es nuevo y no deformado de lo viejo, y, tal vez, encontrar respuestas, nunca más de una cada vez, a la gran perplejidad: «¿Para qué todo eso?». En el capítulo doce se desarrollará esta idea.

8

EL PADRE-ADULTO-NIÑO
Y EL MATRIMONIO

*Prometemos según nuestras esperanzas
y cumplimos según nuestros temores.*

**François, duque de
La Rochefoucauld**

Un amigo mío contó la siguiente anécdota sobre algo que ocurrió cuando era un niño. Al finalizar una comida en familia, su madre comunicó a los cinco hermanos que, como postre, comerían las galletas que habían sobrado de una hornada hecha la víspera, y, dicho esto, depositó el bote de galletas encima de la mesa. Los cinco niños se lanzaron a la caza de las galletas, y, como suele suceder, el más pequeño, que tenía solo cuatro años, fue el último en introducir la mano en el bote. Cuando por fin lo hizo, encontró una sola galleta, a la que le faltaba un trozo. Ante esto, la arrojó furioso al suelo, y, llorando, desesperado, dijo: «¡Mi galleta está rota!».

Es propio de la naturaleza del Niño confundir la decepción con el desastre, destruir toda la galleta porque le falta un trozo o porque no es tan grande, perfecta o sabrosa como la galleta de otro. En la familia de mi amigo, esta anécdota pasó a convertirse en la réplica habitual ante cualquier queja o protesta: «Qué te pasa? ¿Se te ha roto la galleta?».

Esto es lo que ocurre cuando un matrimonio se rompe. El Niño se adueña de uno de los cónyuges, o de los dos, y la relación se hace pedazos cuando empiezan a aparecer las imperfecciones.

El matrimonio es la más complicada de todas las relaciones humanas. Pocas uniones pueden conducir a emociones tan extremas o pasar tan rápidamente de las expresiones de máxima felicidad a la fría acusación legal de crueldad mental. Si nos detenemos a pensar en la gran cantidad de datos arcaicos que cada uno de los dos cónyuges aporta al matrimonio a través de las contribuciones de sus respectivos Padres y Niños, comprenderemos fácilmente la necesidad de que ambos posean un Adulto emancipado, como condición indispensable para que esa relación funcione. Y, sin embargo, la mayoría de los matrimonios son efectuados por el Niño, que concibe el amor como algo que se siente y no como algo que hacemos nosotros mismos, y que entiende la felicidad como algo detrás de lo cual se corre y no como un producto secundario que se obtiene cuando se trabaja por la felicidad de otro y no por la propia. Raros, y afortunados, son los jóvenes esposos cuyo Padre contiene la viva impresión de lo que es un matrimonio feliz. Son muchos los que nunca lo han visto. En esos casos, se forman un concepto romántico y falso del matrimonio, a través de las novelas que leen, en las cuales el marido tiene un excelente empleo como ejecutivo de una importante empresa de publicidad y llega cada noche a su casa con un ramo de flores para su radiante y esbelta esposa, que le espera en su alfombrado hogar a la luz de unas sugerentes velas, y con el equipo de música en funcionamiento. Cuando la ilusión empieza a hacerse pedazos, cuando las caras alfombras se convierten en esterillas confeccionadas a mano por la familia política, el equipo de música no funciona y el marido pierde el empleo y deja de decir «te quiero», surge el Niño, con la grabación de «la galleta rota» y el escenario acaba totalmente destrozado. La ilusión ha sido un préstamo y el Niño sufre el desencanto. Los sentimientos arcaicos de «no estar bien» contaminan al Adulto de los cónyuges y, al no poder volverse contra nadie más, se vuelven el uno contra el otro.

Desde hace mucho se ha reconocido que los mejores matrimonios suelen ser aquellos cuyos cónyuges proceden de ambientes similares y poseen intereses «reales» parecidos. Pero cuando es el Niño el que se encarga del matrimonio, a menudo se dejan de lado importantes discrepancias, y el contrato que dice «hasta que la muerte nos separe» se basa en semejanzas tan insuficientes como «a los dos nos gusta bailar», «los dos queremos montones de hijos», «a los dos nos encantan los caballos» o «a los dos nos gustan los alimentos ácidos». La perfección se juzga por criterios de este calibre: hombros anchos, dientes deslumbrantes, senos voluminosos, coches relucientes o cualquier otra maravilla igualmente perecedera. A veces, el lazo se establece sobre la base de una protesta común, partiendo del supuesto erróneo de que el enemigo de nuestro enemigo es nuestro amigo. De la misma forma que dos niños enojados con sus madres se consuelan mutuamente en su desdicha común, algunas parejas se enfrentan juntas al mundo entero, en actitud de protesta contra los malvados «otros». Los dos odian a sus familias, a sus falsos amigos de antaño y al poder establecido: el juego de bolos, el béisbol, los baños y el trabajo. Están inmersos en una *folie à deux* en la que comparten las mismas ilusiones engañosas. Pero pronto se convierten en objetos de su propia amargura, y lo que antes era el juego de «toda la culpa es de ellos», ahora se convierte en el de «toda la culpa es tuya».

Uno de los métodos más eficaces para examinar las semejanzas y discrepancias es el uso del análisis conciliatorio por parte de un consejero prematrimonial que construya un diagrama de la personalidad de la pareja que piensa casarse. El objetivo no solo consiste en exponer las semejanzas y las diferencias obvias, sino en llevar a cabo una investigación más profunda sobre lo que se encuentra registrado en el Padre, el Adulto y el Niño de los dos miembros de la pareja. Una pareja dispuesta a realizar esa investigación puede decirse que tiene un buen tanto a su favor, por cuanto es evidente que se toman el matrimonio lo suficientemente en serio como para pensárselo bien antes de dar el salto. Pero puede darse el caso de que uno de los dos albergue serias dudas sobre la unión y emprenda la investigación por su propia cuenta. Tal fue el caso de una joven que formaba parte de uno de mis grupos de tratamiento. Me pidió hora para una consulta individual con el objetivo de debatir su dilema a propósito de un joven con el cual había salido varias veces y que la había pedido en matrimonio. El Niño de la joven se sentía inmensamente atraído hacia él, pero había otros datos que llegaban a su «ordenador» que le inducían a preguntarse si sería o no un acierto casarse con él. La joven había aprendido perfectamente a utilizar el sistema Padre-Adulto-Niño y me pidió que la ayudara a examinar aquella relación, estudiando el contenido del Padre-Adulto-Niño de cada uno de los dos.

Lo primero que hicimos fue comparar los respectivos Padres. Descubrimos que la joven tenía un Padre muy vigoroso, con infinidad de normas de conducta, órdenes y prohibiciones. Entre ese material figuraba la advertencia de que uno no debe lanzarse al matrimonio sin reflexionarlo previamente. Había ciertos elementos de autocomplacencia del tipo «los de nuestra clase somos los mejores». Contenía también ideas como «dime con quién andas y te diré quién eres» y «no hagas nada que no sea digno de ti». En el Padre figuraban asimismo las grabaciones iniciales de una vida hogareña perfectamente organizada, en la que la madre era la reina del hogar y el padre trabajaba duramente y hasta muy tarde en la oficina. Había también un gran número de datos acerca de «cómo se deben hacer las cosas»: cómo debe celebrarse un cumpleaños, cómo adornar el árbol de Navidad, cómo educar a los hijos y cómo debemos comportarnos en la vida social. El Padre de la joven ejercía una importante influencia en su vida, pues sus grabaciones habían sido más o menos consistentes. Aunque su rigidez resultaba opresiva en ocasiones y producía considerables sentimientos de «no estar bien» en el Niño, en el caso de mi paciente ese Padre continuaba, sin embargo, siendo una fuente incesante de datos en todas sus conciliaciones actuales.

Pasamos después a examinar el Padre del muchacho. Sus progenitores se habían divorciado cuando él tenía siete años, y había sido educado por su madre, quien le prestaba una atención esporádica, pero lo colmaba de posesiones materiales. Esa madre era, por su parte, una persona dominada por su propio Niño, enormemente emotiva, y exteriorizaba sus sentimientos con impetuosas exhibiciones de consumismo que se alternaban con ataques intermitentes de malhumor. El padre no aparecía para nada en los registros, a excepción de una grabación donde lo calificaba de «granuja redomado como todos los hombres». El Padre del joven se hallaba tan desintegrado y fragmentado, y, además, era tan inconsistente que incluso en las conciliaciones presentes no podía dominar ni siquiera moderar el comportamiento del joven, dominado por su Niño. El Padre de la muchacha y el Padre de su novio no solo no tenían nada en común, sino que el Padre de ella no aprobaba al Padre de él. Pronto resultó obvio que había poca base para que existiera una conciliación Padre-Padre sobre ningún tema, con lo cual se hacía imposible toda conciliación complementaria a ese nivel.

Pasamos entonces a investigar el vigor del Adulto de cada uno y a analizar sus intereses reales. Ella era una muchacha inteligente y culta que sentía interés por muchas cosas. Le gustaba tanto la música clásica como la de última moda, conocía los clásicos de la literatura, le gustaban los trabajos manuales y gozaba creando motivos de decoración para el hogar. Le interesaban las discusiones sobre filosofía y religión, y, aunque no podía aceptar las creencias religiosas de sus padres, sentía que era importante tener alguna clase de «creencia». Era una persona reflexiva e inquisitiva. Le preocupaban las consecuencias de lo que hacía y se sentía responsable de sí misma. Había en ella ciertas zonas de prejuicio que identifiqué como áreas de contaminación de su Adulto por parte del Padre, como por ejemplo: «Un hombre de más de treinta años que sigue soltero no puede ser una buena persona»; «Una mujer que fuma es capaz de cualquier cosa»; «Quien no sea capaz de acabar una carrera es un vago»; «¿Qué se puede esperar de un hombre divorciado?».

En contraste, su novio tenía un Adulto contaminado por el Niño. Era indulgente consigo mismo, como lo había sido su madre con él cuando era un niño. Había sido un estudiante mediocre durante la secundaria y había abandonado los estudios universitarios en el primer semestre porque no le interesaban. No era tonto, pero sentía muy poco interés por las cosas serias que eran importantes para la chica. Opinaba que todas las religiones eran un «cuento», y lo hacía con el mismo desdén con que opinaba que todas las personas mayores eran falsas. Pronunciaba mal, algo que irritaba especialmente a la muchacha, y lo único que leía eran los pies de foto de la revista *Life*. Según ella, era la clase de joven que cree que Bach es una marca de cerveza. Tenía ideas muy superficiales sobre la política y consideraba al gobierno como un mal porque «te quita toda la libertad»; era ingenioso y listo, pero deficiente en cuanto a contenido. Su mayor afición eran los coches deportivos, acerca de los cuales poseía —y exhibía— extensos conocimientos. Resultaba obvio que existía muy poca base para que se entablara una relación Adulto-Adulto entre ellos, al menos de cierta duración. A ese nivel, ella se sentía frustrada y él se aburría enormemente.

Analizamos después el Niño de cada uno de los novios. El Niño de la muchacha estaba hambriento de afecto, deseoso de agradar, a menudo deprimido, y era extremadamente sensible a la menor sombra de crítica, lo cual reproducía en ella un poderoso sentimiento de «no estar bien». No podía hacerse a la idea de que «un chico tan guapo» se hubiera enamorado de ella. No había tenido muchos pretendientes y se había considerado siempre vulgar y de facciones tan corrientes que, según ella, nadie la reconocía después de haberla visto una vez. Para ella había sido maravilloso que aquel Adonis rubio y buen vividor le hubiera hecho caso, y no podía renunciar fácilmente a la gloria de sentirse amada y deseada. Cuando estaba con él se sentía como nunca se había sentido, y era difícil resignarse a perder aquella sensación.

El Niño del joven, por su parte, era agresivo, egoísta y manipulador. Siempre se salía con la suya, y ahora también se proponía salirse con la suya con ella, lo cual formaba parte del problema, puesto que el Padre de ella no le permitía gozar de los placeres que el muchacho le invitaba a compartir. El Niño del muchacho, pues, había contaminado a su Adulto, y el Padre era tan débil en él que no solo no era capaz de sopesar las consecuencias, sino que consideraba que la sola idea de las consecuencias era estúpida y puritana, y prefería, al igual que Escarlata O'Hara, «pensar en ello mañana».

Conforme su relación avanzaba, cada vez tenían menos que decirse. A nivel Padre-Padre no había nada, muy poco a nivel Adulto-Adulto, y lo que había a nivel Niño-Niño pronto produjo importantes perturbaciones en el Padre de la muchacha. La relación empezó a cuajar a un nivel Padre-Niño, en el cual ella asumía el papel crítico y responsable, y él el del Niño caprichoso y testarudo, reproduciendo así la situación original de su niñez.

Esa evaluación del Padre-Adulto-Niño fue algo completamente diferente a un simple juicio acerca de las cualidades y los defectos de los novios. Se trató de una búsqueda de datos objetivos acerca de cada uno de ellos, con la esperanza de predecir qué clase de relaciones podían establecerse entre ellos en el futuro. Después de pensarlo mucho, la muchacha decidió romper la relación, considerando que esta prometía muy poca felicidad para los dos. Además, ese análisis le ayudó a comprender que su Niño que «no estaba bien» era vulnerable a las insinuaciones de hombres que «veía como inferiores», porque tenía la sensación de que no valía lo suficiente para «un chico realmente estupendo». No solo descubrió por qué aquellas relaciones no eran complementarias sino que también supo qué era lo que realmente buscaba en un hombre, y, a partir de ese momento, actuó en esa dirección, no sobre la base de su posición de «no estar bien», sino sobre la base del respeto a sí misma que acababa de adquirir.

No todas las relaciones contrastan de manera tan clara. Ella tenía un Padre fuerte y él un Padre débil, pero hay muchos casos en que ambas partes tienen un Padre fuerte, aunque con un contenido diferente y, en ocasiones, discordante. Un contenido religioso y cultural diferente puede plantear graves dificultades si cada parte siente la fuerte necesidad de guiarse por los criterios de su Padre sin someterlos a crítica. A veces, esa diferencia se disimula durante la primera fase del matrimonio, pero aparece con toda su fuerza con el nacimiento de los hijos. Aunque un judío acceda de antemano a que sus futuros hijos sean educados en la fe católica, según los deseos de su futura mujer, que profesa esa religión, eso no quiere decir que no pueda sentirse profundamente dolorido o turbado por ello cuando llegue el momento de la verdad. Aquí el sentimiento es el de «mi religión es mejor que la tuya», lo cual pronto se traduce en «mi gente es mejor que la tuya», y, finalmente, en «yo soy mejor que tú». Esto no significa que sea imposible resolver diferencias de ese tipo, pero para ello se requiere, por ambas partes, un Adulto emancipado que actúe sobre la base del «yo estoy bien, tú estás bien».

Esas diferencias deberían reconocerse antes del matrimonio. Pero raramente ocurre así. La joven pareja está enamorada; los novios, si no han participado en ningún cursillo prematrimonial, pasan una hora con el sacerdote y se lanzan de cabeza, con la idea de convertirse en eso que se suele llamar un matrimonio feliz, muchas veces sin haber tenido jamás el privilegio de conocer alguno.

¿Qué posibilidades hay, entonces, de reconstruir o salvar un matrimonio contraído sin el beneficio de este tipo de análisis previo? Puesto que no existen dos personas exactamente iguales, la idea de una compatibilidad perfecta es pura ilusión. Tal vez resulte más útil plantear el problema en función de las dificultades: es difícil limar las diferencias y llegar a un compromiso, pero también lo es decidirse por la alternativa de la disolución del matrimonio. No se puede actuar sobre la base de ideas rígidas, como «el divorcio es malo», porque hay otros principios que intervienen en la cuestión. Insistir en que una mujer continúe viviendo con un marido cruel, que la maltrata, e impedir que encuentre la felicidad en otro hombre es como dejar de lado la importancia de la dignidad humana en aras de un principio de justicia retributiva: «Tú te lo buscaste». Insistir en que un hombre continúe manteniendo a una esposa perezosa y vengativa, que niega toda responsabilidad en el deterioro del matrimonio, ataca igualmente los principios de la dignidad humana. No quiero decir con eso que, idealmente, no consideremos el matrimonio como un lazo permanente, pero no podemos verlo como una trampa para mantener atrapadas a dos personas unidas por obligaciones puramente legales, sin ningún lazo moral. A veces sucede que la gente no reflexiona acerca de su matrimonio hasta que ve el divorcio de cerca. Entonces, comienzan a aparecer las dificultades comparativas, y los dos cónyuges empiezan a comprender la naturaleza de la opción ante la que se hallan.

Un matrimonio desdichado puede llevarnos a pensar que la vida de una alegre divorciada o de un solterón independiente son realmente algo estupendo; pensemos, sin embargo, que una decisión impulsiva tomada sobre la base de una presunción no sometida a crítica puede conducirnos a una situación todavía más desesperada. Morton M. Hunt ha escrito un libro[1] en el que expone que no todo es agradable en la vida de los divorciados. El autor describe las numerosas realidades subsecuentes a un divorcio, que toda persona que se propone dar ese paso debería considerar. De ese modo, podrán establecer una comparación entre su estado actual y las dificultades a las que se exponen al divorciarse, entre ellas la soledad, la pérdida de viejos amigos que no quieren mostrarse partidistas, la pérdida de los hijos, el dolor que causan a estos, las mermas económicas, la sensación de fracaso y la fatiga de saber que hay que volver a empezar. La apreciación de la situación por parte del Adulto debe tener en cuenta todas esas realidades.

Después, es recomendable examinar el matrimonio en sí. Muy a menudo solo uno de los dos cónyuges está dispuesto a hacer el análisis, puesto que uno de los juegos conyugales más comunes es el de «toda la culpa es tuya». Si uno de los dos, la esposa, por ejemplo, se somete a tratamiento y aprende el sistema Padre-Adulto-Niño, concentramos luego nuestros esfuerzos en ver cómo se podría sacar a flote el Adulto del marido e interesarle para que aprenda también el lenguaje, puesto que solo sobre la base de un lenguaje común es posible que se desarrolle una conciliación entre Adultos. Si uno de los dos cónyuges se niega a colaborar en ese aspecto, las posibilidades de salvar el matrimonio se reducen enormemente. Pero si los dos se interesan lo suficiente, el sistema Padre-Adulto-Niño les proporciona un instrumento para independizarse de los dictados y los juegos arcaicos del Padre.

Una vez que han aprendido el lenguaje, una de las primeras cosas que pueden examinar es el contrato matrimonial en sí. El contrato matrimonial corriente suele ser malo, un trato al cincuenta por ciento que hace gran hincapié en la contabilidad. Erich Fromm lo llama «comercio de fardos de personalidad»: «¿No hacen buena pareja?»; «Ella le ayudará mucho»; «¿Verdad que se complementan?»; «Él aporta su puesto en la Cámara de Comercio y ella, a cambio, contribuye como mujer de gran elegancia, con sus perfumes caros y su ropa de marca». En ese sentido, ambos se convierten en objetos en lugar de personas, en un mercado donde reina la competencia. Deben mantener la aportación al cincuenta por ciento, o de lo contrario el equilibrio se rompe. Ese tipo de contrato es obra del Niño. El Niño tiene su concepto de igualdad y equidad basado en el cincuenta por ciento, pero en su posición de «no estar bien» no puede comprender otro principio más profundo, el de la responsabilidad ilimitada para otra persona en la cual uno no aporta ese porcentaje, sino que está dispuesto a olvidar toda contabilidad y a darlo todo, siempre, a su socio, en una comunidad establecida por el Adulto. En un libro de meditación exquisito, Paul Scherer, profesor emérito de Oratoria Sagrada, del Seminario de la Unión Teológica, expresa esta misma idea de la siguiente forma: «El amor es derrochador, se deja la aritmética en casa, siempre tiene deudas».[2] El niño, que es un ser que solo quiere conseguir amor, no puede concebirlo de esa manera. El Adulto sí puede. En el mundo actual hay una aritmética de la desesperación en la que todo el mundo pide amor y nadie parece ser capaz de darlo. Esto se debe a la influencia dominante de la posición «yo no estoy bien, tú estás bien» propia del niño pequeño. Todos hemos pasado por esta posición. Recordemos que el niño intenta aliviar esa carga, durante los primeros años de su vida, recurriendo a juegos como «el mío es mejor» o «yo tengo más». Es verdad que parece que la idea del cincuenta por ciento empieza a emerger. Pero se podría decir que el «no estar bien» no deja lugar para la equidad, para el juego limpio, en los primeros años de la existencia del hombre.

Una mañana, mi hija Heidi, que por entonces tenía cuatro años, y su compañera de juegos, Stacey, estaban esperando recibir un premio de mi mujer, un pastel o algo dulce. Ambas estaban muy preocupadas por quién conseguiría el premio más grande, a pesar de que se les había dicho muchas veces que ese tipo de competición no hace más que crear problemas. Mi mujer les dio una galletita a cada una. Era evidente, incluso para ambas niñas, que las dos galletitas eran iguales, idénticas. Heidi, sin embargo, no pudo resistir la tentación de seguir con la competencia y dijo: «¡Ja, ja! ¡A mí me ha dado lo mismo que a ti, y a ti no!». Ese es el tipo de competencia egoísta que el Niño tiene en el matrimonio al cincuenta por ciento.

La pareja que quiera salvar su matrimonio debe, pues, realizar un esfuerzo conjunto para emancipar al Adulto, de modo que el «no estar bien» del Niño y el contenido perturbador del Padre de cada uno de los dos puedan ser sometidos a examen para determinar en qué forma esos datos arcaicos continúan dominando y destruyendo sus relaciones en el presente.

Declaraciones absolutas como «yo soy así, y no intentes cambiarme» son una causa frecuente de ruptura de relaciones. Aferrarse rígidamente a «estoy siempre de un humor de perros antes de mi primera taza de café» equivale a atribuir los defectos de una persona a su carácter, en lugar de atribuir su carácter a sus defectos. El cliché del «mal humor antes del café» arruina muchas de las mañanas en algunas familias. La que podría ser la mejor parte del día, un buen comienzo para poder lanzarse con entusiasmo a las tareas cotidianas, se convierte, por el contrario, en una situación desdichada y hostil. Los niños se van refunfuñando a la escuela, el marido sale corriendo hacia la oficina, palpándose los bolsillos por si se deja el tabaco, y la madre se siente abandonada porque acaba de perder a su auditorio cautivo. La verdad es que nadie tiene necesidad de estar de mal humor antes de tomar su primera taza de café ni en ningún otro momento. Una vez que su Adulto se ha emancipado, puede elegir su humor.

Una vieja canción francesa afirma: «l'amour est l'enfant de la liberté» (el amor es hijo de la libertad). El amor, en el matrimonio, requiere la libertad del Adulto para examinar al Padre, para aceptarlo o rechazarlo teniendo en cuenta el contexto de la realidad actual, y también para examinar al Niño y las compensaciones o juegos perturbadores que ha imaginado para negar su carga de «no estar bien» o para librarse de ella.

Los matrimonios que se someten a tratamiento pueden hacerlo por diversas razones. Algunos han oído hablar del análisis conciliatorio o transaccional y vienen para «aprender algo nuevo». Otros acuden en busca de una respuesta a una pregunta vaga, pero inquietante, que podríamos formular de la siguiente manera: «Pero ¿es eso todo en la vida?». Algunos vienen porque sus hijos tienen problemas. Muchos porque su relación conyugal está en crisis. Algunos de los treinta y siete matrimonios que traté durante un período de cuatro años pensaban en la posibilidad del divorcio, o por lo menos habían hablado de ello, como única solución para sus problemas. Unos cuantos habían comenzado incluso las gestiones legales y me habían sido enviados por sus abogados o por el juez del Tribunal de Relaciones Domésticas. Las crisis de diecisiete de aquellos matrimonios (el cuarenta y seis por ciento) terminaron con el internamiento de uno de los cónyuges en el hospital por depresión aguda con intento de suicidio u obsesiones suicidas. Catorce de los pacientes hospitalizados eran mujeres, dos eran hombres, y en un solo caso los dos miembros de la pareja fueron internados, a petición propia, «para quedar empatados». Ninguno de aquellos matrimonios tenía menos de diez años de duración. Todos tenían hijos y algunos, nietos.

Aprendieron el sistema Padre-Adulto-Niño en un grupo del hospital o bien en sesiones individuales, en mi consultorio, y, una vez que los dos cónyuges comprendían el concepto, expresaban el deseo de unirse a uno de los grupos de matrimonios ya existentes, formados por cinco parejas. El número de sesiones de tratamiento, por término medio, era de diecisiete: aproximadamente una sesión por semana durante cuatro meses. Mis grupos celebran las sesiones a última hora de la jornada, durante una hora, aunque a veces se prolongan.

De aquellos treinta y siete matrimonios, treinta y cinco, que yo sepa, siguen casados y dos se divorciaron. Cuatro de los treinta y cinco abandonaron el grupo porque habrían tenido que renunciar a sus «juegos» y no estaban dispuestos a hacerlo. Los demás treinta y un matrimonios me informan que, en la actualidad, se producen conciliaciones excelentes en su vida conyugal, en la cual cada una de las dos partes encuentra ahora la alegría de descubrir nuevos objetivos, la relativa ausencia de los viejos juegos destructivos y la intimidad. El logro de uno de los objetivos primordiales del tratamiento, el rescate del matrimonio, nos permite considerar que, en ese grupo de pacientes, se obtuvo el éxito en un ochenta y cuatro por ciento de los casos.

Las relaciones de muchos matrimonios constituyen una complicada mezcla de juegos en los que el resentimiento y la amargura acumulados han producido versiones intrincadas y repetidas del «grita, grita», «toda la culpa es tuya», «eres igual que tu padre» y «si no fuera por ti yo podría...». Las reglas y las jugadas típicas de esos juegos son descritas con gran detalle en la obra de Berne, *Los juegos de la gente*, uno de los manuales o libros de texto obligatorios para todos los matrimonios sometidos a tratamiento. Todos ellos proceden del primitivo juego infantil «el mío es mejor que el tuyo», cuyo objetivo radica en superar el miedo original a ser engañado. Una de las exposiciones más brillantes de una existencia-juego fue la ya mencionada obra de Edward Albee, *¿Quién teme a Virginia Woolf?*, que demuestra que, a pesar de la desesperación que producen, en los juegos existen todavía las suficientes ventajas o beneficios secundarios para que, en cierto modo, el matrimonio se mantenga unido. Hay algunos que lo consiguen gracias a que uno de los cónyuges está «enfermo». Si este se recupera y se niega a participar en los mismos viejos juegos, el matrimonio empieza a zozobrar. Un marido, cuya esposa acababa de salir del hospital después de una estancia de diez días, me llamó, consternado, para decirme: «Mi mujer está mejor y parece más feliz, pero ahora no me entiendo con ella, ya no nos comprendemos». El matrimonio es como la postura corporal; si los hombros empiezan a caerse, deberá producirse en otra parte del cuerpo una caída compensatoria a fin de mantener la cabeza perpendicular a los pies. De manera semejante, si uno de los dos cónyuges cambia, ese cambio inicial deberá ir seguido de otros complementarios para que la relación se mantenga intacta. Esa es una de las principales debilidades de los antiguos métodos de psicoterapia, en los cuales el psiquiatra trataba tan solo a una de las partes y, a menudo, incluso se negaba a hablar con la otra parte. Lo importante era el vínculo que se establecía entre el psiquiatra y el paciente, y la relación matrimonial quedaba de lado. Cuando la lealtad y el comportamiento del paciente empezaban a cambiar, el matrimonio a menudo pagaba las consecuencias porque el otro cónyuge no poseía herramientas conceptuales para comprender qué estaba ocurriendo, para entender su propia acumulación de agitación y desesperación.

Finalmente, si su situación económica se lo permitía, terminaba por someterse a tratamiento con otro médico, con lo cual la relación matrimonial resultaba todavía más perjudicada, puesto que él también cambiaba en sus afectos. Sin base para la comunicación, o con muy poca, quedaba abierto el camino a nuevas y mejores formas de jugar al «el mío es mejor»: «Mi terapeuta es mejor que el tuyo», «Yo estoy superando la transferencia más deprisa que tú» o «Decidiré si hago el amor contigo después de mi sesión del miércoles». Ambos cónyuges permitían que su Niño se entregara a una introspección exclusiva que, aunque podía proporcionar datos útiles en cuanto al origen de sus propios sentimientos, no se enfrentaba con la realidad de la existencia, no de una sola persona, sino de dos unidas en una relación llamada matrimonio.

En *Sacramento Bee* se publicó una observación algo exagerada, pero que, sin embargo, es muy acertada: «Muchos psiquiatras insisten en que no hay salud emocional mental si un hombre no se enfrenta con la realidad. Si es así, ¿por qué invitan a sus pacientes a acostarse en divanes, donde resulta tan fácil soñar despierto? Tal vez una cama de clavos sería mejor».

Cada uno de los dos cónyuges debe estar dispuesto a reconocer su responsabilidad en las dificultades del matrimonio. «Toda la culpa es tuya» es una afirmación falaz, como nos lo recuerda la observación de Emerson: «Nadie puede afectarme si no es a través de mi propia actividad». Si el marido se ha comportado de manera insultante durante diez años y su mujer lo ha tolerado durante todo ese tiempo, puede decirse que esta, a su manera, ha participado en el estado de la relación. Si cualquiera de las dos partes se niega a reconocer esa responsabilidad, hay pocas esperanzas de que la situación cambie.

Arthur Miller, en su razonado relato sobre Maggie (un personaje que ofrece un notable parecido con su esposa, Marilyn Monroe), incluido en *Después de la caída*, escribía que su obra trataba «de la incapacidad o la falta de voluntad del animal humano para descubrir en sí mismo las semillas de su propia destrucción».

> La lucha es siempre, eternamente, la misma: percibir de un modo u otro nuestra responsabilidad en el mal constituye un horror insoportable. Resulta mucho más tranquilizadora una visión del mundo a base de víctimas totalmente inocentes y de perversos instigadores de la monstruosa violencia que vemos a nuestro alrededor. Al precio que sea, es importante que nadie destruya nuestra inocencia. Pero ¿cuál es el lugar más inocente, en cualquier país? ¿No es el manicomio? En esos lugares, las personas van a la deriva por la vida, en perfecta inocencia, incapaces de ver dentro de sí mismas. La perfección de la inocencia se encuentra, ciertamente, en la locura.[3]

Ese «horror insoportable» es comprensible cuando consideramos que el reconocimiento de la responsabilidad aumenta el peso de la abrumadora carga del «no estar bien» que se encuentra en el origen del problema. Reconocer la propia culpa es duro. A esa final afrenta al Niño abyecto, a esa carga adicional se refiere el teólogo alemán Dietrich Bonhoeffer: «¿No es eso tanto como cargar otro peso aún más gravoso sobre los hombros de los hombres? ¿Es eso todo lo que podemos hacer cuando las almas y los cuerpos de los hombres gimen ya bajo el peso de tantos dogmas elaborados por el hombre?».[4]

La comprensión del análisis estructural –la naturaleza del Padre, del Adulto y del Niño– nos muestra una salida de ese dilema: el dilema que consiste en la imposibilidad, por una parte, de cambiar sin reconocer la complicidad, y, por otra, en las consecuencias abrumadoras del reconocimiento de la culpabilidad. Podemos ver, de un modo sumamente práctico, la diferencia en el modo de enfrentar a alguien con su forma de actuar. Si decimos: «Usted es una persona antipática, de mal carácter, difícil y desagradable, y eso es lo que está destruyendo su matrimonio», no hacemos más que reforzar la posición de «no estar bien» de esa persona y provocar en ella sentimientos que la harán todavía más antipática, de peor carácter, más difícil y desagradable. O, en el peor de los casos, la arrojamos a una depresión creciente. En cambio, si podemos decir, comprensivamente: «Es su Niño que no está bien quien está provocando constantemente conflictos en usted y actúa de manera antipática e intemperante hasta destruir sus posibilidades de felicidad en el presente», entonces hay cierta objetivación del dilema, y la persona no se ve a sí misma como un cero a la izquierda, sino como una combinación de experiencias pasadas, positivas y negativas, que son la causa de sus dificultades. Además, esa actitud hace posible una opción, una elección. Un individuo puede reconocer esa realidad sobre sí mismo sin quedar destrozado, y ese conocimiento puede empezar a fortalecer a su Adulto para que este pueda examinar al Padre, al Niño y el modo en que esas viejas grabaciones intentan reproducir la tiranía del pasado.

Sin ese reconocimiento de «mi parte de culpa en nuestros problemas», el análisis conciliatorio o el análisis de los juegos puede convertirse simplemente en otra forma de expresar el odio: «Tú y tu condenado Padre», «Tu Niño malo ya vuelve a tomar las riendas», «Ya estás de nuevo con tu mismo juego». Esas construcciones pasan a ser entonces epítetos inteligentes e insultantes, un nuevo juego. A medida que vamos viendo los problemas que pueden surgir, empezamos a comprender la importancia de la idea expresada en el título del artículo de Arthur Miller sobre su obra de teatro: «Con respeto por su agonía, pero con amor».

Esa es la actitud que deben adoptar los matrimonios que se someten a tratamiento si realmente desean reconstruir su relación conyugal. Surgen unas preguntas finales: ¿qué hacemos cuando dejamos de jugar? ¿Hay algo más que hacer? ¿Qué se hace con un Adulto emancipado?

ESTABLECER OBJETIVOS

Un barco sin rumbo va a la deriva y es arrastrado por las mareas en todas direcciones; cruje y rechina con la tormenta, y se desliza tranquila y apaciblemente con el mar en calma. Hace lo mismo que el mar. Muchos matrimonios son como un barco sin rumbo. Se mantienen a flote, pero sin dirección. Sus decisiones se basan primordialmente en este factor: ¿qué hacen los demás? Se adaptan a su círculo social en lo referente a la ropa, la casa, la manera de educar a los hijos, los valores o las doctrinas. Puesto que los demás lo hacen, piensan que debe de estar bien. Esa es su norma de conducta. Si todo el mundo compra una determinada marca de coche de lujo, también ellos lo harán, aunque cada fin de mes la lluvia de letras sea algo más que un diluvio. No han elaborado su propia escala de valores adaptada a su realidad, y por eso acaban a menudo desilusionados y con el agua hasta el cuello.

Solo el Adulto puede decir «no» a las exigencias del Niño que aspira a algo más grande, mejor y en mayor cantidad para sentirse mejor. Únicamente el Adulto es capaz de formular la pregunta: «Si cuatro pares de zapatos te hacen feliz, ¿te harán más feliz diez pares de zapatos?». La norma es que cada nuevo aumento en las posesiones materiales aporta menos alegría que el que lo precedió inmediatamente. Si fuese posible expresar la alegría de un modo cuantitativo, probablemente descubriríamos que un par de zapatos nuevos aportan más alegría a un chiquillo que un coche nuevo a un hombre mayor. Del mismo modo, el primer coche causa mayor alegría que el segundo, y el segundo más que el tercero. H. L. Mencken dijo: «Un hombre recuerda siempre su primer amor. A partir del segundo, empieza a amontonarlos».[5] El Niño que hay en nosotros necesita grandes cantidades; como en el día de Navidad, cuando está rodeado de regalos y protesta: «¿No hay nada más?». En un programa infantil de televisión preguntaron a un niño qué le habían regalado por Navidad. «No lo sé —respondió, apesadumbrado—, había demasiadas cosas».

El análisis de las realidades familiares por parte del Adulto puede determinar si vale la pena o no adquirir cierto bien material, si la alegría que esa posesión puede aportar va a compensar la hipoteca, la factura o la privación de otros artículos que habrían podido comprar con ese dinero. El Adulto puede también satisfacer la necesidad de amontonar del Niño, dedicándose a ciertas aficiones como las colecciones de sellos, monedas, libros descatalogados, trenes en miniatura, botellas o minerales. Puede determinar si las inversiones en esas colecciones son realistas. Cuando lo son, el «atesoramiento» resulta divertido e inocuo. Pero si resultan perjudiciales para la economía familiar (por ejemplo, cuando se coleccionan fincas de recreo, coches deportivos o *picassos* originales), el Adulto puede verse obligado a decir «no» a las diversiones del Niño.

Las decisiones acerca de las aficiones, las posesiones, el lugar de residencia y lo que hay que comprar deben tomarse siguiendo un conjunto de valores y consideraciones realistas que son diferentes para cada matrimonio. Es extremadamente difícil que se llegue a un acuerdo sobre esas decisiones si no se han establecido unos objetivos para el matrimonio. Una pareja sometida a tratamiento puede aprender a distinguir las diferencias entre el Padre, el Adulto y el Niño, pero los dos cónyuges siguen en el mismo mar social, y, si no se trazan un rumbo, a pesar de su nuevo conocimiento de la realidad, continuarán sufriendo los altibajos y yendo a la deriva entre diversiones y juegos. La fuerza necesaria para oponerse a las corrientes sociales exige algo más que el conocimiento de una realidad. Requiere que se fije un rumbo en la dirección señalada por el Adulto. O se establece un nuevo rumbo o se sigue a la deriva, por más cartas de navegación que se posean.

Aquí es donde las consideraciones de los valores morales, de la ética y la religión adquieren relevancia para asegurar la buena marcha de un matrimonio. Un marido y una mujer, para determinar el rumbo que han de llevar, deben emprender algunas investigaciones fundamentales acerca de qué es lo que consideran importante.

Will Durant expone el problema ético fundamental con la pregunta siguiente: «¿Qué es mejor, ser bueno o ser fuerte?».[6] Dentro del contexto del matrimonio esa pregunta puede formularse de muchas maneras: ¿es mejor ser amable o ser rico? ¿Es mejor dedicar el tiempo a la familia o a las actividades cívicas? ¿Es mejor animar a los hijos a ofrecer la otra mejilla o a devolver los golpes? ¿Es mejor vivir hoy a lo grande o atesorar hasta el último céntimo en el banco con vistas al mañana? ¿Es mejor ser visto como una persona prudente o ser conocido como un líder cívico?

Esas preguntas pueden conducir a discusiones sin salida, a menos que sean formuladas por el Adulto, pero, incluso en ese caso, son difíciles de contestar. No es suficiente con conocer las opiniones del Padre de cada cónyuge para responderlas. Tampoco basta con conocer las necesidades y los sentimientos del Niño de cada cónyuge. Si los datos del Padre y del Niño están en desacuerdo, debe haber alguna norma ética que sea aceptada por ambos, que pueda ofrecer una dirección o un rumbo al matrimonio y que valore las decisiones que se necesiten tomar. Se ha dicho que «amar no consiste en mirarse uno al otro, sino en mirar hacia el exterior juntos, en la misma dirección». El Padre y el Niño de cada cónyuge pueden conducir a una gran divergencia. La convergencia solo es posible a través del Adulto. Pero la meta «exterior» no se puede establecer sin consideraciones morales y éticas. Una de las preguntas que suelo formular a los matrimonios que se encuentran en un callejón sin salida acerca de «¿qué hacer ahora?» es la siguiente: «¿Qué podemos hacer ahora, por amor?».

Más allá de toda consideración científica, así es como se llega a la posibilidad de evolucionar hacia algo mejor de lo que ha sido hasta ahora la existencia. ¿En qué consiste «ser amoroso»? ¿Qué es el amor? ¿Qué significan las palabras «deber» y «obligación»? En el capítulo doce, «El Padre-Adulto-Niño y los valores morales», se profundizará en esas preguntas.

9

EL PADRE-ADULTO-NIÑO
Y LOS NIÑOS

Los que no pueden recordar el pasado
están condenados a repetirlo.

Jorge Santayana

El mejor modo de ayudar a los niños es ayudar a los padres. Si a estos no les gusta lo que hacen sus hijos, no es solo a los hijos a quienes se debe cambiar. Si Johnnie es un chiquillo travieso, no se va a calmar solo por llevarlo de un experto a otro; antes hay que echar una ojeada a su hogar. Este capítulo tiene por objetivo ayudar a los padres a ayudar a sus hijos. Los «expertos» no pueden sustituir a los progenitores en esa tarea.

Es cierto que existen muchos profesionales expertos en la educación de los niños, incluidos los psiquiatras y psicólogos infantiles que realizan tratamientos. En Inglaterra, cuando se bautiza a un niño se dice que «se le manda hacer». De manera similar, podría parecer que llevar a un niño al psiquiatra infantil equivale a «llevarlo a rehacer» o, quizá, a «deshacer». A menos que, simultáneamente, se «rehagan» también los padres, considero que la mayoría de esos esfuerzos son una pérdida de tiempo y de dinero. Creo que la mayoría de los padres opinan igual, intuitivamente, pero algunos de ellos, como no saben qué otra cosa hacer, o no desean verse demasiado involucrados en el asunto, aceptan la idea de someter a su hijo a tratamiento, si pueden permitírselo. Son, también, muchos los que rehúyen las incógnitas de una posible ayuda en la educación de sus hijos, considerando su situación como una especie de caja de Pandora que tal vez sea mejor no abrir. Leen los últimos libros que se publican, consultan las columnas de los periódicos, y juegan al «¿no es horrible?» a la hora del café matinal. Se aferran a la ilusión de que su hijo esté simplemente pasando una crisis, y basan sus esperanzas en el nebuloso principio de que una actitud permisiva es siempre positiva. Las respuestas que buscan no llegan, y establecen la lucha de la educación de su hijo en el mezquino consuelo de pensar: «Por lo menos, soy mayor que él». Algunos padres ejercen su «mayoría de edad» de manera violenta, obligando a su hijo a adoptar a la fuerza la forma que desean imprimirle. Después, llega el día de la verdad, en la adolescencia, en que hay que reconocer que «él es más alto que yo». Y todo eso entraña dolor, tanto para los padres como para los hijos. Pues bien, esto no tiene que ser así necesariamente. Este capítulo tiene por objetivo aportar un rayo de luz al panorama de la educación de los hijos mediante la aplicación del sistema Padre-Adulto-Niño, no solo a las relaciones entre padres e hijos, sino también a las relaciones entre los hijos y otros niños.

El tratamiento psicoanalítico de los niños es, relativamente, de reciente creación. Aunque los primeros teóricos del psicoanálisis hacían hincapié en la importancia de lo que le ha ocurrido al pequeño en el ambiente familiar inicial, trabajar directamente con los niños no formó parte de la aplicación original de aquella teoría al tratamiento. Una de las dificultades era el problema de comunicarse con el niño. La otra era el reconocimiento —ya entonces— de que poco podía hacerse por él sin la participación de los adultos que lo rodeaban, en especial los padres.

La primera estructura clínica completa para el tratamiento infantil se estableció en los años veinte, en la llamada Clínica de Orientación del Niño, que consistió en una experiencia de tratamiento conjunta para los padres y el niño, en la que se trataba al segundo mediante un método llamado terapéutica del juego, y los padres recibían asesoramiento. El punto central del método consistía en que los padres y el niño tenían la oportunidad de expresar sus sentimientos, con el objetivo de eliminar una poderosa fuente de creación de comportamientos negativos y destructivos. Mediante el empleo de juguetes y de otros medios simbólicos se alentaba al niño a volverse contra sus atormentadores, los padres, en una catarsis purificadora de sentimientos negativos. De esa forma, cuando el niño arrojaba la muñeca de su madre a la taza del retrete o arrancaba los brazos a la muñeca de su hermanita, se tomaban notas para la próxima sesión de asesoramiento, una actividad de gran importancia para el personal clínico. Se daba por hecho que aquellas expresiones desbrozarían el camino para el desarrollo de sentimientos más positivos basados en los conocimientos que los padres adquirirían gracias a su contacto con la asistenta social; es decir, se suponía que tras un número determinado de «los odio» vendría el esperado «los quiero». Sin embargo, la comprensión deficiente, por parte de los padres, de las acciones o conciliaciones que producían los sentimientos a menudo dejaba la situación intacta. De hecho, la situación empeoraba frecuentemente porque el niño, a quien se le había dicho que expresar los sentimientos era algo bueno, hacía de su familia un campo de batalla en el cual él era el general. Era algo así como las gotas para aliviar la congestión en la nariz. Son efectivas durante un tiempo, pero no contribuyen a impedir la congestión del día siguiente. Hay personas que se pasan toda la vida expresando sus sentimientos. En ambos casos podría decirse que la actividad no es la finalidad esencial. El hecho de expresar los sentimientos o de usar gotas para la nariz produce determinados beneficios terapéuticos, pero se necesita algo más.

En aquellos métodos de tratamiento, se hacía hincapié en lo que el niño podía conseguir y en la manera de cambiar su comportamiento, aunque ya se reconocía entonces que los padres debían participar en el tratamiento. En el análisis conciliatorio se enfatiza en lo que los progenitores pueden hacer para que la naturaleza de las transacciones entre padres e hijo cambie. Si lo hacen con éxito, el cambio del niño no tardará en producirse.

Todo el mundo reconoce la creciente complejidad de la cultura y de la estructura social en que vivimos actualmente; las numerosas presiones que tienden a debilitar y a destruir la familia como estructura social primaria que satisface las necesidades emocionales de los niños. Bajo el impacto de la incertidumbre, el diluvio de informaciones y de medios de diversión y la inundación de exigencias, la madre moderna se siente acosada y, con frecuencia, al borde de la desintegración en su lucha contra la frustración. A su alrededor todo está en conflicto. Su sensibilidad se encuentra embotada, puesto que en pocos segundos su televisión pasa de horribles reportajes sobre la guerra a los placeres de una nueva vida con *Clairol*. Su Padre está en conflicto con el Padre de su marido acerca de la puntuación de la Liga. Su Padre domina a su Hijo en un diálogo interno que la lleva a sentirse fracasada como madre. Sus hijos se gritan entre sí, y también a ella. La madre lee para adquirir más datos, pero estos también se contradicen. Una autoridad en la materia dice «pégales», otra recomienda «no les pegues nunca», y una tercera añade «pégales de vez en cuando». Mientras tanto, sus sentimientos se van acumulando hasta que llega un momento en que solo desea «quitarse de encima a esos diablillos». Su casa está llena de aparatos para hacer todos los trabajos con la mayor facilidad. Pero lo que más necesita es una herramienta para poner orden en el caos, determinar qué objetivos son importantes y cuáles no lo son, encontrar respuestas realistas a la pregunta repetida una y otra vez: «¿Cómo debo educar a mis hijos?».

Tal vez la abuela conteste juiciosamente a esta pregunta: «En nuestros viejos buenos tiempos, antes de que existieran todos esos libros de psicología moderna, no teníamos tantos problemas, hija». La abuela tiene su punto de razón en eso, puesto que en los viejos tiempos había muchas cosas buenas. Gesell e Ilg observaban:

> En otros tiempos, el mundo de la naturaleza y de las relaciones humanas se desarrollaba de una manera más bien ordenada, al ritmo del proceso de maduración del niño. La casa donde se habitaba era espaciosa, los miembros de la familia numerosos, y, generalmente, siempre nacía un nuevo niño. Siempre había alguien cerca del niño en edad preescolar, que lo conducía gradualmente hacia el ensanchamiento de su mundo, paso a paso, a medida que sus exigencias iban aumentando. Alrededor de la casa había espacios libres, un campo, un prado o un huerto. Había animales en la cuadra, en la pocilga, en el gallinero y en los pastos. Algunas de esas criaturas vivientes eran jóvenes como él. Podía deleitarse mirándolos, tocándolos y hasta besándolos.
>
> El tiempo ha transformado ese medio ambiente. El niño de la ciudad y, hasta cierto punto, incluso el niño de los suburbios de hoy se ha visto privado en gran medida de sus antiguos compañeros, humanos y no humanos. El espacio hogareño se ha quedado reducido a las dimensiones de unas cuantas habitaciones, un porche y un patio; y, a veces, una sola estancia, con una o dos ventanas.[1]

Los autores se lamentan de que el niño de nuestros tiempos haya perdido el contacto íntimo con la vida que crece, con otros niños, con una gran variedad de adultos.

No solo debe tenerse en cuenta la ausencia de esas experiencias infantiles tan positivas, sino también la lluvia de datos horripilantes que cae sobre la cabeza de los niños de hoy. Es verdad que siempre hubo guerras y atrocidades, pero antes no ocurrían en la pequeña pantalla de la sala de estar. Mucho antes de que el niño pueda enfrentarse a las dificultades elementales de la convivencia familiar, se le introduce en lo que mi hija pequeña llama «ese cochino mundo» de disturbios raciales, niños prisioneros, asesinatos en masa y políticos que debaten la posibilidad de la aniquilación global. A eso hay que añadir la dificultad que entraña para el niño la distinción entre la realidad y la ficción: «¿Es una noticia o una película? ¿Es el jefe de la caballería o es el gobernador? ¿El cáncer lo provoca el tabaco o la brisa primaveral?».

Durante la crisis de Cuba de 1962, mi hija Heidi, que por entonces iba a una guardería donde se enseñaba a los niños a practicar la defensa pasiva contra bombardeos atómicos, dijo a su madre: «Mamá, hablemos de la guerra, de las bombas y todo eso». Su madre contestó: «De acuerdo, Heidi, ¿qué puedes decir de todo eso?». A lo que Heidi replicó: «Tú di todas las palabras, mamá. Yo no conozco las palabras que tratan de eso».

Ese es, pues, el mundo tal como se nos aparece; no una escena pastoril, con corderitos y flores, sino un mundo de agitación y estrépito, amplificado hasta tal punto que uno siente la tentación de dejarlo de lado y de despreocuparse de la diferencia entre *Clairol* y el crimen, o entre el asesinato de un presidente y el número cómico de un ladrón de ganado poco afortunado.

Will Rogers dijo una vez: «Las escuelas ya no son lo que solían ser y nunca fueron». Tal vez los viejos buenos tiempos nunca existieron; pero la maldad no estaba tan al alcance de niños de edades tan tempranas ni de manera tan íntima. Esto no cambia el problema, pero hace más urgente que nunca la necesitad de que los padres posean un instrumento para ayudar a sus hijos a desarrollar en ellos un Adulto capaz de enfrentarse al mundo tal como es.

POR DÓNDE EMPEZAR

Idealmente, habría que empezar por el principio. Una aplicación eficaz del análisis conciliatorio o transaccional ha sido el programa de enseñanzas para futuros padres que se desarrolla en Sacramento desde 1965, a manos del doctor Erwin Eichhorn y su esposa.

Eichhorn es especialista en ginecología y obstetricia, y su esposa es profesora de la escuela de puericultura de Sacramento City College. En la mayoría de los casos, la preparación para el parto va acompañada de asesoramiento para los futuros padres, particularmente para las madres, acerca de lo que cabe esperar durante el embarazo, el parto y el nacimiento, así como de información sobre los cuidados físicos del recién nacido. A menudo, estas enseñanzas se complementan con varios libros y películas, que muestran a los futuros padres una vida idílica en compañía del hijo recién nacido. Puede haber algún debate orientado a abordar los aspectos negativos de la experiencia, como el posible mal humor tras el parto, la fatiga o los cólicos, pero raramente se examina en profundidad la relación entre marido y mujer, madre y padre recién estrenados, y esa hermosa, y a veces terrorífica, criatura: el recién nacido. La mayoría de los especialistas hubieran deseado poder ayudar a la joven pareja en eso, pero no había ningún sistema que se pudiera enseñar rápidamente, comprender de manera fácil ni poner en práctica de inmediato. Muchos especialistas han dedicado horas enteras a debatir con ánimo comprensivo las dificultades de la situación familiar, a aliviar la ansiedad dando respuestas a ciertas preguntas, y a intentar alejar los temores e inspirar confianza a los nuevos padres. Otros han adoptado una posición más autoritaria que, en esencia, se resume en estas palabras: «Ustedes sigan mis instrucciones, hagan lo que yo les digo, y todo irá bien». Sin embargo, si en la relación de pareja hay problemas graves, ese tipo de enfoque puede relegarlos a un lugar secundario, puesto que, al fin y al cabo, lo primero es el hijo. Pero, al no haberlos resuelto, esos problemas continúan siendo una fuente de irritación y alienación constante para la madre y el padre durante los primeros meses o años de la vida del hijo, una etapa en la que, precisamente, se registran en el niño las principales grabaciones.

Los Eichhorn, miembros de la junta directiva del Instituto de Análisis Conciliatorio, empezaron a introducir en 1965 la enseñanza del sistema Padre-Adulto-Niño a los futuros padres que asistían a sus clases. Celebran reuniones semanales para parejas. La asistencia es voluntaria, pero la mayoría de los matrimonios asiste de modo regular. Además de las instrucciones normales sobre el embarazo, los dolores y el parto, se enseñan los fundamentos del análisis conciliatorio, en relación con la experiencia que está viviendo el matrimonio: el hecho de tener un hijo. Aunque es un instrumento que se ofrece con un propósito específico, muchas parejas descubren que puede utilizarse para resolver otros muchos problemas de la vida, una vez que el hijo ha nacido. Cada matrimonio recibe así un total de veinticuatro horas de clase sobre el sistema Padre-Adulto-Niño, pero el lenguaje que adquieren en las clases les proporciona una base para ulteriores debates cuando la futura madre acude a las revisiones habituales, a menudo acompañada por su marido, el cual procura integrarse y no asistir como un simple espectador.

Se ha comprobado que una comprensión del sistema Padre-Adulto-Niño en la primera etapa del embarazo ayuda al matrimonio a comprender el origen de ciertos sentimientos nuevos, bastante complicados, y no todos positivos. Las personas jóvenes cuyos Padres contienen numerosas grabaciones imperiosas e indiferenciadas sobre la relación sexual y el embarazo no deben sentirse sorprendidas si esas grabaciones se reproducen durante esa experiencia tan cargada emocionalmente. Un matrimonio joven, aunque haya deseado el embarazo, descubre que pasa por períodos de depresión inexplicable. El certificado de matrimonio y la casita blanca no logran borrar la grabación del Padre en la cual estar embarazada sería una noticia realmente horrible. Ni borran tampoco la grabación del Padre en el marido, cuando tiene conciencia de que puede decir: «Te he dejado embarazada».

Hay otros muchos sentimientos intensos relacionados con el embarazo, un estado al cual Gerald Caplan se refiere como «un período de susceptibilidad aumentada a las crisis, un período en que parecen presentarse, de forma creciente, problemas de carácter importante».[2] Además de los cambios externos, económicos y sociales, se producen cambios internos, tanto metabólicos como emocionales. Para la madre, surge un nuevo papel, una nueva función, especialmente si se trata del primer hijo; surge la soledad de los dolores y del trabajo, y la soledad de quedarse en casa con el pequeño, sobre todo si antes trabajaba fuera del hogar. Y también surge la nueva responsabilidad de estructurar el tiempo. En la mujer que tiene su primer hijo, se produce también la comprensión profunda de que no volverá a ser una niña jamás, de que ha dejado atrás su generación y ha entrado en otra nueva: ahora es una madre. Es el mismo tipo de sentimiento de la brevedad de la vida y del irrevocable paso del tiempo que induce a la gente a llorar en las bodas. Los momentos sagrados de la vida, al tiempo que abren puertas al futuro, las cierran al pasado; y la vuelta hacia atrás se hace imposible. Y la joven madre tiene estos sentimientos, que a veces alcanzan tal grado depresivo que se convierten en psicosis tras el parto. En esos casos, el Niño se siente tan abrumado que los límites o fronteras se desmoronan y se produce una completa contaminación del Adulto. La madre no puede dominar sus necesidades abrumadoras y es totalmente incapaz de cuidar de su hijo.

Una paciente, a la que vi por primera vez durante un episodio agudo de psicosis posparto tras dar a luz a su primer hijo, pudo abandonar el hospital a las tres semanas de habérsele dado a conocer el sistema Padre-Adulto-Niño. Pudo asumir el cuidado de su hijo, y su Adulto fue fortaleciéndose gracias a que continuó asistiendo a un tratamiento en grupo. La verdadera prueba de la fortaleza adquirida se produjo con ocasión de su segundo embarazo, dos años más tarde. Al tener presente todo lo que le había ocurrido la vez anterior, vivió toda la gestación con gran aprensión. Pero pudo hablar de esa aprensión con su médico, en términos del sistema Padre-Adulto-Niño. (El hecho de que dos de los médicos, el especialista en obstetricia y el psiquiatra, hablaran el mismo lenguaje ya le resultó muy tranquilizador). Mi paciente tuvo el hijo y conservó el buen ánimo durante el período posparto. (No es raro que la psicosis posparto se repita después de cada embarazo).

Estos son algunos de los sentimientos que pueden comprenderse y superarse mediante el sistema Padre-Adulto-Niño. Cuando marido y mujer pueden emplear el lenguaje recientemente adquirido, comparten la ilusión del futuro. Eichhorn explica que cuando el médico se comporta según su Adulto, al marido le resulta más fácil convertirse en padre. No obstante, la relación Padre-Niño que se establece entre algunos médicos de obstetricia y sus pacientes excluye esencialmente al padre. La madre y el médico parecen inmersos en una actividad en la cual se declaran únicos expertos, y la tarea del marido se reduce a fumar cigarrillos en la sala de espera. La mayoría de los hospitales modernos permiten que el marido esté con su mujer y le preste asistencia durante los dolores del parto; y algunos, no todos, le permiten entrar a la sala de partos. Eichhorn explica que, en su consultorio, el sistema padre-recién nacido comienza a funcionar desde los primeros momentos. El marido interviene en todo lo que está a su alcance durante los dolores del parto: aprende a practicar masajes y a aliviar la tensión física, a proteger a su mujer de la soledad de su situación, y, de ese modo, ella puede apoyarse en el Adulto de su marido si, a causa de la fatiga y del miedo, su Niño llega a adueñarse de ella. Cuando los dos miembros del matrimonio se han enfrentado juntos a una crisis como esta, cualquier otra crisis que se presente en su vida tendrá ya un precedente: «¡Si hemos salido bien de eso, saldremos bien de cualquier cosa!». Esos padres hablan enseguida de «nuestro» hijo; ambos se sienten orgullosos de sí mismos, y ese sentimiento se transmite al recién nacido.

Según Caplan, a esos padres se les enseña a comprender, desde el primer momento del embarazo, que...

... la mujer embarazada necesita una dosis extra de amor del mismo modo que necesita una dosis extra de vitaminas y proteínas. Esta necesidad se hace más acuciante durante los últimos meses del embarazo y durante el período de lactancia. Durante el embarazo, la mujer se muestra a veces introvertida y dependiente, pasiva. Cuanto más capaz sea de aceptar su estado, y cuanto más amor y ayuda reciba de las personas que la rodean, más capaz será de mostrarse maternal con su hijo. Los profesionales no podrán darle el amor que necesita, pero sí pueden movilizar a los miembros de su familia, especialmente a su marido para que así lo hagan. En nuestra cultura, los maridos y otros parientes temen a menudo «mimar» a la futura madre y se precisan esfuerzos especiales para contrarrestar esa actitud.[3]

Hallarse juntos en el momento del parto es la culminación ideal para la pareja que ha recibido la preparación adecuada; pero, aunque el matrimonio esté separado en ese momento, su conocimiento del sistema Padre-Adulto-Niño no solo les habrá ayudado durante el embarazo sino que les dará la máxima liberación posible del conflicto, algo esencial en los comienzos de la lactancia. La madre cálida y acariciadora es la madre que vive libre del diálogo interior Padre-Niño que evoca el «no estoy bien» que hay en ella. Su Adulto emancipado es capaz de prestar atención a los hechos, puede dejar de lado los «cuentos de viejas» y reaccionar a los sentimientos maternales espontáneos de tener en brazos, mimar y acariciar al pequeño sin necesidad de tener que asegurarse antes de que es correcto hacerlo. Una de las ideas del Padre que se suelen expresar más a menudo en los grupos de futuros padres es que «no se debe tomar en brazos continuamente a un bebé porque se le malcría». Si esa grabación se reproduce cada vez que la nueva madre se dispone a acariciar a su hijo, está claro que existe un conflicto que, de un modo u otro, repercutirá en el pequeño. El Adulto de la madre puede examinar esa especie de dogma y actuar según su propia valoración de la cuestión, que podrá ser, más o menos: si tratas a un bebé como se trata a un bebé cuando es un bebé, no vas a tener que tratarlo como un bebé toda la vida. (Esas expresiones de malcriar a un niño y quitarle sus malos hábitos siempre se me han antojado tan burdas y crueles que sin duda debieron de ser acuñadas por alguna madrastra malvada de cuento de hadas, que vivía en una torre lóbrega y oscura entre pantanos...).

La madre que está en posesión de un Adulto robusto es capaz de manejar con destreza la situación, a menudo explosiva, que puede crear una abuela, o una suegra, y minimizar así la devastación de las conciliaciones cruzadas. Puede comprender que la abuela también tiene su Padre-Adulto-Niño, y que tanto el Padre como el Niño pueden tomar las riendas de la anciana en un momento dado. O bien su Adulto puede explicar a su suegra que van a tener una asistenta para que se ocupe de la casa y que ella, la madre, se ocupará del pequeño. Su Adulto puede dejar que el polvo se acumule mientras cuida de su recién nacido, aunque su rica tía Ágata vaya a llegar con un regalo esa misma noche. En resumen, la nueva madre y el nuevo padre pueden elegir la manera de proceder para desarrollar esa nueva célula preciosa, su familia, que tiene una nueva criatura, y un padre y una madre recién estrenados.

Una de las cosas que más ayudan a la hora de criar a un niño es la conciencia y el conocimiento de la posición «yo estoy mal, tú estás bien». El niño permanece a flote en virtud del estoy bien de la madre. Él se siente mal, pero mientras ella esté bien no le falta algo a lo que aferrarse. El valor del cariño de los padres para el niño es directamente proporcional al valor que ve en sus padres. Se advierte fácilmente que cuando el Niño de la madre emerge y se lanza a una nueva pelea Niño-Niño con el pequeño, este siente todo su mundo temblar. Por un lado hay un Niño que no está bien, y por el otro sucede lo mismo. Si ese tipo de conciliación predomina en la primera etapa de la existencia, queda abierto el camino para el establecimiento de la posición «yo estoy mal, tú estás mal», o, en casos extremos, de la posición «yo estoy bien, tú estás mal».

La madre y el padre (particularmente ella, puesto que es la que más influye en los primeros años) deben ser sensibles al Niño que no está bien que llevan dentro de sí. Hasta que ambos, especialmente la madre, no adquieran la sensibilidad necesaria, la fuerza perceptiva y el interés para aplicar esa herramienta que es el sistema Padre-Adulto-Niño al retraso del niño, podemos temer que el virus de la posición de no estar bien se propague y empeore. Si el Niño de la madre tiene una acusada posición de no estar bien y se ve afectada con facilidad por los pequeños sinsabores, obstáculos o decepciones de la vida, como, por ejemplo, el comportamiento obstinado de un chiquillo que también tiene un Niño que no está bien, lo más fácil es que el Niño se adueñe por completo de ella y desencadene una secuencia regresiva de acontecimientos con circuitos cada vez más arcaicos hasta llegar al juego de «el mío es mejor», interpretado a gritos, en el cual siempre resulta ganadora la madre, en el último asalto, con un «yo soy mayor que tú».

Fácilmente se advierte que el niño solo puede aprender modos eficaces de vivir a través del Adulto. Pero los niños pueden preguntar: «¿Y cómo te las arreglas para desarrollar tu Adulto sin haber visto ninguno?». Los niños aprenden por imitación. Una de las maneras más eficaces para que un niño pueda desarrollar su Adulto con creciente dominio consiste en ofrecerle la oportunidad de observar a uno de sus padres, cuando el Niño de estos ha sido provocado de manera manifiesta y se esfuerza por tomar las riendas con una explosión de ira, y cuando sus padres logran dominar a su Niño y ofrecer una respuesta de Adulto, razonable y considerada.

El ejemplo de un Adulto resulta mucho más eficaz que la explicación de lo que es un Adulto. Eso suscita la cuestión de si los padres deben o no enseñar el sistema Padre-Adulto-Niño a sus hijos. A juzgar por los informes aportados por padres formados en este sistema con niños de muy corta edad, el pequeño puede comprender los fundamentos del sistema a una edad sorprendentemente temprana: a los tres o cuatro años. Esto puede darse a través de la exposición del chiquillo al análisis conciliatorio de sus padres. Cuando ellos están analizando una conciliación con atención, el niño capta el significado de lo que está presenciando. Muchos padres de niños de tres o cuatro años se han sorprendido al descubrir que el chiquillo hace una observación en la que emplea con perfecta corrección las palabras Padre y Niño.

Cuando un niño de cinco años dice: «Papá, no gastes todo tu Padre», sobreentiende que «papá» está constituido también por varias partes, que hay en él un Padre y un Niño capaces de reaccionar. Cuando un padre le dice a su hijo de cinco años: «Si continúas haciendo eso, vas a provocar a mi Padre y luego lo lamentaremos los dos», abre paso a una aceptación, entre Adulto y Adulto, de que tanto el chiquillo como su padre tienen sentimientos que pueden llegar demasiado lejos. Esa posición Adulto-Adulto no podrá desarrollarse si el padre grita: «¡Si vuelves a hacer eso te doy, imbécil!». Lo único que se consigue con eso es que se cierre el ordenador del niño; no podrá ponderar los pros y los contras de «lo que está haciendo», sino tan solo el hecho de que «le darán, por imbécil». Y así termina la lección. Su padre probablemente se lo oyó a su propio padre, y así hasta el infinito.

En este punto es de suma importancia formular una advertencia. Toda referencia al sistema Padre-Adulto-Niño (particularmente toda referencia a los juegos) formulada por los padres cuando el hijo está reaccionando con su Niño será recibida como procedente del Padre. En breve, toda idea del Padre-Adulto-Niño puede llegar a ser vista como algo del Padre, que esgrime esa herramienta para introducir las conciliaciones Adulto-Adulto en el hogar. No se puede enseñar el sistema Padre-Adulto-Niño a un chiquillo irritado, sobrecargado de adrenalina. Lo que hay que hacer es mantenerse en el Adulto mientras dura el acaloramiento. Es preferible hablar del sistema Padre-Adulto-Niño en otras ocasiones, facilitando al pequeño los datos con los que podrá llegar a su propio descubrimiento: «¡Vaya, eso es lo que hago yo!». Con el tiempo, esto permitirá a los niños empezar a expresar sus sentimientos por medio de palabras en lugar de traducir su frustración en pataletas a fin de dominar la situación mediante la única herramienta que poseen, sus emociones.

Si se tienen en cuenta las barreras casi insalvables que se oponen al desarrollo del Adulto en la infancia, no puede sorprendernos la cantidad de irracionalidad o de simple malicia que prevalecen actualmente. La curiosidad del niño, su necesidad de saber, es una manifestación del Adulto que se desarrolla en él y debería contar con la protección y el apoyo de unos padres sensibles y comprensivos. Sin embargo, la sensibilidad y la comprensión difícilmente pueden encontrarse en los matrimonios que no pueden con las preguntas insistentes de sus hijos a causa de las exigencias apremiantes de sus propios Padres y Niños. La emancipación del Adulto de los datos arcaicos puede crear actitudes tan positivas como la paciencia, la amabilidad, el respeto y la consideración. Se trata de elegir entre ser un padre consciente que ayude al niño, o aplastarle y arrojarle de nuevo al terror con los gritos del Padre arcaico, producto de innumerables generaciones de padres «justicieros».

Del mismo modo que el filósofo se ve obligado a preguntarse en cada conciliación: «¿Qué viene después de esto?», el padre puede desarrollar la costumbre de preguntar: «¿De dónde viene eso? ¿Cuál fue la conciliación original? ¿Quién dijo qué?». Las respuestas de los niños no se alejan mucho de aquello que los estimula. Con un poco de práctica en el arte de formular las preguntas adecuadas y de escuchar las respuestas se llega rápidamente al origen de la dificultad. Si un niño acude a su madre llorando, esta debe hacer dos cosas: consolar al Niño alterado y poner en funcionamiento al Adulto. Puede decir: «Ya veo que alguien te ha dado un disgusto... Es duro ser pequeño... A veces lo único que se puede hacer es llorar... ¿Puedes decirme qué te ha pasado? ¿Te dijo alguien algo que te ha disgustado?». Muy rápidamente, la conciliación que originó el disgusto es explicada, y la madre y el chiquillo pueden entablar un diálogo de Adulto sobre ella.

A veces observamos que los niños se aprovechan unos de otros. Por ejemplo, la hermana mayor da a su hermanita pequeña unas monedas de escaso valor a cambio de unas monedas valiosas de esta, con el argumento de que «las suyas son mayores». Sin duda reprocharemos a la hermana mayor ese trueque abusivo, pero también deberemos preguntarnos: «¿Dónde ha aprendido eso?». Es posible que proceda de su inventiva innata, pero tal vez lo haya aprendido de sus padres: «Sé listo y gana mucho dinero; eso es mucho más importante que las personas (más que las hermanitas pequeñas)».

A menudo olvidamos lo rápido que nuestros juicios de valor se reflejan en las acciones de nuestros hijos. H. Allen Smith cuenta una historia escrita por una niña de nueve años: «Érase una vez una niña que se llamaba Clarissa Nancy Imogene LaRose. No tenía pelo y sus pies eran muy grandes. Pero era inmensamente rica y todo lo demás fue fácil».

Además de preguntarse: «¿De dónde viene eso?», el Adulto puede interrogarse sobre cuál es la consideración importante en el caso. El Padre es efusivo y puede reproducir la grabación de toda clase de razones por las cuales uno debe, debería, no debe, etc. El Niño recibe esa diatriba a presión, como si saliera de una manguera de bombero, y no se entera de nada. El Adulto sabe seleccionar y someter a consideración el punto más adecuado, y no todos.

Una conciliación que resulta particularmente confusa para un niño es aquella en la que el padre, en respuesta a una demanda suya, le da tediosamente todas las razones por las cuales no debe hacer algo, en lugar de formular simplemente la razón principal. Si la razón principal no es lo bastante firme como para poder formularla en términos sencillos, tal vez debamos rechazarla.

El niño de seis años entra en la cocina seguido de cuatro compañeros de juego. Son las seis y media de la tarde. Mamá prepara la cena, y, además, picotea de los platos que está cocinando. El niño dice: «Mamá, ¿podemos comer algo?». Entonces, la madre responde con la boca llena: «No, vamos a cenar enseguida. Comes demasiados caramelos. Te vas a estropear los dientes. Y tendrás un empacho (ella los tiene). Si comes ahora, luego no cenarás (ella está comiendo). Anda, vete a jugar. Siempre vienes a enredar en la cocina. ¿Por qué nunca ordenas tus cosas?». Esta es una magnífica oportunidad para que el Padre de la madre pueda atormentar al chiquillo con toda una serie de razones moralizantes. Los niños refunfuñan y se van, y regresan a los diez minutos para repetir el juego.

La verdadera razón del enfado de la madre era esta: «¿Por qué tienes que traer a casa a todos los niños del barrio? Estoy harta de dar todos los buñuelos a los hijos de los vecinos. Nunca nos quedan para nosotros». En ese momento concreto esa era la verdadera razón, y era una razón válida. Pero, al no poder exponerla francamente, descargó sobre su hijo un aluvión de datos periféricos. Ese tipo de conciliación, lejos de desarrollar al niño, lo encoge y el chiquillo empieza a aprender modos periféricos (o distorsionados) de luchar contra las estructuras. Si la «buena educación» impedía a la madre exponer la verdadera razón de su negativa, hubiera sido mejor que se hubiese limitado a decir: «No; luego hablaremos de eso». Más tarde, en ausencia de los demás chiquillos, habría podido dar a su hijo la verdadera razón. O podía haber ofrecido a sus amigos alguna golosina menos preciada, y asunto concluido.

Tal como actuó, arrojó sobre la conciliación una carga de inconsistencias que suscitaron preguntas en la mente del niño: «¿Cómo es que tú comes y nosotros no podemos comer? ¿Qué pasa con los empachos? ¿No los tienes tú también? Tú también enredas en la cocina y la ensucias. Y comes caramelos. ¿Cuántos son demasiados caramelos?». Para el niño, la reacción de su madre resulta tan opresiva como le resultaría a una persona mayor verse obligada a soportar la lectura completa de los Diez Mandamientos tras pedirle un aumento de sueldo a su jefe.

Para demostrar cualquier punto en un debate, el hombre de éxito presenta siempre la mejor prueba. No amontona los detalles que no están relacionados con el caso. La misma regla es aplicable a los padres. Triunfarán en la disciplina si se aferran a la mejor razón. De ese modo, el Adulto del niño tiene algo sólido sobre lo que trabajar, y su ordenador no se encuentra sobrecargado de datos inconsistentes. Y tiene también la oportunidad de salir de la conciliación sin haber perdido la dignidad, en lugar de salir de ella con un abrumador sentimiento de no estar bien. No le leemos a nuestro empleado los Diez Mandamientos porque respetamos su Adulto; si queremos que se desarrolle el Adulto de nuestro hijo pequeño, también debemos respetarlo.

EL NIÑO EN EDAD ESCOLAR

Cuando el niño de seis años se dirige con paso viril hacia su famoso primer día de colegio, lleva ya consigo unas veinticinco mil horas de grabación en dos pistas. Una pista es la de su Padre. La otra la de su Niño. Posee también un magnífico ordenador que puede arrojar millares de respuestas e ideas brillantes, siempre que no esté completamente ocupado en resolver los problemas del «no estoy bien». El brillante chiquillo ha gozado de un trato muy cariñoso, ha aprendido a utilizar a su Adulto y a confiar en él, y sabe que su Padre está bien y seguirá estándolo aunque él se sienta mal. Habrá aprendido el arte del compromiso, propio del Adulto (aunque quepa esperar recaídas), tendrá la confianza que procede del dominio eficaz de los problemas, y se sentirá encantado consigo mismo. En el extremo opuesto, tenemos al niño tímido, retraído, cuyas veinticinco mil horas de grabación reproducen una cacofonía de aguda inspección y crítica al ritmo lento e inmutable del «estoy mal, estoy mal, estoy mal». También él posee un magnífico ordenador, pero apenas lo ha utilizado. Luigi Bonpensiere, en un notable opúsculo sobre el arte de tocar el piano, comenta el escaso uso que hacemos del soberbio aparato físico que es el cuerpo humano: «Es como tener el más perfecto aparato de precisión, diseñado y construido para que lo utilice el mejor de los operarios, y cedérselo a un mal mecánico, que, al final, se quejará de las limitaciones del aparato».[4]

Si el niño no puede utilizar su ordenador, lo más probable es que esto se deba a que nunca ha visto utilizar uno, o a que nadie le ha enseñado a usarlo. Si en la escuela su rendimiento es deficiente, se lamentará de sus limitaciones diciendo: «Soy tonto», y sus padres dirán: «No trabaja como podría hacerlo». El problema básico es la gravedad de la posición «yo estoy mal, tú estás bien». El colegio, a menos que los maestros sean realmente competentes, es un lugar donde, desde el punto de vista educativo, «el rico se hace más rico y el pobre más pobre». En un niño que tiene un problema escolar manifiesto —conducta disruptiva, ensoñación o rendimiento deficiente— cabe esperar encontrar el «yo estoy mal, tú estás bien», entronizado como centro de una preocupación continua. La escuela es una situación competitiva con demasiadas amenazas para el Niño y demasiado pocas oportunidades para obtener aunque sean pequeños logros que minimicen el estar mal. Los primeros años de escuela pueden ser el principio de un estilo de conciliaciones repetidas que, a los ojos del niño, subrayan la realidad de su posición de no estar bien con sentimientos concomitantes de futilidad y desesperación. El aspecto realmente urgente de esta situación es que toda la vida es competitiva, empezando por la vida en familia y pasando por la escuela hasta llegar al mundo de los adultos. A lo largo de toda su existencia, los sentimientos del niño frente a la posición de no estar bien y las técnicas afines que establece dentro del ambiente familiar y en la escuela pueden persistir en los años adultos e impedirle el acceso a los logros y las satisfacciones basados en un auténtico sentimiento de libertad en cuanto a la dirección de su propio destino.

Me permito aconsejar a los padres de un niño que tenga dificultades en la escuela que aprendan el sistema Padre-Adulto-Niño, que se lo tomen en serio y que empiecen a dirigir las conciliaciones con su hijo, de Adulto a Adulto, con asistencia terapéutica si es necesario. Deben tener siempre presente la influencia primordial del no estar bien. La regla es: ante la duda, acaricia. Así se conseguirá consolar al Niño asustado y ansioso, mientras el Adulto se enfrenta con las realidades de la situación. Muy a menudo, sin embargo, esas realidades no se le aparecen claramente al niño. El doctor Warren Prentice, profesor de Educación del Sacramento State College y miembro de la junta del Instituto de Análisis Conciliatorio, sugiere que un niño que llega a casa con un papel que dice: «Procura esforzarte un poco más» interpreta estas palabras como un «no estás bien» corriente, dictado por un Padre. Lo que necesita saber es en qué debe esforzarse más. La expresión «demasiado lento» suscita la pregunta: «¿Cuál es la rapidez deseable?». Prentice dice que el niño necesita ayuda para identificar las zonas en las cuales tiene éxito o puede tenerlo, y eso no se consigue con una prueba escrita, puesto que este medio evoca la vieja grabación: «No sé hacerlo, así que, ¿para qué probarlo?». Eso se consigue escuchando al niño y hablándole. Prentice dice que si un niño tiene problemas en el colegio es inútil suponer que una mayor cantidad de lo mismo, en la escuela de verano o en los fines de semana, le va a ayudar en algo, a menos que se consiga aislar un problema específico y resolverlo. El Padre dice: «Debes hacer más». El Adulto pregunta: «¿Qué debo hacer más?».[5]

Eso me hace recordar un artículo que apareció en el *Star* de Kansas City, en el que se aludía a cierto funcionario público que había declarado que veía demasiados menores en las cervecerías. Decía el editorial: «Afirma que hay demasiados menores en las cervecerías, pero, como suele suceder, olvida señalar el número de menores que debería haber en ellas».

Después de una conferencia sobre análisis conciliatorio ante un grupo de educadores, me dijeron: «Vamos a llevar eso a las escuelas». Por mi parte me parece bien. Y a muchos padres también.

La pregunta: «¿Debe enseñarse el análisis conciliatorio en las escuelas?» fue formulada a sesenta y seis padres que acababan de asistir a una serie de conferencias sobre el tema, de ocho semanas de duración. En respuesta a esa pregunta, el noventa y cuatro por ciento de ellos se mostraron partidarios de esa enseñanza en la escuela superior y el ochenta y cinco por ciento la aprobaron para la enseñanza primaria y la secundaria.

Se habla de la educación como el mejor remedio para los males del mundo. Pero esos males se hallan profundamente arraigados en la conducta. Por consiguiente, la educación de la conducta a través de un sistema de fácil comprensión como el sistema Padre-Adulto-Niño podría muy bien ser la solución principal para los problemas que nos asaltan y que amenazan con destruirnos. Esa tarea escapa a casi todos los límites de comprensión; pero, de algún modo y en algún momento, debemos detener la marcha implacable de las generaciones hacia la locura u otras formas de autodestrucción que tienen su origen en la infancia.

EL TRATAMIENTO DE LOS PREADOLESCENTES

Algunos padres consideran la preadolescencia como la última etapa antes de que las hormonas y las melenas de la adolescencia aparezcan, complicando lo que acaso ya sean las difíciles relaciones entre padres e hijos. Es la época en que los chicos y chicas se hallan expuestos al máximo a las nuevas ideas del mundo que los rodea, en la escuela o en los contactos sociales. Es la etapa en que los jóvenes complementan sus primeros juegos con nuevos movimientos de su propia inventiva, que conducen a algunos padres a la desesperación y a otros al médico. Debemos tener presente que el Niño necesita la seguridad que le proporcionan las relaciones familiares, la consistencia, las caricias, el reconocimiento, la aprobación y el apoyo. Algunos niños han descubierto que la manera de alcanzar esa seguridad consiste en adaptarse y cooperar, y si sus padres se lo permiten, crear. Otros no han aprendido a conseguir las «caricias» a través de ese procedimiento, y continuarán utilizando las primeras técnicas de manipulación del niño de tres años: el fingimiento, la rivalidad, la evasión, el robo y la seducción. Esas técnicas pueden llevar la desorganización a la familia, particularmente cuando el preadolescente consagra su despierta inteligencia a perfeccionarlas.

En 1964 formé un grupo para preadolescentes de nueve a doce años de edad, que se reunía una vez por semana. Otro formado por sus padres se reunía cada dos semanas por la noche. Ambos grupos funcionaron durante todo el curso escolar. Al final del curso, cada niño, con sus padres, fue invitado a acudir para proceder a un examen de los resultados. Los cambios fueron sorprendentes. Incluso el aspecto físico de la mayoría de los chicos había cambiado; en muchos de los niños que antes llevaban pintado el «no estoy bien» en la expresión de su rostro y en la postura, se había producido una notable mejoría. Todas las familias se mostraron de acuerdo en que había mejorado mucho la comunicación. El niño sentía que podía hablar de sus sentimientos y exponer su punto de vista sin provocar una tormenta paterna o llegar a un callejón sin salida. Los padres, por su parte, descubrieron que eran capaces de formular exigencias realistas y de poner límites realistas sin provocar reacciones negativas.

Se aconsejó encarecidamente a los preadolescentes y a sus padres que utilizaran el concepto de «contrato», que consiste en una formulación de lo que unos esperan de otros, redactada, debatida y confirmada de cuando en cuando a nivel de Adulto-Adulto. En los casos en que el contrato estaba claro, y contenía lo que estaba permitido y lo que no lo estaba, así como las consecuencias del quebrantamiento del contrato, las relaciones entre padres e hijos mejoraron notablemente. El contrato es uno de los mejores métodos que conozco para asegurar el mantenimiento de la dirección y la disciplina; sin embargo, puesto que ha sido redactado por el Adulto, de vez en cuando puede ser examinado de nuevo por el Adulto para actualizarlo y adaptarlo a las realidades cambiantes. Muchos padres tratan a sus hijos preadolescentes de la misma manera que lo hacían cuando tenían cuatro años. Esto con frecuencia obedece al deseo de mantener una estricta autoridad paterna, pero en muchas ocasiones lo que sucede es que simplemente no se dan cuenta de cuánto cambia su hijo de año en año ni de cómo aumenta su capacidad para hacer uso de su propio Adulto. Al fin y al cabo, es con su Adulto como aprende el niño el dominio interior realista. El reconocimiento de que el preadolescente tiene su propio Adulto y no es simplemente un chiquillo elimina inmediatamente gran parte de las fricciones en las conciliaciones familiares.

Mis pacientes preadolescentes aprendieron muy fácilmente el sistema Padre-Adulto-Niño y lo juzgaron interesante y útil. Con el apoyo que representaba la aprobación de sus preocupados padres, su comprensión del análisis conciliatorio se desarrolló con rapidez. A medida que el diálogo Padre-Niño, interno y externo, se hacía menos crítico, se producía una liberación del Adulto que le permitía dedicarse a la importante tarea de descubrir la vida. Esa es la época en que chicos y chicas sueñan en lo que desean llegar a ser, en que empiezan a sentirse intensamente idealistas y sienten una nueva intimidad en las relaciones con sus amigos, en que comienzan a formular preguntas difíciles sobre el bien y el mal. Es la época de los Tom Sawyers y los Huckleberry Finns, en la que formulan juramentos sellados con sangre y se sienten ávidos de vida; en que los hijos son particularmente sensibles a la clase de vida que llevan sus padres. Durante los años de la preadolescencia se pone de manifiesto que no basta con ser un buen padre, como si esa fuera la única función de una persona mayor; hay que ser una buena persona, con vastos y creativos intereses en la vida en conjunto, y no vivir exclusivamente preocupados por «mi hijo, mi familia, y si soy o no un buen padre».

Alan Watts, ex pastor anglicano y experto en filosofía oriental, habla de la actitud de derrota del padre que permanece sentado en su casa preguntándose si está haciendo lo mejor para su hijo, y viviendo como si lo único que se esperara de él fuese ofrecer al mundo un hijo bien educado. Dice Watts:

> Lo malo es que son muchas las familias donde se ha inducido al padre y a la madre a sentirse culpables acerca de si están educando bien a sus hijos. Creen que la única razón para ejercer bien sus respectivas profesiones o empleos es producir un buen resultado en el hijo. Es como empeñarse en ser feliz solo para ser feliz, cuando la felicidad es un producto secundario...[6]

Si a lo único que puede aspirar el niño de mayor es a ser un padre que tenga que «cuidar de un crío» (como él), ¿para qué preocuparse? Por eso conviene que los padres se pregunten: «¿Qué clase de persona soy a los ojos de mi hijo?», y no: «¿Qué clase de padre soy?». «Quiero que sea feliz. ¿Hay alegría en nuestro hogar? Quiero que tenga un espíritu creativo. ¿Me muestro lo suficientemente interesado por las novedades? Quiero que aprenda algo. ¿Cuántos libros he leído el mes pasado, o el año pasado, o en los últimos años? Quiero que tenga amigos. ¿Sé ganármelos yo? Quiero que tenga ideales. ¿Tengo yo alguno? ¿Son lo bastante importantes para que se reflejen en mi modo de obrar? ¿Le he dicho alguna vez cuáles son las cosas en las que creo? Quiero que sea generoso. ¿Me compadezco de las necesidades de quienes no pertenecen a la familia?». Las personas no atraen lo que desean, sino lo que son. Del mismo modo, los padres no crían a los hijos que desean sino a unos hijos que reproducen lo que son ellos, los padres. Es en la apertura de los padres donde los hijos pueden empezar a ver un camino que los aleje de sus propias preocupaciones relacionadas con el «no estar bien». Es «ahí fuera», en el mundo y con la gente, donde está la acción, y donde, bajo el mando de un Adulto cada vez más fuerte, pueden originarse experiencias que empiecen a producir los sentimientos de estar bien, capaces de contrarrestar los iniciales de no estar bien y la desesperación.

EL HIJO ADOPTIVO

La época de la preadolescencia resulta particularmente difícil para los niños que deben luchar con cargas adicionales. Es la época, por ejemplo, en que el hijo adoptivo estalla súbitamente en amarga rebelión contra sus padres a pesar de todas las historias bien intencionadas que se le cuenten acerca de que fue elegido. Desde hace mucho tiempo, la filosofía de los organismos de adopción ha sido que es necesario explicar al niño, cuanto antes mejor, que ha sido adoptado, y que hay que hacerlo mucho antes de que su Adulto esté a la altura de la transacción. Lo único que se consigue con esto es que el niño comprenda que es «diferente». A los tres o cuatro años lo más probable es que no cuente con los datos necesarios para poder comprender qué significa la adopción. Lo único que necesita saber es que es de alguien, de sus padres. A esa edad, los detalles de su nacimiento biológico no poseen demasiado significado para él. Y sin embargo, algunos padres dan tanta importancia al hecho de la adopción, insisten tanto en que «nosotros te elegimos de entre los demás», que el chiquillo siente que ha contraído para con ellos una obligación, una deuda que nunca podrá pagar: «¿Cómo podré jamás ser lo bastante bueno contigo, cuando tú fuiste tan bueno como para elegirme a mí?». Es la misma clase de humillación que vemos cuando una persona siente la necesidad de decir «muchas gracias» a otra para agradecerle la simple cortesía de tratarle como a un ser humano —por ejemplo, la persona de edad que dice muchas gracias a un joven porque este le ha saludado—. El sentimiento de ser diferente puede aumentar la posición de «no estar bien» del hijo adoptivo hasta convertirle en un amasijo de frustraciones desorganizadas. Mi posición, a ese respecto, es que debería dejarse la revelación de la adopción para cuando el chiquillo esté en posesión de un Adulto lo bastante fuerte, tal vez a los seis o siete años de edad. Quizá algunos padres protesten y aleguen la necesidad de ser completamente honrados con su hijo. Tal vez aquí sea aplicable un principio más importante que el de la honradez abstracta, y es la auténtica preocupación por el niño, que muy posiblemente no estará capacitado para ordenar todos los complicados datos de esa conciliación. Por eso intervenimos nosotros y protegemos a los niños de otras cosas que a su tierna edad no podrían comprender. ¿Por qué no intervenir en ese punto y protegerlos de una «verdad» que no podrían comprender?

«Pero, entonces, lo sabrá por los hijos de los vecinos», protestan los padres. Cierto, así será. Sin embargo, el modo en que ese dato se registre en el niño dependerá, en gran parte, de la reacción de sus progenitores. Si el niño de cuatro años llega y les comunica que los otros niños dicen que es adoptado, y pregunta qué significa esa palabra, la madre puede relegar esta cuestión a una categoría relativamente poco importante, al tiempo que tranquiliza al niño asegurándole que «eres nuestro». Creo francamente que para el niño sería preferible que se le dijera: «Sí, hijo, te formaste en la barriga de mamá», aun siendo mentira, que entrar en grandes detalles acerca del hecho de que se formó en el vientre de otra mamá. Si se logra que el niño sienta que es realmente de sus padres, más tarde tendrá un Adulto lo suficientemente fuerte como para comprender por qué sus padres le mintieron: por amor, para no cargarle con el peso de una verdad turbadora y confusa.

Conviene que examinemos nuestros dogmas. ¿Es la absoluta honradez lo mejor en todos los casos? Así puede parecer. Sin embargo, como señala Trueblood, «cuando subrayamos solo uno de entre varios principios aplicables, siempre somos susceptibles de caer en el error de una excesiva simplificación».[7] E ilustra de la siguiente manera la tesis de que quizá la preocupación por el bienestar de un hombre, o de los hombres, sea una norma más elevada y valiosa que la honradez abstracta:

Consideremos las consecuencias de decir la verdad en toda circunstancia. Imaginemos que se encuentra usted en un país totalitario, donde han encarcelado a un hombre de elevados principios y de gran valor. Por casualidad, ve huir a ese hombre por una calle y, al poco tiempo, ve que los guardianes de la cárcel andan persiguiéndolo. Usted tiene la razonable seguridad de que si lo atrapan y lo devuelven a la cárcel, lo torturarán. Le preguntan si lo ha visto por la calle, y usted solo puede contestar sí o no. ¿Cuál es, en esa situación, su deber moral?

He aquí una situación en la que debemos tomar nuestras decisiones después de sopesar las dificultades comparativas. Eso es lo que han de hacer los padres ante el problema de lo que deben decirle al hijo adoptivo. Es difícil decirle que ha sido adoptado, y es difícil no decírselo. Tarde o temprano lo sabrá. Pero los padres pueden modificar la revelación de modo que se le proteja de las repercusiones de «no estar bien», eligiendo el momento, los medios y los detalles. Puede ser más fácil para el hijo aceptar que le mintieron porque lo amaban, una vez que ya haya desarrollado su Adulto, que la revelación precoz de que, de una manera profunda e importante, es diferente de todos los demás. No es posible esbozar aquí lo que se le debe decir. Pero sí es posible ayudar a los padres a reconocer la situación del Niño que no está bien y las variables influencias de sus propios Padre-Adulto-Niño. Con este conocimiento, los padres pueden empezar a ejecutar la obra dentro del contexto siguiente, subrayado también por Trueblood en el mismo libro:

Lo «mejor», en cualquier situación concreta, equivale a «lo menos malo». Hay un elemento de maldad en toda mentira, porque tiende a derruir la base de la confianza; y hay maldad en el hecho de devolver a un buen hombre a un encarcelamiento injusto. La buena persona debe sopesar esos dos males lo mejor que pueda, y el mal menor será su deber, porque la otra alternativa es peor. A menudo, en tales situaciones, quisiéramos rehuir la cruel elección, pero no podemos, porque nos encontramos frente a lo que William James llamaba una opción obligada. La misma incapacidad de decidir es ya una decisión, y tal vez una decisión que no hará más que empeorar las únicas alternativas. El hombre que se niega a decidir no queda libre de responsabilidad, sino que es manifiestamente culpable. Somos tan responsables del mal que permitimos como del mal que cometemos.

Debemos, pues, proceder con esperanza sobre la base de lo que sabemos. La comprensión de la situación del niño pequeño constituye un conjunto de conocimientos que ayudarán a los padres a tomar las decisiones que han de producir la máxima satisfacción, el máximo alivio posible de la posición de «no estar bien», el máximo apoyo de la verdad contenida en las palabras «eres nuestro». Esta comprensión ayudará también a los padres adoptivos a ser sensibles frente a su propio Niño que «no está bien». Muchas personas que no pueden tener hijos se sienten tan mal que pasan a ser excesivamente exigentes con el hijo adoptivo: «A ver si ese niño va a traer la vergüenza a la familia», etc.

El peso de «no estar bien» es aún mayor para el hijo adoptivo, pero, como con cualquier otro niño, debemos empezar donde estamos. No podemos volver atrás y reconstruir las circunstancias para convertirlas en algo que nunca existió. La utilidad del sistema Padre-Adulto-Niño reside en que impone orden en el caos de sentimientos, en que separa al Padre, el Adulto y el Niño, y en que hace posible una elección. En mis largos años como consultor de la División de Bienestar de la Infancia del Departamento Social del Condado de Sacramento, tuve la oportunidad de trabajar con muchísimos hijos adoptivos y con sus padres. Descubrí que si podíamos desarrollar, tanto en los primeros como en los segundos, una sensibilidad a las influencias del Padre y del Niño en unos y en otros, podríamos empezar a descubrir la mejor manera de ayudar a aquellos niños a superar las poderosas y subversivas grabaciones de «no estar bien» efectuadas en sus primeros y traumáticos meses y años de existencia.

Los hijos de divorciados son los huérfanos de otra tormenta: la terrible y depresiva tormenta irracional que dividió la familia. En el mejor de los casos, el divorcio es una situación de «no estar bien», que sin duda alguna pone en primera línea de fuego al Niño que «no está bien». En cualquiera de esos desdichados episodios humanos, generalmente, hay muy poco lugar para el Adulto. Ese es el principal problema. El padre y la madre se hallan tan hundidos en sus conciliaciones cruzadas que dejan que sus hijos se las arreglen como puedan para salir del atolladero. Y aunque los padres se preocupen, a menudo no pueden aportar la ayuda necesaria para permitir que sus hijos sobrevivan a la ruptura familiar sin los temores y las humillaciones que habrán de reforzar en gran manera su «no estar bien». En esta situación, como en todas las situaciones en las que los niños pasan por períodos de gran tensión, existe todavía la posibilidad de que salgan ellos mismos del atolladero del pasado si se les ayuda a reconocer que poseen un Adulto que puede ayudarles a descubrir su propia realidad y el camino de salida en la maraña de sentimientos en que viven.

EL NIÑO MALTRATADO

El niño maltratado ha sido programado para el homicidio. Se trata de ese niño que ha recibido a menudo palizas tan brutales que le han producido heridas sangrantes y fracturas de huesos. ¿Qué se graba en el Niño y en el Padre de un chiquillo que ha sido tratado de esa manera? En el Niño se graban sentimientos catastróficos de terror, miedo y odio. El pequeño, mientras lucha y se defiende con los brazos de su pesadilla (pongámonos en su lugar), piensa enfurecido para sus adentros: «¡Si fuera mayor como tú te mataría!». Aquí se produce un cambio de posición para llegar a la posición psicopática del «yo estoy bien, tú estás mal». En el Padre se graba el permiso para ser cruel, incluso para matar, así como todos los detalles acerca de la manera de ser cruel.

Más tarde, esta persona, en una situación de grave tensión, puede ceder a esas viejas grabaciones; tiene el deseo de matar (el Niño) y el permiso para hacerlo (el Padre). ¡Y lo hace!

Muchos estados han aprobado leyes sobre los malos tratos infligidos a los niños, que obligan a los médicos que sospechen que ciertas heridas fueron producto del maltrato a informar a las autoridades. Lo importante, sin embargo, es qué ocurre después. Yo diría que el pronóstico es sombrío, a menos que el niño, cuando es preadolescente, reciba un tratamiento intenso de modo que pueda descubrir el origen de sus sentimientos asesinos y comprender además que, a pesar de su pasado, puede elegir perfectamente su futuro.

Si la sociedad no es capaz de ofrecer eso al niño brutalizado, será como si jugara con una pistola cargada.

Hay grados, por supuesto, en la brutalidad. Por mi parte, estoy firmemente convencido de que toda brutalidad física infligida a un niño provoca sentimientos de violencia susceptibles de ser reproducidos. La norma que queda grabada es «cuando todo lo demás te falle, ¡pega!». El último recurso es la violencia. No es posible enseñar la no violencia a través de la violencia. Pero los padres son humanos y, de vez en cuando, pegan a sus hijos. Es posible expresar los sentimientos del padre y del niño, en esos casos, sobre la base del sistema Padre-Adulto-Niño, de modo que del incidente surja algo positivo: cómo impedir que vuelva a suceder. Es importante que los padres consideren el castigo físico como un mal menor y no como un atributo positivo de la disciplina. Dice Bruno Bettelheim:

Detengámonos por un momento y realicemos el simple ejercicio de definir realmente la palabra «disciplina». Si recurrimos al diccionario Webster, descubriremos que tiene la misma raíz que la palabra «discípulo». Y a un discípulo no se le pega. Un discípulo es una persona que se considera aprendiz de un maestro y aprende el oficio de este trabajando en la misma vocación. Este es el concepto de la disciplina. Así pues, si enseñamos a nuestros hijos: «Cuando estéis enojados, pegad; es un buen sistema para conseguir las cosas», van a copiar esa actitud. Y, después, nos quejamos de la violencia que impera en nuestras ciudades.[8]

LA ENSEÑANZA DEL SISTEMA PADRE-ADULTO-NIÑO A LOS NIÑOS CON RETRASO

Si reconocemos que todos los niños tienen que luchar con la carga del «no estar bien», empezaremos a comprender lo abrumador que debe de ser el peso que llevan sobre sus hombros los niños retrasados. Estos no solo se sienten mal, sino que, realmente, están peor dotados intelectualmente que el resto de los niños. Su retraso en ocasiones va acompañado de otros defectos físicos y deformidades visibles, que provocan en los demás reacciones que acentúan el mal concepto que tienen de sí mismos. En competencia con otros niños, su posición se confirma continuamente, y la expresión externa de emociones efervescentes multiplica sus problemas. De hecho, tienen dificultades para hacer uso del ordenador defectuoso que poseen, porque este, además, resulta obstaculizado por la influencia continuada y subversiva del «no estar bien».

Su incapacidad para comportarse dentro una sociedad basada en la comparación y la competencia les creará, a veces, conflictos que requerirán asistencia institucional. Pero su turbulencia emocional continúa atormentándoles, a ellos y a los que los rodean. La eficacia de la psicoterapia en el caso de los niños con retraso es objeto de grandes debates. En la literatura psiquiátrica apenas se habla de su tratamiento y se han hecho pocas pruebas de tratamiento en grupo. Las técnicas tradicionales empleadas en la mayoría de los programas residenciales incluyen un ligero control paterno, la estructuración del tiempo, la evitación de una competencia excesiva y una oportunidad para lograr éxitos relativos en trabajos que el niño sea capaz de realizar. Esas técnicas han logrado éxitos razonables en lo referente a proporcionar una vida segura y, a veces, dichosa para estos niños. Pero esas técnicas han partido generalmente de conciliaciones Padre-Niño, de muy limitada eficacia a la hora de ayudar al pequeño a desarrollar un dominio interior mediante el fortalecimiento de su Adulto. La agotadora tarea –y que consume grandes cantidades de tiempo– de resolver episodios emocionales siempre ha constituido un problema para el personal de las residencias.

En Sacramento se inició en enero de 1966 un nuevo programa de enseñanzas del sistema Padre-Adulto-Niño para niños con retraso, a cargo del pediatra Dennis Marks, director de Laurel Hills, centro residencial, recientemente inaugurado, para personas con retraso, con capacidad para un centenar de internados. Marks, miembro de la junta de directores del Instituto de Análisis Conciliatorio, llegó a pensar que, puesto que el sistema Padre-Adulto-Niño es algo tan fácilmente comprensible, se podría enseñar a los residentes de su centro. Las edades de estos van desde los seis meses hasta los cuarenta y siete años, y representan toda la gama de gradación en el retraso mental. Los asistentes a los grupos de Padre-Adulto-Niño poseen un cociente de inteligencia que ronda entre treinta y setenta y cinco. Una tercera parte de ellos presentan defectos físicos profundos, y muchos desórdenes convulsivos. Un tercio de los residentes acuden por iniciativa propia, y los dos tercios restantes proceden de organismos públicos como los departamentos de beneficencia y, algunos, de los tribunales de menores, de modo que llegan de casas particulares, de hospicios, e incluso de hospitales del estado o de correccionales. En cuanto a la edad cronológica, la mayoría tiene más de diez años y menos de veinte, aunque también hay jóvenes adultos.

La presencia de niños irremediablemente impedidos exige que no se permita la entrada a aquellos que no puedan dominar su comportamiento agresivo. El carácter abierto de las sesiones requiere también la exclusión de niños que sean extremadamente destructivos, gravemente antisociales o que hayan intentado fugarse. A pesar de todo eso, el resultado es un conjunto de chiquillos extremadamente activo y ruidoso al que el sistema otorga una considerable libertad.

Los dos problemas más urgentes, por tanto, consisten en calmar al niño gravemente agitado e impedir que alguno se escape. En estas dos situaciones, Marks informa de los considerables éxitos conseguidos a través del uso del análisis conciliatorio.

El grupo de treinta jóvenes (empleamos el término jóvenes para incluir toda la gama de edades) se reúne una vez por semana en una espaciosa sala del centro. Se sientan en círculo, o, mejor, en dos círculos concéntricos, desde los cuales pueden ver perfectamente a Marks y la pizarra. El contrato (término que aceptan perfectamente) reza: «Estáis aquí para aprender el sistema Padre-Adulto-Niño, que nos ayudará a comprender cómo funcionan las personas para que podamos aprender a dedicarnos a pasatiempos y actividades agradables». En primer lugar, el grupo se inicia en los fundamentos del sistema Padre-Adulto-Niño, la identificación de las tres partes de la persona, representadas por tres círculos: Padre, Adulto y Niño. Marks ayuda a los niños a identificar «qué parte está hablando» cuando un miembro del grupo formula una declaración. Por ejemplo, pregunta al grupo: «¿Quién está hablando ahora? ¿Es el Padre de John, su Adulto o su Niño?». De esta manera aprenden también a identificar palabras. «Si miráis una fruta que está pasada y decís "está mala", eso es Adulto. Si miráis una pintura que alguien está dibujando, y no os gusta, y decís "es malo", eso es Padre. Es una crítica, y estáis formulando un juicio. Si entráis corriendo en la sala de juegos, llorando y gritando que "todo el mundo es malo conmigo", eso es Niño». De esa forma los muchachos aprenden rápidamente a identificar las palabras y las acciones. Lo encuentran satisfactorio y lo consideran una experiencia que les ayuda a reconocer que tienen un Adulto, o un ordenador.

Esta otra palabra, «ordenador», resulta también tranquilizadora para los niños. El hecho de que comprendan que su Adulto es como un ordenador permite hablarles del retraso mental, tema que raramente se menciona en la mayoría de las instituciones. Marks presenta la cuestión al grupo de la siguiente manera:

Hay personas que tienen un ordenador de un millón de dólares, y otras que lo tienen de diez mil dólares, pero eso no debe preocuparnos. Lo importante es descubrir el mejor modo de utilizar el ordenador que nos ha tocado en suerte. Al fin y al cabo, para ser amable con los demás o para hacer un buen trabajo no se necesita un ordenador de un millón de dólares.

Detrás de todo el programa subyace la afirmación a menudo repetida de «yo estoy bien, tú estás bien». Al principio y al final de cada sesión, los jóvenes la repiten al unísono y esta se convierte en una llave o un interruptor que apaga las emociones y pone en marcha al Adulto en su vida cotidiana. Se les ayuda a comprender que las comparaciones son propias del Niño. Marks explica:

El Niño desea decir: «El mío es mejor» y «Yo tengo un ordenador mejor que el tuyo». Esta es una de las formas que tiene para sentirse mejor. Es el Niño quien se preocupa de quién es más listo. Pero el Adulto comprende que si ser listo o inteligente fuera lo más importante en la vida, en el mundo serían muy pocas las personas felices; tan solo el mejor pintor, el mejor matemático o el mejor músico, y todos los demás serían desdichados por el hecho de no ser tan buenos. El grupo comprende ese enfoque, y lo acepta con gusto.

En cuanto al problema de dominar o controlar el comportamiento agresivo, Marks asegura que los niños agitados pueden calmarse en dos o tres minutos. Explica que la tarea fundamental se confía al grupo. Se presentan tres modos de dominio o control: los del Padre, el Adulto y el Niño, respectivamente. Primero, pide a un niño que se levante y le ordena que finja que va a pegarle. «Entonces, le agarro el brazo y se lo sujeto –dice Marks– y pregunto al grupo cómo estoy dominando o reprimiendo a Joe». Todos reconocen que, cuando me limito a impedir que pegue, mi gesto es de Adulto. Después, Marks finge que va a devolver los golpes al niño, y, entonces, el grupo identifica inmediatamente al Niño en su actitud. Finalmente, coloca al joven sobre sus rodillas y finge que se dispone a pegarle una paliza, lo cual es interpretado en el acto como un gesto del Padre. Marks explica a continuación cómo se aplica esa comprensión a los problemas relacionados con el dominio de las emociones:

Un día entré en una sala donde había tres personas sujetando a un joven que se hallaba tremendamente agitado, temblando de ira y luchando por liberarse y golpear a todos los que le rodeaban. Era un muchacho con un C. I. de 50, que, generalmente, se mostraba simpático y agradable. Me acerqué a él y lo rodeé fuertemente con mis brazos para dominarle. El joven temblaba y gritaba: «¡Suéltame, suéltame!». Al cabo de unos veinte segundos, le dije:
—Veamos, Tom, ¿cómo te estoy dominando? ¿Con el Padre, el Adulto o el Niño?
—¡Con el Padre! –chilló.
—Sabes muy bien que no es así, Tom –le dije–. No te estoy pegando. Eso sí sería propio del Padre. Y no estoy luchando contigo. ¿Qué sería en este caso?

—Sería del Niño —dijo.

—Así pues, ¿cómo te estoy dominando, con mi Padre, mi Adulto o mi Niño?

—Con tu Adulto —contestó Tom.

—Muy bien, Tom, perfecto —dije—. Ahora vamos a enseñar a esos amigos lo que sabemos hacer. Dame la mano y diremos lo que decimos siempre. —Me estrechó la mano y murmuré—: Yo estoy bien, tú estás bien.

A continuación, entramos en la sala de la televisión, donde le sugerí que se uniera a los demás jóvenes que estaban mirando el programa.

Todo el episodio, desde el momento en que me encontré frente a un niño tembloroso, cargado de adrenalina y furioso, hasta que entramos juntos en la sala de la televisión, duró exactamente tres minutos. Todo el «truco» consistió en desconectar al Niño y poner en funcionamiento al Adulto, lo que se consiguió con la simple pregunta: «¿Cómo te estoy dominando?». No había manera de entrar en contacto con aquel amasijo de sentimientos de ira en ebullición, que era el Niño. En aquel preciso instante habría sido imposible averiguar la causa de su actitud. Mi objetivo, en aquel momento, consistió simplemente en modificar su comportamiento y poner fin al episodio. Mientras el Niño estaba en primera línea, era inútil razonar.

La actuación tradicional del Padre, frente a una situación como esta, habría llevado muchísimo más tiempo, y el Niño que está bien habría salido de la conciliación con el sentimiento agravado de haber sido «malo». En la actuación de Marks, por el contrario, se logró introducir un elemento de estar bien en forma del dominio por parte del Adulto, el logro del autodominio y la reincorporación a una actividad de grupo.

Los muchachos reaccionan con facilidad ante las imágenes de «enchufar al Adulto» o desconectar al Niño asustado o al Padre acusador (como se haría con un aparato de televisión).

Marks nos expone también un ejemplo relacionado con un caso de fuga. Es el caso de una tímida muchacha de dieciocho años, con un cociente intelectual de sesenta y ocho, que habla en voz muy baja y que, generalmente, tiene muy poco que decir. Cierto día, Marks entró en su cuarto y advirtió que la muchacha había hecho su maleta y se disponía a marcharse. Cuando la joven le vio, rompió a llorar y le dijo: «Ya no necesito seguir aquí. ¡Me marcho!».

La actitud paternalista habitual habría sido negar sus sentimientos diciéndole, más o menos: «Por supuesto que no te marchas. Anda, vete a comer con los demás. No te irás a ninguna parte. Y además, ¿qué medio de transporte pensabas utilizar?».

Esa actitud solo habría conseguido que su Niño se mostrara todavía más decidido, obstinado e irritado. Cuando el Niño toma el mando de una persona, es imposible razonar con el amasijo de sentimientos que la dominan.

Lo que hizo Marks fue sentarse en la cama de la muchacha y decir:

—Estoy seguro de que hoy no te sientes bien, Carolyn. Apuesto a que alguien ha puesto en marcha a tu Niño.

—Sí —respondió la muchacha en el acto.

—Vamos a ver, ¿qué ocurrió? —preguntó Marks.

—No me han dejado comprar un monedero —dijo Carolyn.

—Veamos —dijo Marks—. Ya sabes que quiero mucho a tu Niño que no está bien, pero ahora quisiera hablarle a tu Adulto. Así que... dame la mano y diremos «yo estoy bien, tú estás bien».

Así lo hicieron. Aquellas palabras y aquel gesto eran la clave que habían establecido entre ellos durante las sesiones semanales celebradas desde comienzos de aquel año. Entonces Marks pudo hablar al Adulto de la joven, y este reconoció que aquel día no había nadie en la casa que pudiera acompañarla a comprarse el monedero que deseaba, y que tal vez pudiera ir al día siguiente. Una vez que el Adulto estuvo a cargo de la situación, todo fue fácil, mientras que hubiese sido imposible bajo el dominio del Niño. La joven deshizo sus maletas y los dos subieron al comedor. En total, habían pasado unos cuatro minutos.

—En ambos casos —comenta Marks— conseguimos lo que nos habíamos propuesto. Superamos el episodio emocional y enriquecimos nuestra relación. Me atrevo a afirmar que, después de un número suficiente de relaciones de ese tipo, durante unos meses o quizá años, esos muchachos podrán adquirir un pleno dominio de sí mismos y una capacidad para ordenar sus datos que les permitirán sentirse bien y obrar en consonancia.

En resumen, podemos decir que la solución a los problemas de los niños, cualquiera que sea la situación de estos, es la misma que se aplica a los problemas de las personas adultas. Debemos empezar por comprender que no podemos cambiar el pasado. Hemos de partir del punto donde estamos. Solo podemos separar el pasado del presente recurriendo al Adulto, que puede enseñarnos a identificar las grabaciones del Niño con sus temores arcaicos, y las grabaciones del Padre con su perturbadora reproducción de una realidad pasada. Los padres que han aprendido a hacer esto mediante la comprensión y la aplicación del sistema Padre-Adulto-Niño comprenderán que son capaces de ayudar a sus hijos a distinguir entre la vida tal como la observaron o se la enseñaron (Padre), la vida tal como la sentían (Niño) y la vida tal como es realmente y como puede ser (Adulto). Y descubrirán que ese mismo procedimiento será todavía de mayor valor durante la etapa de cambio que se les avecina, los años de la adolescencia, que se examinarán en el capítulo siguiente.

10

EL SISTEMA PADRE-ADULTO-NIÑO Y LOS ADOLESCENTES

Si quieres conversar conmigo,
define tus términos.

Voltaire

Cierto día, un joven de dieciséis años, miembro de mi grupo de adolescentes, contó el siguiente incidente: «Estaba en la esquina de la calle y el semáforo estaba rojo. Mi Padre me dijo que no cruzara, y mi Niño me aconsejó que cruzara ya, sin cuidado; y mientras estaba pensando en lo que debía hacer, la luz se puso verde».

Así son los años de adolescencia. Los jóvenes, entre los diez y los veinte años, se enfrentan a grandes y pequeñas decisiones. Y, sin embargo, parece que a menudo están obligados a esperar que las circunstancias decidan por ellos, ya que todavía no son realmente libres para hacerlo por sí mismos. Su cerebro se está acercando al máximo desarrollo. Su cuerpo está maduro. Pero, legal y económicamente, dependen de otras personas, y sus intentos de realizar acciones emancipadas chocan con frecuencia contra la evidencia de que no pueden realmente decidir nada. De modo que ¿para qué tomar buenas decisiones? Llegan a la conclusión de que lo mejor que pueden hacer es atravesar a la deriva los años de adolescencia y esperar la luz verde. En esas circunstancias, su Adulto no se desarrolla. De pronto, cuando la ley los emancipa, se sienten perdidos, no saben qué quieren, y muchos de ellos pasan el tiempo esperando que ocurra algo, que surja alguien que, de un modo u otro, los «ponga en marcha». Y sin embargo, a esa edad, ya han dejado atrás una cuarta parte de su existencia.

A causa de las presiones externas e internas, las conciliaciones de los adolescentes a menudo caen en las viejas fórmulas Niño-Padre. En esta etapa, los sentimientos del Niño se reproducen de un modo enormemente simplificado a medida que las hormonas entran en juego y el adolescente se aleja de sus padres como fuente principal de «caricias» o satisfacciones para acercarse a los de su misma edad en busca de «caricias» o satisfacciones de otro tipo. Las grabaciones del no estar bien se reproducen con una frecuencia creciente, pero las técnicas aprendidas en la niñez para minimizar este no estar bien pueden resultar peligrosas en este momento. La seductora agudeza de la niña pequeña ahora debe ser sometida a vigilancia, como precaución contra nuevas situaciones externas e internas. La jactancia de «el mío es mejor» del niño debe modificarse en nombre de la cortesía y la buena educación, a medida que el adolescente aprende el doloroso proceso del dominio de sí mismo. Hay que reaprender y revisar la comunicación. El adolescente es empujado al escenario con un nuevo papel en la mano, que ni siquiera ha podido leer antes, y, al principio, los versos no le salen muy bien. Es como un avión lanzado a toda velocidad entre dos capas de nubes convergentes. Debajo, y ascendiendo a buena marcha, están las hirvientes nubes de los instintos sexuales y de la lucha rebelde por la independencia; arriba, se ciernen las pesadas nubes de la ansiedad y la desaprobación de los padres. El adolescente siente que las dos capas de nubes se van juntando y busca desesperadamente un claro.

La principal dificultad radica en que él y sus padres con frecuencia todavía actúan conforme a las cláusulas del viejo contrato Padre-Niño. El adolescente se considera ya desarrollado, pero todavía siente como un niño. Los padres pueden sugerir una acción que consideran perfectamente razonable, y sentirse frustrados, burlados y heridos por la furiosa oposición del hijo, que «pone en marcha» su Niño. A menudo el problema radica en que el adolescente confunde a su padre externo con su Padre interno. No puede oír a sus progenitores de ahora, porque en él se reproducen las viejas grabaciones de los que tenía a los tres años, con los cachetes, las miradas de horror y los retumbantes «noes» de aquellos primeros años de infancia. El estímulo externo suscita, simultáneamente, reacciones en el Padre, el Adulto y el Niño del adolescente. La cuestión es: ¿cuál de ellos se encargará de la conciliación? A lo largo de la infancia, el Niño es activado continuamente, aunque en esa edad existan, dependiendo de los individuos, gran número de conciliaciones de Adulto. El Niño es extremadamente vulnerable, o susceptible de ser provocado, en esa época de la vida de gran intensidad emocional. Mientras que en el chiquillo las respuestas del Niño pueden ser justificadas como respuestas infantiles, esas mismas reacciones ahora resultan amenazadoras y desintegradoras para los padres. La puerta que un pequeño de cinco años cierra de golpe puede producir un estruendo terrorífico si la cierra un muchacho de quince años, de metro ochenta de estatura. En la joven quinceañera resulta irritante y desagradable el malhumor de la niña pequeña. Lo que, en la infancia, pudo verse como una tendencia a imaginar cosas en la adolescencia se convierte en el vicio de mentir. Las primeras grabaciones subsisten. Muchas de las técnicas de defensa del Niño persisten durante los años de adolescencia. Escribe Bertrand Russell, a este propósito:

Me habían prohibido tantas cosas que adquirí el hábito de engañar, en el que persistí hasta la edad de veintiún años. Para mí se convirtió en una segunda naturaleza pensar que, hiciera lo que hiciera, era más prudente ocultarlo a los demás, y no he llegado a superar del todo el impulso de esconder lo que estoy leyendo cuando alguien entra en la habitación. Solo a través de un gran esfuerzo de voluntad logro controlar ese impulso.[1]

El «esfuerzo de voluntad» es el Adulto. Él sabe identificar las viejas grabaciones. Sabe reconocer también la inadecuación y la ineficacia de la reproducción de estas en la adolescencia. Lo importante, pues, es mantener al Adulto ejerciendo el control de ese cuerpo que tiene el tamaño de un adulto, de modo que las realidades del presente sean prioritarias a las realidades del pasado.

El objetivo central del tratamiento consiste en liberar al Adulto del adolescente y al de sus padres para que pueda establecerse entre ellos un contrato Adulto-Adulto. Sin un Adulto emancipado, la vida constituye una atadura insoportable para ambas partes. El problema del adolescente reside en que en su interior hay un Padre fuerte y perturbador, y se ve obligado a vivir dentro del marco en que se desarrolló ese Padre, donde este es fortalecido por los padres externos. A medida que sus progenitores se van sintiendo más amenazados y temerosos, recurren, cada vez más a menudo, a sus propios Padres en busca de soluciones de Abuelo, que pueden resultar tan poco adecuadas como intentar alimentar el motor de un avión de propulsión con heno. Tanto los padres como el adolescente se sienten tan amenazados que sus Adultos quedan fuera de juego. El primero expresa sus sentimientos de Niño con actos, y los segundos, temiendo dejarse arrastrar por sus sentimientos, suelen confiar el mando de las conciliaciones al Padre (abuelo y abuela). Sin contrato Adulto-Adulto, deja de existir una realidad común, y cesa toda comunicación.

Siempre he sentido una gran admiración por la ceremonia hebrea del Bar Mitzvah, que es el establecimiento simbólico y público de un nuevo contrato, o una declaración de lo que padres e hijos esperan unos de otros. Al cumplir los trece años, el joven judío se convierte en un hombre judío que asume su responsabilidad y sus deberes religiosos. Y no lo hace sin previa preparación. Se trata de una meta fijada mucho tiempo atrás, y el joven ha sido preparado para aceptar la responsabilidad mediante una disciplina y un entrenamiento rigurosos prescritos en la ley hebrea. Es una lástima que esa ceremonia no alcance a todos los adolescentes por igual. Sé de una familia no judía que cuando su hijo cumplió los catorce años celebró una ceremonia similar en su hogar. Se informó al muchacho de que, a partir de entonces, él era responsable de sus decisiones éticas. El joven adolescente aceptó gravemente esa responsabilidad, aunque manifestó cierta preocupación por las posibles consecuencias. En ese caso, todo salió bien, porque el joven estaba preparado para su nueva responsabilidad. Se le ayudó desde niño a tomar decisiones éticas, y tuvo la ocasión de observar cómo sus padres las tomaban sobre la base de sus valores éticos.

A menudo se pregunta a los adolescentes: «¿Qué piensas ser de mayor?». Es difícil reflexionar de un modo creativo sobre esta importante cuestión si el ordenador está ocupado continuamente con la cuestión inacabada de «lo que he sido». Mirra Komarovsky utiliza la alegoría de...

> ... unas personas que viajan en un autobús cuyos asientos, incluido el del conductor, miran hacia atrás. Eso simboliza, de alguna forma, los viajes de las personas a través de la vida. Pero podría decirse que describe aún mejor los viajes del estudiante que, al mismo tiempo que hace acopio de gran cantidad de datos académicos, debe a menudo, en lo referente a su desarrollo emocional, mirar hacia atrás y no hacia delante.[2]

Si este pasado es comprendido y se ha archivado, el ordenador, lejos de verse ocupado continuamente con los viejos datos, estará libre y podrá encargarse de la realidad presente. Entonces, el adolescente viajará en un autobús cuyos asientos miren hacia delante, y así podrá elegir libremente, ver hacia dónde se dirige y tomar decisiones acerca de la dirección que desea seguir en lugar de aceptar con fatalismo una ruta que jamás eligió.

Entre mis pacientes cuento con varios grupos de adolescentes, que se reúnen cada semana. Los padres también tienen la oportunidad de reunirse algunas noches. El problema central es el de la comunicación. Las conciliaciones cruzadas, repetidas una y otra vez, han terminado, en muchos casos, reduciendo la conversación a frases como «pásame la sal» o «necesito diez dólares para el fin de semana». El primer paso en el tratamiento consiste en enseñar a los adolescentes y a sus padres el lenguaje y los conceptos del sistema Padre-Adulto-Niño. Este actúa como un eficaz instrumento de selección que lleva el orden al amasijo de sentimientos caóticos e imposiciones paternales que existe tanto en los adolescentes como en sus padres. En estos últimos, hay una mezcla de miedo, culpabilidad, incertidumbre y buenos deseos. En los chicos hay una mezcla de los mismos ingredientes. Si se les ofrece un lenguaje apto para explicarlo, descubrirán que tienen muchas cosas en común; concretamente un Padre, un Adulto y un Niño. Uno de los descubrimientos más sensacionales para el adolescente es el de que sus padres tienen un Niño, con grabaciones tan dolorosas como las suyas. Con este nuevo lenguaje, el mar de las perturbaciones empieza a sosegarse. Uno de mis pacientes adolescentes decía: «Es genial poder hablar de ideas en casa, y no solo de personas y de cosas». Otro afirmaba: «Lo realmente bueno del sistema Padre-Adulto-Niño es que eleva nuestras relaciones por encima del Yo-Tú y las amplía dividiéndolas entre seis personas». En muchas familias, los miembros que las componen parecen prisioneros unos de otros. El adolescente se dice: «No puedes huir de tus padres porque no tienes a donde ir». El padre dice: «Si mi hija fuera mi vecina podría quererla, pero no puedo soportar vivir con ella en la misma casa». Mediante el sistema Padre-Adulto-Niño se puede hablar de todo eso como de una enfermedad común, compartida, y cabe realizar esfuerzos conjuntos para hacer de la familia no solo un grupo soportable con el que vivir, sino un grupo de convivencia agradable e interesante.

Sin embargo, no siempre es fácil convertir a una familia que es un campo de batalla en un ejemplo de tranquilidad hogareña. Hay adolescentes que no renuncian fácilmente a su juego de «toda la culpa es suya», ni siquiera cuando alcanzan cierto grado de comprensión de cómo funciona ese juego. También los padres tienen tendencia a aferrarse al «con todo lo que yo he hecho por ellos». Cuando la situación familiar es particularmente tormentosa y hostil, una manera eficaz de hacer sonar la alarma para poner fin a los juegos consiste en hospitalizar al adolescente durante un breve período de tiempo, una semana por ejemplo. Esto no solo subraya el hecho de que algo funciona mal en la familia, sino que saca al adolescente del hogar que provoca a su Niño y lo sitúa en un medio favorable para la actividad de su Adulto. Entonces puede empezar a aprender. Al mismo tiempo se enseña el sistema Padre-Adulto-Niño a sus progenitores y se les aconseja que se unan a un grupo de padres. Cuando el adolescente sale del hospital, se une también a uno de los grupos de externos para continuar el tratamiento.

Por desgracia, a veces el tratamiento tiene un mal punto de partida, dada la forma en que el adolescente ha sido obligado a someterse a él. Un joven decía: «Me metieron a la fuerza en este grupo, y eso provocó a mi Niño que no está bien. No supe que iba a venir hasta esa misma mañana. Nos traen aquí porque somos malos; pero luego vosotros nos enseñáis el sistema Padre-Adulto-Niño y nos sentimos mejor. Sin embargo, cuando volvemos a casa se burlan de nosotros o nos hacen sentirnos incómodos. Cuando intento explicar lo que pienso, mi padre me interrumpe y me dice: "Déjate ya de ese cuento del P-A-N y haz lo que te digo". Me sentiría mucho mejor, realmente, si viera a mis padres interesados y aprendiendo lo que estamos aprendiendo nosotros. ¡Si por lo menos no volvieran a lo mismo de siempre!». En un principio, los padres de ese chico no asistían a las reuniones del grupo de padres, pero, finalmente, se los convenció de la necesidad de hacerlo y quedaron impresionados por la rapidez con que mejoraron las relaciones con su hijo.

Algunas de las formulaciones más brillantes proceden de mis adolescentes. Es como si en el grupo funcionaran ocho o diez ordenadores ávidos de extraer nuevos significados de los datos. Por ejemplo, durante una sesión, uno dijo: «Yo creo que al Padre le interesa más la institución del Padre que el individuo. Solo el Adulto es capaz de comprender que mi Niño tiene sentimientos que también son importantes». En otra ocasión, otro declaró: «Yo creo que la parte que piensa en nosotros es más tardía. La parte sentimental llegó primero. "Yo siento" es algo más acaparador que "yo pienso". Podemos librarnos del "yo pienso", pero el "yo siento" compromete a todo el ser». Y otro dijo: «Solo mi Adulto puede honrar a mi padre y a mi madre; mi Niño es demasiado loco».

Muchos padres temen confiar las decisiones importantes al Adulto de sus hijos adolescentes. Un padre de una adolescente decía: «Cuando la niña tenía cinco años y jugaba con una navaja, tenía que quitársela de las manos. Ahora la veo jugar con otro tipo de navaja, y ¿tengo que decirle "adelante, juega con ella"?». La diferencia reside en el hecho de que a los cinco años la niña no estaba en posesión de los datos necesarios para comprender plenamente las posibles consecuencias de cortarse con la navaja. Pero, a los catorce posee, o puede poseer, datos suficientes para comprender toda clase de consecuencias, es decir, en el supuesto de que los padres se hayan encargado, durante los años precedentes, de darle a conocer los valores, las realidades, la importancia de la gente y su propio valor.

La confianza en el Adulto es la única manera constructiva de hacer frente a las numerosas situaciones generadoras de ansiedad que el adolescente puede crear en el hogar. Si la hija llega a casa y declara compungida: «Estoy embarazada», probablemente hará saltar la aguja del sismógrafo del Padre-Adulto-Niño. El Padre de los padres surgirá, indignado y erigido en juez; el Niño llorará (otro fracaso), se enojará («¿cómo has podido hacernos eso?») y se sentirá culpable (porque el Padre interior castigará al Niño con su desaprobación). ¿Qué parte de los padres reaccionará ante la noticia que les da su hija? Si el Padre y el Niño permanecen ocupados, se puede suponer que el Adulto estará meditando qué es lo que hay que hacer. El Adulto puede determinar qué partes del Padre y del Niño pueden expresarse exteriormente con datos constructivos que contribuyan a aumentar los recursos de la hija frente a la difícil situación. Una de las aportaciones más eficaces a la fortaleza moral de la hija será que esta vea que sus padres luchan con sus propios sentimientos de desesperación y consiguen que el Adulto mantenga el control de la situación; un Adulto que planifica las decisiones que hay que tomar sobre la base de la realidad y del amor.

En los meses venideros, la muchacha necesitará una buena dosis de ese dominio. El Adulto puede ordenar todas las realidades: los sentimientos de los padres y de la hija, el dolor del diálogo interno de aquéllos y de esta, la poderosa reproducción de la grabación de no estar bien en los tres, la vergüenza sobre la familia que todos han de soportar, la dificultad de hacer lo que se debe hacer, la decisión en favor o en contra del matrimonio, la decisión a favor o en contra de la adopción... En resumen, todas las consecuencias.

En algunas familias se produce un trauma todavía más grave cuando la hija comunica: «Esta noche voy a salir con John. Es negro». El estigma social que pesa sobre los matrimonios interraciales suele ser mucho más grave que el que pesa sobre los embarazos de las solteras. Algunos padres han «resuelto» la situación vociferando: «¡Tú no vas a salir con ese tipo! Si me entero de que te han visto hablando con él, te parto la cara». En la cabeza de la joven, hay una serie de datos adquiridos: que John es el delegado de la clase, que procede de una buena familia, que irá a la universidad, y que, de hecho, es tan ideal como negro. El dilema se ve agravado por el hecho de que, en la escuela superior, han predicado a la muchacha acerca de la igualdad; la clase entera ha reflexionado sobre la manera de poner fin a los prejuicios raciales y ha condenado la hipocresía. Al dirigir la conciliación con el Padre, los padres han acentuado más profundamente la separación que existe entre la realidad y la percepción de esta. Pero hay otra forma de reaccionar, con el Adulto, que ve la realidad no como un enemigo sino como una parte esencial de la evaluación de lo que hay que hacer. Hay que ser una persona de una percepción y una integridad extraordinarias para conducir una relación multirracial Adulto-Adulto. El hecho es que muchos sectores de la sociedad todavía no las aprueban. Ni los parientes. Ni la mayoría de los miembros de las iglesias, a pesar de las declaraciones oficiales favorables. Algún día tal vez la gente las apruebe. ¿Posee la pareja un Adulto lo bastante fuerte para construir, en estas condiciones, una relación digna? Las hay que sí lo poseen. La única manera de enfrentar la situación es examinando de un modo realista sus consecuencias. Hay un riesgo, pero también se da la posibilidad de que exista un Adulto fortalecido, que sepa prepararse debidamente para una plena independencia.

Un ejemplo de la inadecuación de ciertos edictos paternos aparece en la cuestión del sexo fuera del matrimonio. Las banderas rojas del embarazo y la enfermedad venérea, agitadas con más o menos éxito por los padres a través de generaciones, han caído de sus manos, a causa de los descubrimientos de la ciencia. Existe todavía la consecuencia de llevar la vergüenza en la familia, aunque esto ya no es tan importante como lo fue en otro tiempo, puesto que, en la actualidad, muchos padres de los grupos más avanzados consideran la experiencia sexual fuera del matrimonio con una actitud más bien positiva. Ese tipo de experiencia se glorifica en la revista *Playboy*, en los anuncios, en las películas y, de hecho, en muchos aspectos del mundo de las personas mayores. La visión del Adulto puede ser completamente diferente si formula la pregunta siguiente: «¿Cuál es el resultado de ese comportamiento en las personas?». El reverendo Forrest A. Aldrich formula la cuestión en los términos siguientes:

Muchos jóvenes adoptan la actitud de que si dos personas están de acuerdo en tener relaciones sexuales, y ambas convienen en que no se trata de un compromiso duradero, y no se perjudica a nadie, no hay nada malo en ello. Lo malo es que algo que tiene un valor –el sexo– ha sido devaluado. Ha sido tratado de una manera indiferente e indigna de todo lo que podía obtenerse de él. Lo importante es vivir la experiencia sin riesgos. El pecado de las relaciones sexuales prematrimoniales no consiste en que se ha dado algo sino en que no se ha dado lo suficiente.[3]

No existen dogmas doctrinales salvo el mal de utilizar a las personas como cosas, aunque una de esas personas sea uno mismo. Si, a la larga, una unión transitoria conduce a la falta de estima hacia uno mismo y al fortalecimiento de la posición de no estar bien, eso significa que el sexo fuera del matrimonio solo ha proporcionado un alivio físico y no ha conducido al éxtasis continuado de dos personas que comparten una disponibilidad mutua ilimitada. ¿Cómo puede alguien hacer honor a esta relación de manera ilimitada cuando hay muchos otros que tienen un derecho preferente a su devoción? Por otra parte, muchas jóvenes confiesan que la experiencia les resulta desagradable y que no consiguen llegar al orgasmo: «Se supone que es algo estupendo –decía una chica–, pero no le veo la gracia». Cuando se preguntó a un muchacho si su amiga llegó al orgasmo, dijo: «Hombre, no se lo pude preguntar. No la conocía lo bastante». Las relaciones sexuales sin intimidad solo conducen a la pérdida de la propia estima. Lo cual también ocurre en el matrimonio.

Un libro espléndido, que examina todas las realidades sexuales a las que se enfrentan los adolescentes así como sus padres, es el del obispo James Pike, publicado con el título *Los adolescentes y el sexo*.[4] El punto central del libro es que la relación sexual entraña una responsabilidad ética:

No tratamos aquí de principios o códigos sino de los efectos directos que la decisión de una persona puede obrar en otras, para bien o para mal. Como ha señalado acertadamente el filósofo y teólogo Martin Buber, nuestra relación con Dios no es Yo-Ello, sino Yo-Tú. Por tanto, toda relación entre un ser humano y otro debería ser Yo-Tú: la norma moral fundamental es que no se debe tratar a las personas como si fueran cosas.

Cualquiera que sea la decisión en cada caso particular, lo importante es que esta sea tomada de manera responsable. El obispo Pike continúa:

A la larga, más importante todavía que lo que nuestros hijos e hijas hagan es cuál es su concepción del significado del acto sexual en sí: un sacramento, un signo externo y visible de una gracia interior y espiritual. El acto físico no solo expresa el compromiso espiritual y emocional de un hombre y una mujer; es también un medio a través del cual se fortalece este compromiso. Es algo bueno. Toda restricción del mismo que tenga alguna base, tanto desde un punto de vista absolutista como existencialista, debe partir de la premisa de que es algo bueno, tan bueno que no puede utilizarse en determinadas circunstancias. Si la restricción se basa en el hecho de que las relaciones sexuales son algo tan bueno, más que en la idea de que son algo tan malo, los jóvenes irán al matrimonio con una actitud mucho más completa, con muchas mayores probabilidades de encontrar la plenitud sexual en el matrimonio.

Subsiste un problema: ¿cómo lograr que ciertas ideas, como las que se acaban de exponer, formen parte de una conversación entre un adolescente y una persona mayor si estos se encuentran aislados por el silencio, la turbación, la desconfianza o la exasperación, por la negativa dogmática del adolescente a hablar de eso con sus padres? («¿Para qué? Ya sé con qué me saldrán»). La conversación que reproduzco a continuación, y que mantuve con una muchacha de quince años, constituye un ejemplo de cómo utilizar el sistema Padre-Adulto-Niño para hablar de ciertos problemas relacionales complicados, como el sexo, con que se enfrentan los adolescentes. En la época en que mantuvimos esta conversación, esta joven había asistido a cuatro sesiones de tratamiento individual y a ocho de tratamiento en grupo. La conversación tuvo lugar durante una sesión individual:

SALLY: Sabe usted, habla exactamente igual que un psiquiatra; bueno, claro, eso es lo que es usted; pero resulta tan «típico»...

DOCTOR: ¿Y te parece mal?

SALLY: Bueno, es como esos programas de televisión que detesto, esos programas de psiquiatría. Los odio. Y yo estoy hablando exactamente como la típica enferma. Bueno, eso es lo que soy, ya lo sé.

DOCTOR: ¿Por qué no hablas del sistema Padre-Adulto-Niño?

SALLY: ¡Oh, no podría! Hoy no podría. No lo sé utilizar; no lo utilizo ya. Todo lo que hago lo hago mal, muy mal.

DOCTOR: ¿Sabes lo que estás diciendo?

SALLY: No.

DOCTOR: Le estás diciendo a este tipo que hace las veces de psicoanalista: «A que no me cambia usted». ¿No es eso lo que estás diciendo?

SALLY: ¿Cuándo le he dicho yo eso?

DOCTOR: Bueno, es lo que se desprende de tus palabras. Te pregunto por qué no utilizas tu sistema Padre-Adulto-Niño, y me contestas: «No lo utilizo, no pienso utilizarlo, y apuesto a que usted no consigue que lo haga».

SALLY: No he dicho que no pensara volver a utilizarlo jamás; solo que hoy no iba a utilizarlo, que no me apetece. Estoy nerviosa, eso es lo que me ocurre. Llevo un par de días muy nerviosa.

DOCTOR: Así que hoy quieres jugar a los nervios.

SALLY: No, no quiero jugar a nada. Lo que quiero es un tran-
            quilizante más fuerte.

DOCTOR: ¿Quieres un tranquilizante más fuerte?

SALLY: ¿Por qué no? Necesito un tranquilizante más fuerte.
            No debí haber venido hoy; no quería venir.

DOCTOR: Quieres un tranquilizante más fuerte porque eres de-
            masiado perezosa para utilizar tu conocimiento del sis-
            tema Padre-Adulto-Niño.

SALLY: Lo utilicé, lo intenté, pero no tengo paciencia y...

DOCTOR: ¿Y qué?

SALLY: ¿Y qué? (Ríe). No fue muy divertido. Quiero decir que
            suelo tener muy mal genio, pero no lo tenía cuando salí
            del hospital.

DOCTOR: ¿Y no tienes más remedio que tener mal genio?

SALLY: Supongo que sí, y procuro dominarme, pero así es
            como soy.

DOCTOR: ¿Y lo echas todo a perder?

SALLY: No tanto como eso, pero me doy cuenta de que estoy
            poniéndome nerviosa, y cuando intento reprimirme
            todavía me siento peor. ¿Comprende? Odio todo eso,
            y hoy siento que odio a todo el mundo. Voy a dejar el
            tratamiento. Bueno, ¿verdad que eso suena a la típica
            enferma?

DOCTOR: Con una sonrisa... Me alegro cuando sonríes.

SALLY: Oh, sí, puedo sonreír hablando de eso... Estoy... Me
            estoy poniendo nerviosa. Pero ¿sabe usted lo que me
            pasa?

DOCTOR: ¿Qué?

SALLY: Si sonrío, después me río, y luego me pongo muy tras-
            tornada, y...

DOCTOR: ¿No puedes decirme qué es lo que te trastorna?

SALLY: ¡No!

DOCTOR: ¿No estarás a punto de llorar?

SALLY: Espero que no. No, no, estoy bien. Pero hoy estoy tras-
            tornada, lo sabía.., y odio todo eso. Así no vamos a
            ninguna parte... ¿Por qué no interrumpe usted mi tra-
            tamiento? Me limitaré a tomar las pastillas. ¿Qué es lo
            que me pasa, aparte de los dolores de cabeza y los pro-
            blemas de siempre...? ¿Cuál es mi problema?

DOCTOR: Que no quieres crecer.

SALLY: Eso me dijo usted una vez. Dijo que yo no quería cre-
            cer. Y no fue justo por su parte.

DOCTOR: Yo dije «crecer», en el sentido de que abras tu mente a
            ciertas ideas nuevas.

SALLY: ¿A qué ideas?

DOCTOR: El sistema Padre-Adulto-Niño.

SALLY: Abrí la mente al Padre-Adulto-Niño cuando estuve en
            el hospital. Y cuando volví a casa me sentía estupenda-
            mente bien.

DOCTOR: ¿Por qué no funciona hoy tu Adulto?

SALLY: No lo sé.

DOCTOR: Solo sabes decir: «Estoy nerviosa, no puedo, no debí
            haber venido hoy, es usted un viejo psicoanalista y yo
            soy una enferma».

SALLY: Bueno, eso es lo que somos hoy.

DOCTOR: Vaya, por fin dices algo real. Algo que procede del
            Adulto. Eso es lo que somos hoy.

SALLY: No puedo ser Padre-Adulto-Niño todos los días.

DOCTOR: Pues no sería mala idea. Yo lo soy.

SALLY: Me alegro por usted, pero yo no puedo en este momento.

DOCTOR: ¿No? ¿Por qué no?

SALLY: Porque estoy...

DOCTOR: A tu Niño le gusta mandar.

SALLY: Bueno, de vez en cuando sospecho que es así. No he
            utilizado el Padre-Adulto-Niño toda la vida, ni siquiera
            durante un año entero. No sé.

DOCTOR: ¿Cómo te va con tu padre?

SALLY: He estado... he estado portándome muy bien con mis padres.

DOCTOR: ¿Cómo está tu madre?

SALLY: Muy bien... Hemos estado muy cerca una de la otra, como nunca hasta ahora, y he sido cariñosa con los dos. He procurado ser la clase de hija que ellos deben de desear; porque, no sé, pero me está entrando como un complejo de culpabilidad... Comprendo que he sido un desastre...

DOCTOR: Bueno, vamos a dedicar sesenta segundos a eso, porque no veo que pensar en lo mala que has sido te conduzca a ninguna parte...

SALLY: Si sigo con esto del psicoanálisis, voy a pasarme la vida psicoanalizándome hasta el día del juicio final.

DOCTOR: ¿Tan malo sería?

SALLY: Pues sí.

DOCTOR: No lo sería si consiguieras algunas respuestas.

SALLY: No siempre se consiguen. Tengo un amigo íntimo que está casi loco, yo creo. No quiere ir al psicoanalista; le conozco desde hace años, y está tan fuera de la realidad que resulta patético, y se pasa la vida psicoanalizándose a sí mismo. Lee libros.

DOCTOR: ¿Es un adolescente?

SALLY: Sí.

DOCTOR: Bueno, eso de psicoanalizarse uno mismo sin herramientas... Pero tú cuentas con el Padre-Adulto-Niño para psicoanalizarte, y te dará las respuestas que necesitas.

SALLY: Aun así... Bueno, voy a decirle una cosa. Todavía no estoy segura de desear utilizar mi Adulto constantemente. Y eso que procuro usarlo la mayor parte del tiempo. A veces, simplemente, no quiero; es como una especie de batalla, es casi como ser perfecto, hacerlo todo correctamente en el momento oportuno. A veces resulta casi inhumano.

DOCTOR: Comprendo lo que quieres decir. Desde luego, ya hemos dicho antes que tu Niño es lo que te hace encantadora para los demás, así que no es que queramos deshacernos del Niño a patadas, pero digamos que el Padre, el Adulto y el Niño están siempre presentes. Es verdad que el Niño puede echar al Adulto y, entonces, las emociones se adueñan de ti, o el Padre echa al Adulto para tomar las riendas. Sospecho que el truco consiste en mantener «enchufado» al Adulto todo el tiempo, aunque esté dominando el Niño. Si el Niño quiere jugar, procuremos que el Adulto se asegure de que todo marcha como debe marchar, porque las chicas se meten en líos graves cuando el Niño toma las riendas y juega a juegos que son peligrosos. ¿No estás de acuerdo?

SALLY: Sí. Se refiere usted a ser provocativa, por ejemplo.

DOCTOR: Bueno...

SALLY: ¿A no saber cuándo hay que frenar?

DOCTOR: Sí, exacto, no poder frenar... Cuando el Adulto no puede decir «no» al Niño y frenarle, cualquiera de nosotros corre peligro.

SALLY: Se refiere usted a todo en general, y no solo a...

DOCTOR: Eso es. A todo. El Niño puede desear quedarse con algo que no le pertenece, o querer hacer uso de otra persona. El Niño puede desear manipular a otra persona.

SALLY: Por favor, no me hable así.

DOCTOR: A menudo he observado cómo los niños manipulan a las personas mayores.

SALLY: Yo lo hago. Y está mal. ¿No es verdad?

DOCTOR: Bueno, no sé si «mal» es la palabra adecuada, pero si manipulas o manejas a otras personas y eso las frustra, las inquieta o las trastorna, yo diría que es algo que no deberías hacer. O, si permito que me manipulen, voy a trastornarme. Si manipulo a los demás y no me doy cuenta de ello pero se revuelven contra mí, me trastorno. ¿Ves lo que quiero decir? ¿Y cuándo aprendimos a manipular a la gente o a dejarnos manipular? A los dos o tres años de edad.

SALLY: Es curioso que... Quiero decir que es curioso ver lo mucho que dura eso, porque yo solía manipular a mi padre y todavía lo hago ahora, algunas veces, en cierto modo. No sé, tal vez usted no lo llamaría manipular, pero yo... yo sí, vamos. Y él se dejaba... porque no sé lo que era, tal vez fuese... Yo le manipulaba, o tal vez no.

DOCTOR: Bueno, lo que hay entre tu padre y tú probablemente contiene ciertos elementos de manipulación, pero parte de ello es la felicidad que tu padre encuentra en su hija adolescente; ¿sabes?, goza viéndote feliz, viéndote hacer cosas y dándote cosas; eso forma parte del hecho de ser padre de una adolescente encantadora, pero tú puedes aprovecharte de su generosidad, ¿comprendes?, aprovecharte de sus sentimientos, y eso no es bueno ni para ti ni para él porque os conduce a una especie de enfrentamiento.

SALLY: Eso hacía yo.

DOCTOR: ¿Qué es lo que hacías?

SALLY: Me aprovechaba de él y me aprovechaba de sus sentimientos. Yo esperaba conseguir todo lo que quería, lo esperaba todo... Bueno, esperaba muchas cosas, y, sin embargo, él me quería mucho y yo no le dejaba ni tocarme si no estaba de humor. Me apartaba de él y a veces llegaba a la crueldad. En el hospital seguía igual, y, una noche, le dije algo horrible; mi padre iba a bajar en el ascensor y quiso abrazarme, supongo que para despedirse, y yo me aparté de él y le dije que no me abrazara. Entonces, creo que me eché a reír y le dije: «Te duele, ¿verdad?», como si realmente quisiera herirle, y él dijo: «Sí», y estuvo de acuerdo conmigo, y entonces me dolió.

DOCTOR: Entonces, ¿no le abrazaste?

SALLY: No.

DOCTOR: Fue una lástima, porque tu Adulto podía haber dejado que tu Niño lo abrazara, puesto que tu Adulto tiene el principio de que es importante no herir a nadie.

SALLY: Pero ahora procuro hacerlo, y si quiere abrazarme le dejo que lo haga. Yo no soy muy cariñosa, y me limito a dejar que me abrace. Aunque no dejo de demostrarle afecto.

DOCTOR: ¿No deseas corresponder a su abrazo?

SALLY: Bueno, ahora lo beso en la mejilla, le doy otras muestras de afecto, y me muestro cariñosa con él, y con mi madre hago lo mismo. Lo hago a propósito para demostrarles que los quiero. No es que finja del todo, porque, quiero decir que yo siento...

DOCTOR: Mira, el problema del afecto con el sexo opuesto estriba en que el Niño tiene miedo del sexo, como sentimiento o por lo que puedan pensar los demás. Tu Padre interno vigila a tu Niño, y tu Niño tiene miedo del sexo a causa del Padre interno, pero tu Adulto puede decir: «Oye, es perfectamente adecuado y completamente honesto que te muestres cariñosa con tu padre abrazándolo»; y si lo haces estás logrando que el Adulto domine al Niño.

SALLY: Pues lo hago.

DOCTOR: Estupendo.

SALLY: Lo he estado haciendo a menudo.

DOCTOR: Pero ya sabes que es un problema para las adolescentes.

SALLY: Pues no lo sabía.

DOCTOR: Lo es, realmente.

SALLY: ¿Sí?

DOCTOR: En eso entra una palabra trascendental: tabú.

SALLY: No veo por qué.

DOCTOR: ¿No? El tabú es algo que ha existido siempre, a lo largo de las generaciones. El afecto sexual es algo bueno, siempre que no haya lazos de sangre. Ese es un gran tabú. Pero esto debe exponerse abiertamente. Yo he comprobado que puedo ayudar a cualquier adolescente a comportarse cariñosamente y con absoluta naturalidad con sus padres si puedo conseguir que vea abiertamente los datos para que después pueda ordenarlos mediante el Adulto. No se puede ser afectuoso con el sexo opuesto, eso es lo que sabemos; pero es como si no fuésemos capaces de discriminar, de seleccionar. Una vez que el adolescente ha comprendido esto, es decir, ha «aireado» los datos del problema, ya es libre para mostrarse afectuoso a nivel del Adulto y del Niño; y el Adulto se ocupará del Padre. El Niño no debe temer nada del Padre, porque el Adulto está ordenando los datos de acuerdo con la realidad. Los datos del Padre son anticuados, como ya sabes. ¿A qué edad corresponden?

SALLY: A los tres años.

DOCTOR: Exacto, la realidad actual es totalmente diferente. Además, como sabemos los dos, tienes un padre muy guapo, y cuando os veo juntos y observo que él te mira, comprendo que eres el orgullo y la alegría de su vida.

SALLY: No lo soy. Soy tan mala que a veces resulto patética.

DOCTOR: Veamos, ¿por qué dices que eres tan mala?

SALLY: Porque lo he hecho tan desgraciado... Lo siento. Papá es tan atractivo...

DOCTOR: Bueno, probablemente le quieres tanto que... Una vez me dijiste que tenías que actuar así para mantener las distancias, para no intimar demasiado.

SALLY: Siempre hemos estado muy cerca; demasiado cerca; realmente, demasiado, demasiado cerca, la verdad.

DOCTOR: Bueno, eres su única hija.

SALLY: Sí, a veces papá, ¿sabe usted?, y eso también es de lamentar en cierto modo... No se trataba de los chicos, de veras. Tengo muchos amigos que son chicos, y hay en ellos algo que no me gusta, porque piensan mucho en el sexo y, generalmente, muchos de ellos cuando me miran, bueno, quieren algo de mí, y...

DOCTOR: ¿Y tú qué sientes?

SALLY: No me gusta mucho. No sé, no me gusta que me toquen, a menos que quiera que me toquen, y a los chicos les gusta tocar a las chicas y eso me molesta, y lo paso muy mal teniendo que decir que no. Sé decir que no, pero me asusto mucho. Por lo general me comprenden, pero si alguno no me comprende lo paso muy mal, así que tengo que andar con cuidado.

DOCTOR: Bueno, vamos a ver, siempre hay tres juegos de datos. El Niño quiere jugar, el Padre dice «debería darte vergüenza», «pórtate bien» o «ándate con cuidado»; ya sabes que el Padre tiene un montón de fórmulas para salir del paso en una situación de ese tipo. El Adulto tomará en consideración el hecho de que el Niño quiere jugar y que el Padre quiere regañar; el Padre tiene una larga lista de normas, pero la parte real con la que está en contacto el Adulto es esta: «¿Qué significa para ti, en realidad, la conciliación? ¿Qué sacas de ella? ¿Qué peligros entraña? ¿Qué riesgos? ¿Qué consecuencias?». Sin duda recuerdas las chicas del grupo que tuvieron problemas: estuvieron completamente ciegas a las consecuencias. Desde luego, ya sabemos que es el Adulto quien se ocupa de las consecuencias, mientras que al Niño no le interesan, el Niño solo quiere jugar. ¿Cuántas de esas muchachas que tuvieron problemas examinaron cuidadosamente las consecuencias antes de tomar la decisión? Ninguna. Hay otras que poseen un buen Adulto. Son unas pocas, las he visto por ahí. Muchas de ellas aprendieron aquí, en el grupo, a desarrollar su Adulto.

SALLY: En este sentido, es duro aprenderlo, pero eso, eso son valores morales. Los valores morales se suelen recibir de los padres, ese es mi caso. Y también se aprende de los demás, recíprocamente. Los adolescentes hablan entre ellos.

DOCTOR: De acuerdo, son valores morales, pero son realistas, son valores del Adulto, del tipo «no vayamos a perjudicarnos» o, si eres la persona más importante del mundo, y debes serlo para ti, en cierto modo, no querrás perjudicar a esa persona, por lo que no querrás ponerte en situación de perjudicarla, ¿comprendes?

SALLY: ¿Sabe usted qué hago yo?

DOCTOR: ¿Qué?

SALLY: Tengo tendencia a provocar; en realidad, los chicos solían decir de mí que era provocativa, y eso no está muy bien.

DOCTOR: Bueno, ¿qué querían decir con eso? ¿Que les provocabas deliberadamente?

SALLY: Bueno, algo así, con un gesto, una mirada o simplemente la actitud, o haciendo algo; a veces no me doy cuenta y a veces lo hago deliberadamente.

DOCTOR: Bueno, la cosa puede mirarse de dos maneras. Una de ellas es que eres bonita y atractiva y que tu compañía resulta agradable, lo cual es bueno; la otra es que te propones seducir, y eso...

SALLY: ...es malo y es lo que hago a veces.

DOCTOR: Bueno, ¿sabes dónde aprendiste a hacer eso? La seducción es un juego que las niñas aprenden a muy tierna edad porque les proporciona recompensas, así que lo aprenden muy pronto...

SALLY: ¿Cuándo?

DOCTOR: Papá mira a su muñequita, la niña coquetea y papá le da un caramelo o un juguete, y así recibe el premio por su coquetería.

SALLY: (Riendo). Puede que así lo aprendiera yo. Entonces, la culpa fue de mi padre.

DOCTOR: No hay culpa por parte de nadie; es un placer para el padre, y para la hija.

SALLY: Sí, pero no se puede jugar a ese juego con los demás...

DOCTOR: Bueno, resulta divertido, ¿no?

SALLY: Oh, sí.

DOCTOR: Aquí es donde el Adulto, si está al lado del Niño cuando este está jugando a seducir o a provocar, o como quieras llamarlo, tomará las riendas de la conciliación cuando el chico intente lanzarse...

SALLY: No se trata solo de chicos, sino también de hombres. Si un hombre me mira, a veces, me siento halagada, si no me mira con malas intenciones, y, realmente, a veces, casi siempre, deseo que me miren, y, sin embargo, cuando lo hacen, la mitad de las veces, o más de la mitad de las veces, me asusto, o no me asusto en el sentido corriente de la palabra, pero no volvería a mirarle.

DOCTOR: El hombre te está diciendo algo y tú le dices algo a él. El hombre te dice: «Oye, me gustas», y tú le dices: «Ya lo sé, pero no vas a salirte con la tuya». Así que estamos otra vez con lo de la manipulación, ¿comprendes? Te gusta jugar a la seducción o la provocación porque así consigues estampitas de colores. Así volvemos al tradicional intercambio de estampitas. Tú dices que eso te levanta la moral; pero, en realidad, no lo necesitas. Toda mujer emplea ese juego, que construye la imagen femenina, que levanta la moral femenina, pero el tipo que te da las estampitas de colores quiere algo a cambio, ¿comprendes? Y el Adulto debe estar preparado para eso Algunos de esos tipos tienen estampitas doradas muy atractivas, ¿comprendes?, de oro, con marco de encaje, y resulta realmente difícil resistírseles: altos, guapos, de hombros anchos... Pero lo único que se debe hacer, como estamos haciendo ahora, es poner las cartas boca arriba, y, cuando el Adulto haya ordenado todos los datos, tomar la decisión. Tú no tienes necesidad de llegar a ese extremo, como algunas chicas que lo hacen porque no tienen otra opción. Tú cuentas con un buen Adulto, y tienes la opción de jugar al juego hasta un punto determinado y poder decir después: «Bueno, encantada de conocerte, pero de aquí no paso».

SALLY: ¡Oh, qué miedo me daría!, no podría soportarlo, a menos que me ocurriera a la fuerza, porque me da miedo. No, no, no quiero llegar a eso.

DOCTOR: ¿Por qué te da miedo?

SALLY: No lo sé, pero me da miedo.

DOCTOR: Tal vez tenga que darte miedo para evitar que pierdas el control de tu Niño. Pero cuando hayas desarrollado tu confianza en tu Adulto lo tendrás todo resuelto, porque tu Adulto puede manejar todas las conciliaciones, y, aunque el Niño esté gozando con la conciliación, el Adulto vigilará, estará pendiente y eso te salvará.

SALLY: Veo que se acabó mi hora. Le veré cuando el grupo vuelva a empezar. Adiós.

DOCTOR: De acuerdo, y recuerda: «yo estoy bien, tú estás bien». (Fin de la entrevista).

En los terribles años de la adolescencia, cuando los jóvenes parecen hacer oídos sordos a las palabras de sus angustiados padres, existe, sin embargo, una verdadera hambre de oír y de experimentar la seguridad del amor y la preocupación del padre y de la madre. El deseo de esa seguridad fue formulado impresionantemente, hace poco, por mi hija de cinco años, Gretchen. Cuando su madre llegó a la escena, Gretchen se estaba sosteniendo en un precario equilibrio, pasando la maroma por el estrecho borde de ladrillo de un arriate de flores. Su madre le dijo:

—Ten cuidado, que puedes caerte encima de las flores.

Y Gretchen dijo:

—¿Lo sentirías por las flores o por mí?

El niño de cinco años que hay en el adolescente formula la misma pregunta, solo que no lo hace con tantas palabras. Los padres que sean sensibles a esa demanda no formulada y que, a través de actos de amor, de preocupación, de autodominio y de respeto, sepan demostrar repetidamente que es por él por quien se preocupan, descubrirán que los años de adolescencia pueden aportar recompensas y sorpresas muy superiores a lo que podían esperar.

11

¿CUÁNDO ES NECESARIO EL TRATAMIENTO?

Solo pensamos cuando nos hallamos frente a un problema.

John Dewey

S i una persona se tuerce un tobillo, puede caminar cojeando y, muy posiblemente, se repondrá por sí sola de la torcedura. Incluso con la cojera, puede hacer cierto uso del tobillo torcido. Si se rompe una pierna, necesitará algo que se la inmovilice mientras el hueso se suelda. El primer problema es de simple dificultad; el segundo de invalidez. En el primer caso, las atenciones médicas habrían resultado útiles; en el segundo eran imperativas.

En lo referente a la necesidad de tratamiento para los problemas emocionales sucede algo parecido. El Adulto de una persona puede verse obstaculizado por viejas grabaciones del pasado, pero puede arreglárselas para superar las dificultades o resolver los problemas sin someterse a tratamiento. Aunque este le hubiese facilitado las cosas, consigue arreglárselas sin él. En otros casos, sin embargo, el Adulto se encuentra impedido hasta el punto de no poder funcionar, inmovilizado por la repetición de los fracasos o por la culpabilidad. A menudo aparecen síntomas físicos. Las madres no pueden actuar como madres, los trabajadores no pueden desempeñar su cometido, los niños fracasan en el colegio o la conducta de alguna gente llega a violar las leyes. Para esas personas el tratamiento es necesario, indispensable. Pero, en realidad, sería beneficioso para todo el mundo.

Todos los individuos pueden convertirse en analistas conciliadores. El tratamiento simplemente acelera el proceso. El tratamiento con el análisis conciliatorio o transaccional es una experiencia de aprendizaje a través de la cual un individuo descubre cómo seleccionar los datos que intervienen en sus decisiones. No se trata de un procedimiento mágico aplicado por un experto omnipotente. El terapeuta utiliza ciertas palabras para transmitir sus conocimientos y hace uso de sus propias conciliaciones con el paciente a fin de que este aprenda la misma técnica y la utilice. Un analista amigo mío dice: «Uno de los mejores analistas conciliadores que conozco es camionero». El objetivo consiste en hacer que aquellos que se someten a tratamiento se conviertan en expertos en el arte de analizar sus propias conciliaciones.

Existen formas de tratamiento analítico completamente distintos. Por supuesto, la idea que el público general tiene de ellos es diferente. Por esta razón, la decisión de acudir a un analista no se toma a la ligera. Muchos pacientes experimentan sentimientos desagradables ante la perspectiva de confiarse abiertamente a otra persona, aunque esta sea un «experto» o un profesional de la psiquiatría. Cuando el paciente cruza el umbral de la consulta por primera vez, a menudo se siente solo, asustado y avergonzado por un sentimiento de fracaso.

Aunque sea el Adulto del individuo quien lo conduzca a la consulta del psiquiatra, el Niño no tarda en imponerse, y pronto se crea una situación Padre-Niño. El Niño del paciente expresa sentimientos y se predispone a entablar relaciones con el Padre del analista en las primeras conciliaciones. Los psicoanalistas llaman a eso «transferencia», es decir, la situación provoca una transmisión de los sentimientos del pasado, cuando el paciente era un niño, al presente, en el cual el Niño del paciente responde de la misma manera que lo hacía en otro tiempo ante la autoridad del padre. Este tipo de conciliación única es muy común en la vida cotidiana, y algunos de sus elementos están presentes en todos los contactos con la autoridad, como, por ejemplo, cuando un policía de tráfico detiene a un conductor en la carretera. Los psicoanalistas sostienen que el paciente ha mejorado cuando ha logrado evitar ese tipo de transferencia de los sentimientos de su infancia. Cuando el análisis llega a ese punto, el paciente ya no tiene que seleccionar lo que va a revelar acerca de sí mismo. Dicho de otro modo, ya no tiene por qué temer al Padre del analista. En el psicoanálisis tradicional a eso se le llama «la superación de la resistencia».

En el análisis conciliatorio nos ahorramos gran parte de los efectos demoradores de la transferencia y de la resistencia gracias al carácter y al contenido de participación mutua que posee el sistema Padre-Adulto-Niño. El paciente no tarda en descubrir que se está relacionando en términos de igualdad con otro ser humano al cual ha recurrido en busca de ayuda, un ser humano que tiene interés en hacerle progresar inmediatamente en el conocimiento de sí mismo para que pueda convertirse cuanto antes en su propio analista. Si el paciente se ve obstaculizado por sentimientos de transferencia y de resistencia, discute directamente esos sentimientos con el analista, al comienzo de la primera sesión, una vez que ha trabado conocimiento sobre los conceptos de Padre, Adulto y Niño.

En mi ejercicio de la profesión, esta primera hora de sesión ha llegado a estructurarse de una manera determinada. La primera media hora, aproximadamente, la dedico a escuchar el relato que el paciente formula de su problema, y la otra media hora a exponerle las ideas básicas del sistema Padre-Adulto-Niño. Una vez que el paciente ha comprendido el significado de las palabras Padre, Adulto y Niño, se debate su problema utilizando ya el lenguaje que acaba de aprender. Esa conciliación «pone en marcha al Adulto», por emplear una de las expresiones coloquiales que abundan en el análisis conciliatorio, y el paciente, por lo general, siente el deseo de aprender más cosas al respecto. El Niño problemático no cede tan fácilmente, y puede insistir en reaparecer (resistencia) en las sesiones individuales siguientes o en los grupos de tratamiento. Cada vez que aparece el Niño se efectúa una interpretación Adulto-Adulto, señalando la naturaleza de la conciliación que tiene su origen en el Niño y poniendo de relieve la condición perturbadora de este en las conciliaciones del individuo en su vida cotidiana.

En su fase inicial, el análisis conciliatorio es, en esencia, un método de enseñanza y aprendizaje que tiene como objetivo determinar varios significados específicos como base para una exploración mutua de cómo el Padre, el Adulto y el Niño aparecen en las conciliaciones del presente. Ese método de establecer un lenguaje con significados específicos en la fase inicial es exclusivo, creo yo, de este tipo de tratamiento y es lo que provoca declaraciones que señalan un cambio, como «me siento mucho mejor» o «esto me da esperanzas», que se oyen con frecuencia al final de la primera sesión.

La sesión inicial incluye también un debate sobre el «contrato de tratamiento». Empleamos la palabra «contrato» en el sentido de declaración de lo que cada una de las dos partes espera de la otra: «Yo estoy aquí para enseñarte algo y tú estás aquí para aprender algo». Esto no implica una garantía de curación. Formaliza simplemente una promesa de lo que hará el terapeuta y de lo que hará el paciente. Si cualquiera de los dos se desvía de lo prometido inicialmente, habrá que revisar el contrato. El nuevo lenguaje, que conduce a la concreción, facilita ese diálogo. El paciente accede a aprender el lenguaje del análisis conciliatorio y a utilizarlo cuando examine sus conciliaciones cotidianas. El objetivo del tratamiento es curar el síntoma reconocido, y su método radica en la liberación del Adulto a fin de que el individuo pueda sentirse libre para elegir y crear nuevas opciones más allá de las influencias limitadoras del pasado.

DIAGNÓSTICO

Algunas veces, en el transcurso de la primera hora, el paciente pregunta «¿Cuál es mi diagnóstico?», con voz temblorosa, como esperando una sentencia de lo más alto. La pregunta es susceptible de crear una conciliación Padre-Niño, cosa que yo evito preguntando «¿Necesita usted un diagnóstico?», o bien: «¿De qué le serviría un diagnóstico?». Estoy convencido de que los diagnósticos psiquiátricos han hecho más mal que bien a la gente. Karl Menninger coincide conmigo: «Los pacientes no acuden a nosotros para que les peguemos una etiqueta condenatoria. Vienen para que les ayudemos. La gente puede recobrarse de los síntomas de una enfermedad mental, pero no se rehacen de una etiqueta».

En la tradición médica, el diagnóstico es un sistema eficaz de comunicación entre los profesionales. Este les ayuda a saber qué hay que hacer. Apendicitis aguda, bursitis, carcinoma del pulmón o infarto de miocardio, estos términos informan de una enfermedad específica y piden un tratamiento igualmente específico. En la práctica del psicoanálisis se ha continuado con la tradición del diagnóstico, pero en este caso no cumple, en gran parte, la finalidad original de comunicación. En el manual de la Asociación Americana de Psiquiatría hay mucho material sobre diagnósticos, y, salvo algunas excepciones, la información que comunican es tan vaga como los términos «Yo» o «Ello». Decir que una persona sufre una «neurosis crónica de ansiedad pseudoesquizofrénica, obsesiva-compulsiva y pasivodependiente» no nos dice gran cosa salvo que la curación va a llevar muchísimo tiempo. Afirmar que alguien sufre de esquizofrenia tampoco es decir mucho, puesto que no existe una definición clara de esta dolencia. Puede que para el enfermo resulte consolador saber que sufre una enfermedad tan extraña y difícil. Por otra parte, pocos terapeutas están de acuerdo sobre cuál es el tratamiento ideal para la esquizofrenia, ni siquiera acerca de cuál debe ser la unidad básica de observación. Así, los términos de diagnóstico como ésos carecen de sentido y sirven principalmente para dar respetabilidad médica a los esfuerzos psiquiátricos y para cumplir con las exigencias del departamento de historiales médicos del hospital. Toda palabra que no sirva para la comunicación está vacía y debe ser descartada. Al fin y al cabo, lo importante es lo que sabemos. Las palabras que oscurecen la verdad deben abandonarse en beneficio de aquellas que la comunican con sencillez y de manera exacta y directa; y la verdad acerca de cómo estamos constituidos es, en gran medida, lo que nos hace libres.

El lenguaje del análisis conciliatorio, las observaciones acerca de una unidad sobre la que se ha llegado a un acuerdo (la conciliación), y las definiciones específicas de Padre, Adulto y Niño hacen posible un nuevo modo de comunicación, lleno de significado y familiaridad, no solamente entre los médicos sino también entre los médicos y sus pacientes. Una persona dominada por el Padre y con un Niño bloqueado sabe cuál es la naturaleza de su problema y puede emanciparse del pasado sin necesidad de saber que lo que le ocurre es compulsivo-obsesivo y crónico. Cuando un miembro de un grupo insiste en conocer su diagnóstico («Entonces, ¿qué soy yo?»), suelo contestarle con una formulación que pueda comprender, basada en lo que yo sé de él gracias a haberle observado dentro del grupo, de este tipo: «Hay en tu Niño gran cantidad de no estar bien, con una contaminación bastante considerable del Adulto, que a veces te lleva a actuar inadecuadamente y ofrece a tu Padre, siempre al acecho, una oportunidad para castigar a tu Niño. ¿Dónde crees que se halla el origen de ese sentimiento de culpabilidad?».

Una excesiva preocupación por los síntomas puede resultar tan perjudicial como la necesidad de un diagnóstico. Nunca hemos llegado a comprobar que una correlación repetida de síntomas, como depresión, jaqueca, insomnio o dolores abdominales, consiga aliviar esos síntomas. En cambio, sí hemos podido demostrar que reduciendo los conflictos internos se consiguen grandes alivios en lo relativo a los síntomas físicos. El asunto clave es que los diagnósticos y los síntomas se prestan a la desdichada tendencia humana a los juegos o a la obsesión personal, como «el mío es mejor» o «nadie sabe lo que sufro». Si una persona tiene problemas en su existencia, cualesquiera que sean, y desea ayuda para resolverlos, cabe enseñarle el análisis conciliatorio para que examine sus conciliaciones cotidianas. De ese modo podrá descubrir las influencias del pasado remoto que se encuentran en el fondo de sus perturbaciones.

«¿Cuánto va a durar el tratamiento?» es otra de las preguntas que suelen formularse durante la primera visita. En muchos consultorios psicoanalíticos, por no decir en la mayoría, la respuesta a esta pregunta ha sido siempre, como mínimo, cautelosa. Pero siempre se ha dado a entender que el tratamiento durará bastante tiempo. Jerome D. Frank ha indicado que la idea que los pacientes se hagan de la duración de su tratamiento es un factor primordial para determinar el tiempo que se tardará en lograr resultados terapéuticos. Frank habla de dos grupos de pacientes con trastornos psicosomáticos similares que llegaron al mismo resultado, uno en seis semanas y el otro en un año, de conformidad con el tiempo que unos y otros esperaban en conseguir aquel resultado. Por mi parte, creo que la clave de ese tipo de previsión consiste en la comprensión de los resultados terapéuticos que se pretenden conseguir.

El objetivo de nuestro tratamiento se expone claramente a través del nuevo lenguaje recién aprendido, y así el paciente sabe qué es lo que está emprendiendo. Me gusta inducir a mis pacientes a considerar las limitaciones impuestas por las realidades del tiempo y del costo como un desafío, más que como una imposición negativa. A menudo les formulo lo siguiente: «Vendrás a las sesiones de grupo de los martes a las dos de la tarde, durante seis sesiones; luego veremos lo que se ha conseguido en ese tiempo». Si después de las seis sesiones el paciente desea continuar se le pueden asignar otras seis. Sabe que puede volver. La duración media de asistencia a los grupos es de veinte horas. Hay variaciones, por supuesto, que dependen de las diferencias individuales. Las personas nos diferenciamos en el Padre, el Adulto y el Niño. Y también son diferentes las dificultades que se presentan en nuestras situaciones vitales: problemas de pareja, trabajo insatisfactorio, falta de tiempo libre para distraerse, etc. Ha habido pacientes que han logrado el éxito en tres o cuatro sesiones, es decir, han conseguido liberar a su Adulto hasta el punto de poder empezar a diferenciar exactamente al Padre del Niño y a ambos de la realidad del mundo exterior.

Uno de los primeros indicios de esta capacidad de diferenciación surge cuando el paciente dice: «Mi Niño que no está bien estaba...» (o «está...»). El uso de esa expresión señala el logro de una separación comprendida, auténtica y real del Niño del paciente respecto de su Adulto, es decir, de una separación integrada e intelectual, interna y externamente, en su personalidad.

¿POR QUÉ EL TRATAMIENTO DE GRUPO?

El tratamiento de grupo es el método elegido para el análisis conciliatorio. ¿Es bueno o malo? ¿Es un tratamiento dentro de un grupo de «psiquiatría de baratillo»? Muchas personas reaccionan ante la palabra «grupo» como reaccionaron frente a la expresión «hombre vulgar» empleada por Franklin Roosevelt. ¿Quién desea ser vulgar? ¿Quién desea verse despersonalizado y reducido a una estadística o a ser un simple miembro de un grupo? ¿Qué sucede en los tratamientos grupales? ¿Qué ocurre en un tratamiento de grupo en que se utiliza el análisis transaccional?

Una de las impresiones más comunes es que, en el tratamiento grupal, la persona llega a expresar sus sentimientos, «sale de su sistema», dice a los demás lo que piensa de ellos, y ocurren cosas. En realidad, mucho de lo que se ha escrito acerca del tratamiento grupal ha dado pie a ese punto de vista. S. R. Slavson, uno de los precursores de los métodos del tratamiento grupal, escribía en su libro *La práctica de la terapéutica de grupo*:

El valor principal del grupo es que permite la expresión de los impulsos instintivos, la cual es acelerada por el efecto catalítico de los otros miembros. Hay menos cautela y más abandono en un grupo, donde los miembros encuentran apoyo unos en otros y donde el temor a la autorrevelación se ve reducido en gran medida. Como resultado de todo ello, los pacientes revelan más fácilmente sus problemas, y la terapéutica se acelera. Las defensas disminuyen, el ambiente de tolerancia del medio y el ejemplo ofrecido por los demás permiten que cada uno se «suelte», abandonando o reduciendo la restricción autoprotectora. Aunque los grupos reducen las defensas de los adultos, esto es aún más cierto en el caso de los niños y los adolescentes. La expresión libre y el hecho de «explicarse abiertamente» producen satisfacción. Al mismo tiempo, enfrenta a los pacientes con sus problemas desde el inicio del tratamiento. También se reducen las defensas frente a los ataques contra el amor propio. El clima amistoso del grupo y la aceptación mutua hacen que uno no sienta la necesidad de mostrarse a la defensiva. Todos tienen problemas iguales o parecidos y nadie prevé reacciones negativas. La situación «social» de cada uno está asegurada. No hay que temer ni revanchas ni desprestigios.[1]

En mi experiencia clínica no he podido comprobar la validez de la declaración que antecede. Permitir que el Niño tome las riendas, traduzca en actos sus impulsos instintivos y juegue al azar en el grupo es malgastar el tiempo y coartar los derechos y los propósitos de cada uno de sus miembros. Y si se permite que ese juego continúe, puede llegar a sabotear el contrato terapéutico del análisis conciliatorio. Hasta que cada miembro del grupo haya logrado por lo menos una liberación parcial de su Adulto, la autorrevelación o confesión resulta muy poco útil, o nada, para el objetivo de la curación de los individuos. El tratamiento solo puede acelerarse manteniendo al Adulto en primera línea. Solo este puede localizar al Niño o al Padre. Revelar problemas es una invitación al juego de «¿por qué no pruebas a...? Sí, pero...». Expresar los propios sentimientos y «hablar de ellos abiertamente» puede aportar satisfacción al Padre y al Niño, al igual que sucede en la vida cotidiana, pero en el grupo de tratamiento tales conciliaciones obstaculizan la comprensión y la adquisición de conceptos esenciales básicos para la consecución de un Adulto emancipado.

No hay magia alguna en la palabra «grupo». Puesto que, en su fase inicial, el análisis conciliatorio se centra en la enseñanza y el aprendizaje, el grupo ofrece manifiestamente varias ventajas por encima del sistema de diálogo tradicional del tratamiento individual. Todo lo que se dice en el grupo es visto y oído por los demás miembros: toda pregunta, toda respuesta, toda conciliación. Las múltiples y sutiles formas en que el Padre se revela en las conciliaciones deben ser identificadas y aprendidas. Las amenazas del Niño, tanto internas como externas, han de ser reconocidas en un sentido general, al principio, y, más adelante, se distinguen las características únicas y específicas del Niño de cada uno de los individuos del grupo. Hay en este una confrontación mutua de juegos, de realidades que «se viven», que es completamente diferente del «oído» exclusivista y permisivo de la terapéutica individual. En el tratamiento en grupo se observa a la gente en su medio natural, en contacto con otras personas, en lugar de estar solas, en un aislamiento que jamás puede reproducirse en el exterior. El beneficio primordial del análisis conciliatorio en grupo consiste en que se dirigen con mayor rapidez a la curación, a empezar a vivir, a empezar a ver y a sentir lo que es real, o a «crecer», cualquiera que sea la manera de expresar el objetivo del individuo que se somete a tratamiento. Al término de una interesante hora de tratamiento en grupo, uno de los miembros dijo: «Me siento como si midiera tres metros de estatura».

Antes de que examinemos esa ventaja primordial, sin embargo, tal vez resulte oportuno señalar el hecho de que el tratamiento en grupo aporta una solución al problema, unánimemente reconocido, del elevado coste del tratamiento individual y del desfase numérico que existe entre las personas que necesitan ayuda y las que pueden proporcionarla. Vivimos en una época en la que hay que sopesar las cuestiones de coste y tiempo; estamos inmersos en una sensación de urgencia, la urgencia de ayudar a personas en apuros, a mucha gente que tiene dificultades. Al buscar una solución, debemos examinar uno de los principales reproches que se formulan contra el tratamiento psicoanalítico: «Cuesta demasiado dinero y ocupa demasiado tiempo en relación a la incertidumbre del resultado que se consigue». No podemos rechazar esa crítica replicando que las personas que sostienen ese punto de vista no tienen una visión realista de las prioridades, como, por ejemplo, el individuo que se encuentra en un verdadero apuro y ve la solución a sus desórdenes emocionales en la compra de un coche de último modelo más que en la búsqueda del tratamiento que tanto necesita.

Actualmente son muchos los que, a pesar de reconocer la importancia de la salud mental, no poseen los medios necesarios para añadir la carga económica de un prolongado tratamiento psiquiátrico a su ya precario presupuesto vital. Dentro de esa categoría entran muchos miembros de la clase media, y todas las personas con escasos ingresos. ¿Es que la salud mental es para los ricos? ¿Debe considerarse el tratamiento psicoanalítico como un lujo, como escuché decir recientemente a un colega médico? ¿O es posible ayudar a mucha más gente por medio del tratamiento grupal? ¿Cabe considerar los cuidados psicoanalíticos como una parte tan importante del tratamiento como lo puede ser la cirugía de urgencia?

El doctor Leonard Schatzman, médico sociólogo del Centro Médico de la Universidad de California, completó en 1966 un estudio práctico sobre quince centros médicos, realizado durante un período de ocho años, en el que hizo especial hincapié en los psiquiatras y su personal. En un artículo que se publicó en ese mismo año en el *San Francisco Chronicle* observaba:

Ya no se consideran adecuados ni el antiguo modelo de tratamiento médico individual para los ricos ni el abandono de las masas económicamente desfavorecidas. Actualmente, los sectores de la población con menos ingresos exigen más bienes y servicios psiquiátricos. El psiquiatra psicoanalista permanece aferrado a su consulta, facilita un servicio personal a una clientela muy limitada y tiene que tratar con gente rica para cubrir el coste de su actividad. Bueno, malo o indiferente, el servicio es cortado a la medida del paciente, con gran orgullo y elegancia. Pero ¿quién compra trajes hechos a medida? ¿Quién cena regularmente en restaurantes para *gourmets*, con velas y vino? ¿Quién conduce automóviles de lujo?

El tratamiento de los individuos en grupo puede reducir el coste del tratamiento hasta el extremo de hacerlo asequible a la mayoría de las personas que viven de un sueldo. Por mi parte, además, la experiencia me ha demostrado que el tratamiento en grupo a través del análisis conciliatorio reduce su duración, lo cual contribuye a disminuir aún más el coste para el paciente. Hay todavía un tercer factor, basado en que el contrato de tratamiento y los procedimientos empleados son tan específicos que creo que podría incluirse dentro de los seguros médicos a gran escala. Si podemos contratar seguros para facilitar la instrucción de nuestros hijos, nada debería oponerse a que los aseguráramos también con un tipo especial de educación de la conducta.

Más importante que esas consideraciones, sin embargo, es el hecho de que, en mi experiencia, los individuos se reponen más rápidamente con el tratamiento grupal basado en el análisis conciliatorio que con el tratamiento individual. Por reponerse me refiero a alcanzar los objetivos formulados en el contrato fijado en la sesión inicial, uno de los cuales es el alivio de los síntomas que se manifiestan (por ejemplo, el deterioro del matrimonio, la fatiga, las jaquecas, el fracaso en la profesión, etc.) y el otro el aprendizaje del uso adecuado y eficaz del sistema Padre-Adulto-Niño. Una de las formas de medir la curación del paciente es comprobar si es capaz o no de explicar lo ocurrido en cualquier conciliación de modo que los demás miembros del grupo lo comprendan. Si alguien me dice que ha estado en tratamiento durante un largo período de tiempo y que le resultó muy útil, pero no puede contestar a la pregunta «¿qué ocurrió en el tratamiento?», no considero que haya logrado el dominio de sus propias acciones. Aquí es aplicable la máxima aristotélica según la cual «lo que se expresa se ha quedado impreso». Si un paciente puede expresar con palabras por qué actúa como lo hace y cómo ha dejado de actuar así, está curado, pues sabe en qué consiste la cura y puede utilizarla una y otra vez.

Una vez que un paciente ha aprendido los fundamentos del sistema Padre-Adulto-Niño, ve el grupo de análisis conciliatorio de un modo muy diferente a como le condicionaban a verlo su Padre y su Niño. Es posible que, en su infancia, se le enseñara que «no hay que lavar los trapos sucios delante de los demás» o que «no se deben revelar los secretos de familia». Esas órdenes aparecen como una cinta grabada en el Padre. El Niño, por otra parte, quiere «tener la palabra durante toda la hora», en un juego de «pobre de mí». El que se empeña en jugar a «confesión», «psiquiatría», «¿no es horrible?» y «toda la culpa es suya» pronto descubre que no hay en el grupo nadie que quiera jugar con él. La función del terapeuta es la de un maestro, un adiestrador, un guía, seriamente comprometido en la acción. El grupo es un centro de actividad, de participación y de movimiento en el que se aceptan de buen grado las risas que proporcionan una garantía contra cualquier tendencia a considerar la experiencia como «un asunto verdaderamente triste».

El objetivo de cada uno de los miembros del grupo de Padre-Adulto-Niño es claro, y se formula de manera concisa y fácil: conseguir la curación, por medio de la liberación del Adulto, de las influencias y exigencias perturbadoras del Padre y del Niño. El objetivo se alcanza enseñando a cada integrante del grupo a reconocer, identificar y describir al Padre, al Adulto y al Niño según aparecen en las conciliaciones del grupo.

Puesto que la característica principal del grupo es la enseñanza, el aprendizaje y el análisis, la eficacia del analista depende de su entusiasmo, de su capacidad como maestro y de su disposición a mantenerse atento a toda comunicación o señal que se produzca, ya sea verbal o de otra clase. Dentro del marco del grupo, el Padre aparece de múltiples y diversas maneras: el dedo índice que señala, las cejas arqueadas, los labios apretados, o a través de declaraciones de este estilo: «¿No estáis de acuerdo?», «Todo el mundo sabe...», «Dicen...», «Al fin y al cabo...» o «Voy a llegar al fondo de este asunto, ¡de una vez por todas!».

También el Niño hace su aparición de una manera fácilmente reconocible aunque diferente: llorar, reír, morderse las uñas, molestar, retraerse, ponerse sombrío..., además de todos los diversos juegos del Niño, como «pobre de mí», «¿no es horrible?» o «allá voy otra vez». Los miembros del grupo apoyan al Niño que «no está bien» de otros miembros, y, raras veces, lo acusan de reaccionar, como lo haría el Padre. Por el contrario, enfocan la cuestión con simpatía, diciendo, por ejemplo: «Veo que han herido a tu Niño; ¿cómo ha sido?», o bien: «¿Puedes decirme qué es lo que ha hecho reaccionar a tu Niño?».

A través de multitud de conciliaciones dentro del grupo, los pacientes empiezan a llenar rápidamente los baches en su conocimiento del Padre, el Adulto y el Niño de los demás. Se trata de una valoración de equipo, no de datos enterrados mucho tiempo atrás, sino de datos observables que se manifiestan abiertamente, en la actualidad, en las conciliaciones en que participan unos y otros. Pero el equipo está formado por participantes, y no por meros observadores, como en los llamados equipos de tratamiento. Pocos pacientes tolerarán el sistema de equipo, y pocos psiquiatras pueden justificarlo ante sus pacientes, dice Avrohm Jacobson, jefe de Psiquiatría del Jersey Shore Medical Center:

Las clínicas, sin embargo, continúan «valorando» a los pacientes a través del sistema de equipo. Se trata de un método de una duración cruel para el paciente, que entraña un ritual de acopio de datos por parte del especialista (Arqueología) y de pruebas efectuadas por el psicólogo, que aportan una contribución muy reducida a la impresión clínica del psiquiatra... El tiempo que tiene que emplear escuchando todos los informes –cuidadosamente reunidos durante varios meses– le sería mucho más útil si lo pasara en contacto directo con el paciente.

El autor se refirió a un viejo estudio de una clínica, que demostraba que la mayor parte del tiempo de la clínica se dedicaba al estudio de pacientes que nunca serían vistos en sesiones de terapia.[2]

En mi primera etapa de utilización del sistema Padre-Adulto-Niño, algunos pacientes se mostraban reacios a acudir a un grupo e insistían, según su interpretación de los métodos de tratamiento tradicionales, en que acudirían a mi consultorio para hacerme un relato privado y repetido de sus problemas. Su posición era la siguiente: «Yo le pago para que me escuche, y, de un modo u otro, algo saldrá de eso». Esa actitud ha cambiado en gran medida gracias a los buenos informes sobre la eficacia del tratamiento grupal. Últimamente, muchos acuden aconsejados por otros para integrarse en un grupo, o piden que se les permita integrarse en uno porque han oído hablar muy bien de ellos a un amigo. Los miembros de un grupo no se seleccionan según los diagnósticos. Los grupos tampoco se forman sobre la base de una similitud de síntomas, no solo porque no es necesario sino también para evitar el estigma que entraña el diagnóstico psiquiátrico. No es conveniente poner a todos los alcohólicos, homosexuales o niños con fracaso escolar en un mismo grupo, puesto que eso puede crear un ambiente de «todos son como yo», en el que el terapeuta sería la única excepción.

De este modo, el grupo puede incluir a enfermos que responderían a toda clase de diagnósticos tradicionales, y personas muy diferentes, desde aquellas de bajo índice de inteligencia hasta las que tienen estudios oficiales. Muchos «autodidactas» llegan a convertirse en excelentes analistas conciliadores. Gran parte de mis pacientes han tenido la oportunidad de ver cómo un miembro de su grupo caía en un episodio psicótico agudo (el Adulto destituido) y cómo salía de él, y también han presenciado la libre expresión de numerosas ilusiones (dominio del Niño arcaico). En el grupo, han observado y oído a individuos con alucinaciones describiendo el diálogo Padre-Niño que el paciente percibía como algo que le llegaba desde el exterior. Los pacientes que cuentan con un Adulto liberado no se sienten incómodos ante estas manifestaciones de perturbaciones mentales transitorias. Suelen mostrarse afectuosos y tranquilizadores, e ignoran las rarezas.

Mis grupos de análisis conciliatorio se reúnen una vez por semana, excepto los de hospital, que lo hacen diariamente. Una vez finalizada la estancia en el hospital, cuya duración es de dos semanas por término medio, el paciente ingresa en uno de los grupos de mi consultorio. Se enseña a los miembros del grupo a tomar precauciones contra la tendencia del Niño a establecer comparaciones: «Yo aprendo más deprisa que tú» o «Tú estás más enfermo que yo». Por consiguiente, los nuevos pacientes que entran en un grupo de «veteranos» parecen sentirse cómodos, y se adaptan rápidamente a las sesiones de análisis conciliatorio. El marco donde tienen lugar esas reuniones es confortable y con unas condiciones acústicas perfectas. Se puede oír hasta un suspiro. En la sala, la pizarra ocupa un lugar destacado, y se usa a menudo para trazar diagramas estructurales de la expresión simbólica de importantes formulaciones.

Hay personas que adquieren rápidamente la habilidad necesaria para identificar al Padre, al Adulto y al Niño, así como las formas en que estos intervienen en las conciliaciones. Otros necesitan más tiempo. Pero estos últimos, poco a poco, llegan a descubrir que su resistencia a aprender obedecía al Niño que no está bien, el cual estaba actuando bajo el peso de una vieja realidad en la que no se le daba permiso para pensar por su cuenta.

La comprensión de la existencia del Niño que no está bien es uno de los primeros y más importantes pasos en la comprensión del fundamento de la conducta. Marca el principio de la evaluación objetiva de la estructura de la propia personalidad. Una cosa es comprender eso académicamente, y otra muy distinta comprender esa realidad en uno mismo. El Niño que no está bien puede percibirse como una idea interesante. Mi Niño que no está bien es una realidad.

El contenido de las conciliaciones del grupo se relaciona generalmente con los problemas actuales de sus miembros. Lo que ocurrió ayer o la semana pasada constituye el punto de partida con mayor frecuencia que aquello que sucedió hace mucho tiempo. Los miembros aprenden a identificar y conocer a su Padre, su Adulto y su Niño a través de sus apariciones en las conciliaciones del presente. Esto es completamente diferente del tipo de datos que a veces nos imaginamos como procedentes de la investigación psicológica. En un discurso dirigido a la Asociación Americana de Psicología, en septiembre de 1967, el presidente de la Asociación, Abraham Maslow, afirmó que sus colegas, por lo general, son demasiado aficionados a amasar hechos triviales bajo la etiqueta de la investigación: «La información que reúnen es útil, pero tiende a ser trivial, tiende a ser un amontonamiento de pequeños sucesos... Demasiados psicólogos trabajan en temas tan específicos como el cuadrante izquierdo del globo ocular de una persona».[3]

El verdadero valor de la investigación en cualquiera de sus formas radica en la producción de información que permita a la gente cambiar. La modificación que se produce en las personas cuando su Adulto comienza a tomar las riendas no tarda en manifestarse dentro del grupo. Los miembros de la familia también lo advierten, y no es raro que esto conlleve algunos riesgos para el individuo. Un marido cuya esposa formaba parte de uno de mis grupos vino a quejarse: «¿Qué ocurre en ese grupo? Mi mujer parece más feliz, pero nuestro matrimonio va de mal en peor». En estos casos invito al otro cónyuge a una sesión individual en la que le explico los fundamentos del sistema Padre-Adulto-Niño. Por lo general, marido y mujer terminan ingresando en un grupo de matrimonios. Es casi axiomático que si un miembro de una familia ingresa en un grupo y empieza a cambiar, toda la familia se ve afectada por ello, puesto que se han alterado los modos de juego.

Así, por ejemplo, si «la oveja negra» de una familia empieza a abandonar ese rol, los papeles de los demás, particularmente de los hermanos, pueden confundirse, invertirse o alterarse de algún modo. Esto explica los resultados generalmente excelentes que se consiguen con la terapéutica conjunta familiar. En mis grupos de adolescentes, el contrato exige una participación equivalente de los padres. Uno de los temas de discusión que se repiten en esas reuniones grupales es «cómo se sabotea la terapéutica». Algunos padres, inconscientemente, socavan los esfuerzos del tratamiento porque en realidad no quieren renunciar a la relación Padre-Niño que, en su opinión, «ha funcionado tan perfectamente bien» en el pasado. Su posición de poder resulta amenazada cuando el adolescente empieza a actuar con su Adulto, y, a menos que los padres hagan lo propio, las conciliaciones serán cruzadas. Esa clase de progenitores consideran la autonomía de su hijo como una amenaza para el dominio que desean ejercer sobre él, y es posible que lo prefieran tal como era antes del tratamiento. A unos padres asustadizos, la desdicha familiar puede parecerles más llevadera que el riesgo de confiar a su hijo adolescente la tarea de aprender a dominarse a sí mismo.

Se alienta a los miembros del grupo a considerar sus vínculos con el exterior desde un punto de vista responsable y amoroso. Algunas relaciones existen en virtud de los juegos. Interrumpir esos juegos es poner fin a la relación, y esto no es siempre realista. Si las visitas a la abuela se han estructurado a lo largo de los últimos veinte años sobre la base del juego «¿no es horrible?», sería una muestra de falta de afecto dejar de visitar a la abuela porque uno ya no puede soportar ese juego. El Adulto puede elegir entre jugar, no jugar, modificar el juego para hacerlo menos destructivo o intentar explicar las razones que ayudan a las personas a renunciar a ciertos juegos. Al fin y al cabo, no podemos alejarnos de la especie humana, por más aficionada a los juegos que sea. Para que no nos domine el mal, debemos vencer al mal con el bien. Y nunca podremos hacer tal cosa si nos retiramos de todas las relaciones que son estructuradas sobre la base de los juegos.

De vez en cuando me refiero a las salvaguardas propias del sistema Padre-Adulto-Niño. Mientras escribo estas páginas, me encuentro rodeado de estantes repletos de volúmenes consagrados al tema general de la terapéutica. Buena parte de su contenido son descripciones repetidas y morbosas de las llamadas «enfermedades mentales», con discusiones «técnicas» minuciosamente detalladas acerca de los peligros que conlleva la terapéutica. Gran parte de ello tiene que ver con los llamados problemas de transferencia y de resistencia, tan importantes en el psicoanálisis. Con demasiada frecuencia esos escritos se ocupan de cómo proteger al terapeuta más que de cómo curar al paciente. En el psicoanálisis, el analista es el protagonista. En el análisis conciliatorio, el protagonista es el paciente. Las salvaguardas del sistema Padre-Adulto-Niño residen en su forma de participación mutua, a través de un lenguaje que constituye la base de las transacciones entre pacientes, y entre pacientes y terapeuta, para el examen consciente de todos los aspectos del comportamiento y de los sentimientos, independientemente de su naturaleza. En los grupos de Padre-Adulto-Niño, los miembros ejercen una influencia en los demás, una influencia que es restrictiva y de apoyo al mismo tiempo. Queda descartado el terapeuta omnipotente, sentado en el rincón oscuro, mientras el pobre y humilde paciente se humilla ante él, ambos alerta a los peligros de la penosa aventura. Uno de los puntos del contrato que une al grupo de Padre-Adulto-Niño permite que el Niño de cada miembro, incluido el del terapeuta, haga aparición y ría, y hasta lo alienta a hacerlo. Los grupos de Padre-Adulto-Niño se caracterizan por ser grupos de gente que ríe, con una gran capacidad, al mismo tiempo, para mostrarse considerada con el Padre, e incluso apoyarle, mientras busca nuevas respuestas a través del Adulto despierto.

El peligro, por consiguiente, estriba en que el terapeuta no sepa lo que la posición de «no estar bien» del Niño puede representar en la vida de una persona y en la de los que la rodean. Cuando un miembro del grupo declara: «Cuando has dicho eso, has provocado a mi Niño», queda abierto el camino al examen de uno de los misterios de nuestra existencia, cuyo resultado puede ser extremadamente beneficioso para todos los miembros del grupo.

12

EL PADRE-ADULTO-NIÑO Y LOS VALORES MORALES

Sostengo que la tensión entre la ciencia y la fe
debería resolverse no en términos de eliminación o
de dualidad, sino en términos de síntesis.

Teilhard de Chardin

Le dices a tu hijo de seis años que vuelva para pegarle a aquel niño un puñetazo en la nariz «tal como él hizo contigo». ¿Por qué?

Participas en una manifestación de protesta contra la guerra del Vietnam. ¿Por qué?

Entregas la décima parte de tus ingresos a tu iglesia. ¿Por qué?

No denuncias a un buen amigo a los inspectores de Hacienda, sabiendo que defrauda a gran escala. ¿Por qué?

Aceptas la responsabilidad del error cometido por uno de tus empleados. ¿Por qué?

Eres partidario de la legislación a favor de mejores viviendas, pero te olvidas de votar. ¿Por qué?

Le dices a tu hija que debe dejar de salir con cierto amigo que procede de una familia indeseable. ¿Por qué?

No denuncias las prácticas deficientes de un colega aun a sabiendas de que perjudican a otras personas. ¿Por qué?

No permites que tus hijos vean la emisión del *Tribunal de Divorcios*, pero sí permites que vean películas de violencia. ¿Por qué?

La mayoría de las personas toman cada día decisiones de este tipo. Todas ellas son decisiones morales, es decir, sobre el bien y el mal. ¿De dónde proceden los datos que dan lugar a esas decisiones? Del Padre, del Adulto y del Niño. Una vez que has examinado todos los datos del Padre, aceptado algunos y rechazado otros, ¿qué haces si consideras que no tienes elementos de juicio suficientes para tomar una decisión? ¿Abdicas? Cuando se tiene un Adulto emancipado, ¿qué se hace con él? En cuestiones de moral, ¿se puede llegar a conclusiones por cuenta propia o hay que recurrir a una «autoridad»? ¿Podemos ser todos moralistas? ¿O es una función exclusiva de las personas especialmente juiciosas y sabias?

Si tenemos la sensación de que no vamos muy bien, ¿a dónde podemos ir en busca de nuevos datos? ¿Qué es lo que nos hace falta? ¿Qué clase de realidades puede examinar el Adulto?

La realidad es el principal instrumento de nuestro tratamiento. La realidad, aprehendida a través del estudio de la historia y de la observación del hombre, es también el instrumento, la herramienta con la que construimos un sistema ético válido. Sin embargo, no somos razonables si damos por supuesto que la única realidad acerca del hombre es la que se halla en nuestra experiencia personal o en nuestra comprensión. La realidad, para unas personas, es más amplia que para otras, porque han visto más cosas, han vivido más, han leído más, tienen más experiencia y han reflexionado en mayor profundidad. O bien, simplemente, su realidad es diferente de la de otros.

La necesidad de dirección en el viaje de la vida es similar al problema de navegación de un piloto de aviación. En los primeros tiempos de la aviación, los pilotos volaban «a su aire» y confiaban en su vista, comparando lo que veían debajo de ellos —ríos, carreteras y ciudades— con los mapas que tenían delante. El sistema resultaba inseguro cuando la visión era obstaculizada, aunque fuese por un breve tiempo. Por eso fue preciso idear un sistema de orientación a base de dos puntos (los dos puntos son emisoras de radio especiales; cada una de ellas emite una señal que informa al piloto del radio de compás en que su aparato se encuentra en relación con la emisora). El piloto traza los radios en el mapa, y el punto donde se cruzan es donde está. Si únicamente trazara una de las dos direcciones no podría hallar su situación en el espacio. Podría saber que está en el Ecuador, por ejemplo. Pero ¿en qué punto del Ecuador? Para encontrar una respuesta a esa pregunta tiene que «mirar» en la otra dirección.

Considero que muchos psicoanalistas y psicólogos han caído en el error de fijar un solo punto de referencia, por cuanto han dedicado todo su tiempo a observar una sola realidad, la historia pasada del paciente —lo que hizo—, dejando de lado el examen de los tipos de realidad que podrían ayudar a este a comprender qué debe hacer.

Resulta terriblemente empobrecedor creer que las únicas realidades que influyen en nuestra salud mental tienen que ver con una situación en la que «yo soy así porque, cuando tenía tres años, la víspera de Navidad, en Cincinnati, mamá estrelló mi orinal en la cabeza de papá». Ese tipo de arqueología me recuerda el cuento de U. Allen Smith sobre la niña que escribió una carta a su abuela dándole las gracias por haberle regalado por Navidad un libro sobre los pingüinos: «Querida abuela: Muchas gracias por el precioso libro que me regalaste por Navidad. Este libro me ha proporcionado sobre los pingüinos muchísima más información de la que necesitaba».

Podemos pasarnos toda la vida indagando en la experiencia pasada, como si fuese el único lugar donde existió la realidad, e ignorar por completo otras realidades que nos dan información. Una de esas realidades es la necesidad de un sistema de valores morales y la existencia de ese sistema.

Muchos «científicos de la psicología» consideran el establecimiento de juicios morales como una desviación abominable del método científico, de la que hay que prescindir a toda costa. Algunas de esas personas insisten en que la investigación científica no puede aplicarse en ese campo: «Eso es un juicio de valor; por tanto, no podemos examinarlo»; «Eso entra en el dominio de las creencias; por tanto, no podemos reunir datos plausibles». Olvidan que el propio método científico depende totalmente de un valor moral: la confianza en aquellos que informan sobre sus observaciones científicas. ¿Por qué dice la verdad un científico? ¿Porque puede demostrarla en un laboratorio? Nathaniel Branden ha dedicado un artículo al grave problema suscitado por aquellos que sostienen que los científicos no tienen por qué preocuparse de los valores morales:

> El punto central de la ciencia de la psicología es la cuestión o el problema de la motivación. La ciencia se basa en la necesidad de contestar a dos preguntas fundamentales: ¿por qué actúa un hombre del modo que actúa? ¿Qué se necesitaría para que un hombre actuara de un modo diferente? La clave de la motivación reside en el ámbito de los valores. La tragedia de la psicología, actualmente, es que los valores son la única cuestión que ha quedado específicamente fuera de su dominio. No es cierto que el simple hecho de llevar los conflictos a la conciencia garantice que los pacientes podrán resolverlos. Las respuestas a los problemas morales no son evidentes por sí mismas; exigen un proceso de reflexión filosófica y de análisis muy complejo. La psicoterapia eficaz requiere un código de ética consciente, racional y científico; un sistema de valores basado en los hechos de la realidad y adaptados a las necesidades de la vida del hombre en la Tierra.[1]

Branden sostiene que los psiquiatras y los psicólogos contraen una grave responsabilidad moral si declaran que «las cuestiones filosóficas y morales no les interesan, que la ciencia no puede hacer juicios de valor», si «se desentienden de sus obligaciones profesionales afirmando que no puede haber un código de moral racional y, con su silencio, prestan su asentimiento al asesinato espiritual».

¿QUÉ ES UN CÓDIGO DE MORAL RACIONAL?

Una respuesta muy frecuente a esa pregunta es: «Si todo el mundo viviera según la regla de oro de "no quieras para los demás lo que no quieras para ti", todo iría a la perfección». La inexactitud de esta respuesta reside en el hecho de que lo que hacemos a los demás, aun cuando se trate de lo que deseamos para nosotros, puede ser destructivo. La persona que intenta resolver su no estar bien mediante un juego continuo y duro de «pégame» no hace ningún favor a nadie al proyectar esta «solución» en otra persona. La regla de oro no es una guía adecuada, no porque su ideal sea erróneo, sino porque la mayoría de las personas carecen de datos suficientes para saber qué quieren para sí mismos o por qué lo quieren. No reconocen la posición «yo estoy mal, tú estás bien», y no tienen conciencia de los juegos que utilizan para aliviarse. La gente deja de tomarse en serio la regla de oro y muchas otras creencias similares porque, en su propia experiencia, esas creencias no funcionan.

Bertrand Russell escribe:

> Muchos adultos, en el fondo de su corazón, creen todavía todo lo que les enseñaron durante la infancia y se sienten malvados cuando sus vidas no siguen las máximas de la Escuela Dominical. El daño no reside en crear una división entre la personalidad razonable consciente (Adulto) y la personalidad infantil inconsciente (Niño); el daño radica también en el hecho de que las partes válidas de la moral convencional resultan desacreditadas junto con las partes inválidas. Este peligro es inseparable de un sistema que enseña a los jóvenes, en su conjunto, cierto número de creencias que es casi seguro que rechazarán cuando lleguen a la madurez.[2]

¿Existen entonces, según lo sugiere Russell, «partes válidas de la moral convencional»? Una de las funciones del Adulto emancipado consiste en examinar al Padre para poder elegir libremente entre aceptar o rechazar los datos de este. Debemos precavernos contra el dogma de rechazar al Padre en conjunto y preguntarnos: «¿Queda algo que merezca la pena salvar?». Está claro que muchos de los datos del Padre merecen nuestra confianza. Al fin y al cabo, nuestra cultura se ha transmitido a través de él. El antropólogo Ralph Linton observa que «sin la presencia de la cultura, que conserva los logros del pasado y adapta cada nueva generación a sus moldes, el *Homo sapiens* no sería más que un mono antropoide terrestre, ligeramente divergente en estructura y ligeramente superior en inteligencia, pero hermano del chimpancé y del gorila».[3]

Así, podemos ver que los valores morales aparecen primero en el Padre. Pensamos en las palabras «se debe» o «es preciso» como palabras del Padre. La pregunta fundamental de este capítulo es: ¿pueden esas palabras ser propias del Adulto?

¿ES POSIBLE UN ACUERDO SOBRE LOS VALORES MORALES?

¿Existe una moral objetiva, válida para todos los hombres, o debemos construirnos nuestra propia moral individual y situacional? Viktor Frankl comenta la desesperación de la juventud actual que se encuentra en lo que él llama un vacío existencial, en el que cada ser humano es el centro de su propio universo.[4] En ese vacío, toda moral es subjetiva. De ser cierto eso, podemos considerar que hay en el mundo, actualmente, varios miles de millones de «morales», con otros tantos millones de personas que viven a su manera, negando la existencia de principios objetivos capaces de gobernar las relaciones entre los hombres. Y sin embargo, la búsqueda de esos principios y el deseo de relación constituyen una realidad universal, que es sentida, además, como una realidad personal, de la experiencia. Lo cierto es que la gente no puede ni desea vivir aislada de los demás. Algunos devotos del uso del LSD basan su devoción en lo que ellos describen como la trascendencia de la experiencia psi-codélica, y afirman que «allá fuera» están descubriendo una esencia común que une a todos los hombres. Aunque el vehículo que usan para esa experiencia trascendental es muy cuestionable, debemos tomar buena nota de ese deseo de relación, de esa capacidad para sentir una unicidad, de la evolución de la mente humana hasta el punto de que comprende, siente y acepta que los seres humanos, por el hecho de estar relacionados unos con otros, tienen derechos mutuos y recíprocos.

El deseo de relación es un hecho, aunque los principios que gobiernan esa relación no puedan descubrirse empíricamente. Los argumentos más poderosos a favor de la objetividad ética, dice Trueblood, no son empíricos, sino, siempre, dialécticos. Escribe:

Cuando nos enfrentamos atentamente a esos argumentos, obser-vando que el relativismo subjetivo puede ser reducido al absurdo, nos sentimos llevados a creer en la existencia de un orden moral, aunque nuestra comprensión de ese orden en cualquier período o cultura sea ciertamente vaga. *¿Qué entendemos, entonces, por un orden moral objetivo? Entendemos esa realidad en relación con la cual una perso-na yerra cuando toma una decisión moral falsa, bien en su propia conducta, bien en el juicio de otro* (La cursiva es mía). Llegar a la conclusión de que ese orden existe, conclusión que la dialéctica exige, no es lo mismo que saber exactamente, ni siquiera aproximadamente, cuál es la naturaleza de la exigencia moral. Cuando los hombres difieren en sus normas morales, esto no quiere decir que deban abandonar la lucha para averiguar qué es lo que deben hacer.[5]

Quienes rechazan la idea de que existe un orden moral ob-jetivo, esto es, un «deber» universal, deben pararse a considerar las dificultades que entraña ese rechazo. Los existencialistas han rechazado esa idea. Sartre sostenía que el hombre crea su propia esencia humana a través de una serie de opciones, de actos que lo forman. Pensaba que el hombre, a través de sus propias acciones, crea su propia definición del hombre, que la existencia de este, en resumen, precede a su esencia humana. No solo el hombre crea realmente su propia humanidad esencial, sino que de manera simultánea crea toda la dignidad humana. Solo puede elegir lo que es bueno para él, pero lo que es bueno para él debe ser bueno para todos los hombres.

Joseph Collignon, sin embargo, nos recuerda la otra cara de la moneda:

El hombre, por consiguiente, debe aceptar la responsabilidad de todos sus actos, no solo ante sí, sino ante todos los hombres. No sin motivo considera Sartre que la «angustia, el abandono y la desesperación» forman parte de su destino, y del de todo existencialista. Porque si nadie, ni ningún credo, puede ayudarle en una decisión, *cósmica en su importancia*, es fácil imaginar la desesperación implícita en esa filosofía... (la cursiva es mía). El existencialismo ejerce un gran atractivo para los jóvenes. Les resulta emocionante pensar que el mundo es absurdo, porque eso les da una sensación de superioridad por encima del orden establecido, de dominio de sí mismos. El mundo, para ellos, deja de ser una unidad filosófica compacta; queda lugar para la acción, en la creación, aunque solo sea para ellos mismos, de una dignidad humana.

Pero, en ello, hay también un desencanto. Al término de un seminario sobre el existencialismo, hace un año, advertí que muchos estudiantes se tomaban muy a pecho la nueva filosofía. La última clase fue interrumpida por la abrumadora noticia de la muerte del presidente Kennedy. En el silencio estupefacto que siguió a ese momento, una sola voz gritó, áspera y estridente: «Ha sido un acto existencial perfecto». Aunque esa voz fue acallada, de una manera nada ambigua, por el resto de los alumnos, muchos de los cuales lloraban, la idea persistió: sí, había sido un acto existencial perfecto. No había nada que decir; actuar individual, libremente, es maravilloso, pero ¿quién controlaría el acto libre de asesinar a un joven presidente que había consagrado la mayoría de sus años adultos al servicio abnegado de su país? El acto de asesinar a un presidente pudo ser una experiencia maravillosa en el libre ejercicio de la voluntad, para Lee Oswald, pero para el resto del país y del mundo...[6]

Si no existiera una moral universal, no sería posible afirmar que Albert Schweitzer fue mejor que Adolf Hitler: la única observación válida que podríamos hacer es que Schweitzer hizo tal cosa, y Hitler tal otra. Aunque añadiéramos que el primero salvó tantas vidas y el segundo llevó a la muerte a millones de personas, esas afirmaciones no serían más que datos estadísticos en el libro de la historia, sin ninguna influencia ética capaz de modificar la conducta humana. El valor de las personas, al fin y al cabo, no se puede demostrar de un modo científico. Albert Schweitzer creyó obrar bien. Adolf Hitler creyó lo mismo. Manifiestamente, sería una contradicción que los dos hubieran tenido razón. Pero ¿con qué norma determinamos cuál de ellos la tuvo?

EL VALOR DE LAS PERSONAS

Sugiero que una aproximación razonable de ese orden moral objetivo, o verdad última, es que los individuos son importantes en el sentido de que están unidos en una relación universal que trasciende su existencia personal. ¿Es razonable ese postulado? El concepto analítico que más puede ayudarnos a intentar dar respuestas a esa pregunta es el concepto de las dificultades relativas. Es difícil creer que las personas son importantes, y también es difícil creer que no lo son.

La negación de la importancia de las personas convierte en vanos todos nuestros esfuerzos por el bien de estas. ¿Para qué toda esa complicación de la psiquiatría si no son importantes? La idea de que lo son es una idea moral sin la cual resulta fútil cualquier sistema para comprender al hombre. Y, sin embargo, no podemos demostrar esta importancia como conclusión de un silogismo. La historia, antigua y moderna, con su pormenorizada relación de denigración y de destrucción humana, más bien parece justificar la posición de que los seres humanos son poco importantes. Si la existencia humana no tuviera una dirección o un propósito, el nacimiento, el dolor y la muerte de los miles de millones de personas que han vivido en la Tierra parecerían justificar más bien la posición de considerar fútiles todos nuestros esfuerzos por comprender la mente humana y aportar modificaciones al comportamiento del hombre. No podemos demostrar que las personas son importantes. Solo podemos basarnos en la fe para creer que lo son, puesto que creer que no lo son resulta todavía más difícil.

«Un hombre solo continuará investigando —escribió Teilhard de Chardin— mientras le induzca a ello algún interés apasionado, y este interés dependerá de la convicción, estrictamente indemostrable para la ciencia, de que el universo tiene una dirección».[7]

No seremos honrados hombres de ciencia si cerramos los ojos al hecho de que ese «apasionado interés» ha persistido a lo largo de la historia de la humanidad, a través de épocas sombrías, de guerras y campos de concentración. Podemos creer que el universo tiene una dirección, o creer que no la tiene. Pero, como hombres razonables, no podemos ignorar que la cuestión de la importancia del hombre ha sido un enigma filosófico persistente. Si no podemos demostrar la importancia de las personas, y tampoco, razonablemente, ignorar la cuestión, ¿qué debemos hacer?

Puesto que cada cultura se diferencia de las demás en su estimación del valor de las personas, y teniendo en cuenta que esta información se transmite a través del Padre, no podemos apoyarnos en este para llegar a un acuerdo sobre el valor de las personas. En muchas culturas, incluida la nuestra, el hecho de matar es autorizado por el Padre. Así, pues, el valor de las personas es condicional. En la guerra se puede matar; la pena de muerte es legal en muchos países, incluso en Estados Unidos; el infanticidio fue practicado por numerosas culturas de la antigüedad, bajo el pretexto del mejoramiento de la especie. Incluso en pleno siglo xx se tienen noticias de prácticas de infanticidio. Por ejemplo, entre los tanalas de Madagascar, hay dos grupos que difieren marcadamente en el color de la piel, aunque son muy parecidos en sus restantes rasgos físicos, y casi idénticos en cultura y en lenguaje. Esos grupos ostentan sendos nombres que pueden traducirse por Clan Rojo y Clan Negro. Los miembros normales del Clan Rojo tienen la piel de un color moreno muy claro, y los miembros normales del Clan Negro la tienen de un moreno muy oscuro. Si en el Clan Rojo nace un niño de piel oscura cuyos padres pertenecen indudablemente al clan, existe la creencia de que cuando sea mayor será brujo, ladrón, incestuoso o leproso. Y se le ejecuta.[8] Esa creencia acerca del valor de «esa clase de persona» se ha transmitido de generación en generación a través del Padre. El Padre culto de la mayoría de las naciones occidentales no está de acuerdo. Pero, sin embargo, autoriza y aprueba otras formas de discriminación que pueden conducir también a la muerte.

Tampoco podemos confiar en el Niño para llegar a un acuerdo sobre el valor de las personas. El Niño, incapacitado por su «no estar bien», posee pocos datos positivos acerca de su propio valor, y menos aún acerca del valor de los demás. Un Niño de cualquier cultura, ante una provocación suficientemente fuerte, puede estallar en un furor asesino y llegar al asesinato, e incluso al asesinato en masa.

Solo el Adulto emancipado puede llegar a un acuerdo con el Adulto emancipado de los demás acerca del valor de las personas. Vemos así lo inadecuada e insuficiente que resulta la palabra «conciencia». Debemos preguntarnos: «¿Qué es esa vocecita interior? ¿Qué es esa conciencia que nos guía? ¿Es Padre, Adulto o Niño?».

Bertrand Russell, siempre dispuesto a derribar dogmas, dice: «¿Es esa voz interior, esa conciencia otorgada por Dios que inducía a la reina María a arrojar a los protestantes a la hoguera, la que debemos seguir los seres razonables? Juzgo completamente descabellada la idea y me propongo guiarme por la razón en todo lo que sea posible».[9]

«YO SOY IMPORTANTE, TÚ ERES IMPORTANTE»

El Adulto es la única de nuestras partes que puede optar por declarar: «Yo soy importante, tú eres importante». El Padre y el Niño no son libres para formular esta declaración, puesto que se hallan comprometidos, de una parte, con lo que fue aprendido y observado dentro de una cultura particular, y, de otra, con lo que fue sentido y comprendido.

Cuando el Adulto afirma que las personas son importantes, es completamente distinto de la declaración que formulaba una paciente, que, con los puños cerrados fuertemente, decía con efusividad: «Adoro a la gente». Esta declaración, así como sus variantes, procedían de su Niño: «¡Vamos, dale un beso a tía Ethel, bonita!». La «bonita» de cuatro años lo hace, a pesar de que tía Ethel le produce horror. Pero lo hace y lo subraya: «Adoro a tía Ethel». Y, además, lo institucionaliza: «Adoro a la gente». No obstante, cierra los puños con fuerza.

Todos debemos examinar nuestras propias versiones del «adoro a la gente» para llegar a comprender qué es lo que sentimos realmente, y de dónde proceden esos datos. La mayoría de nosotros profesamos ciertas creencias, pero, a menudo, estas son producto de la aceptación por parte del Niño de las enseñanzas del Padre, más que conclusiones del Adulto basadas en un conjunto de datos obtenidos de manera voluntaria.

La apreciación del valor de las personas por parte del Adulto, en cambio, se produce, más o menos, por medio del siguiente proceso mental: «Yo soy una persona. Vosotros sois personas. Sin vosotros yo no sería una persona porque solo a través de vosotros se hace posible el lenguaje y solo a través del lenguaje se hace posible el pensamiento, y solo el pensamiento nos hace humanos. Vosotros me habéis hecho importante. Así pues, yo soy importante y vosotros también lo sois. Si os resto valor, me lo resto a mí mismo».

Esta es la racionalización de la posición «yo estoy bien, tú o vosotros estáis bien». Solo adoptando esta posición somos personas en lugar de cosas. La devolución del hombre al lugar que le corresponde como ser humano gira en torno al tema de la redención, reconciliación o iluminación, núcleo central de todas las grandes religiones del mundo. Esta posición nos hace responsables unos de otros y esta responsabilidad recae sobre todos los hombres por igual. La primera norma que se deduce de ella es: «No matarás».

«¡NO FUNCIONARÁ!»

Una tarde, un colega coincidió conmigo en el aparcamiento reservado a los médicos y me dijo, en tono de humor: «Si yo estoy bien y vosotros estáis bien, ¿por qué cierras el coche con llave?».

En nuestro mundo, el problema del mal es también una realidad. Ante todo el mal que vemos, la cuarta posición, «yo estoy bien, tú estás bien», puede parecer un sueño irrealizable. Es posible, sin embargo, que nuestra civilización esté llegando rápidamente a un enfrentamiento sin precedentes: o nos respetamos la existencia unos a otros, o pereceremos todos. Y aun prescindiendo de otras muchas consideraciones, hay que reconocer que sería una lástima destruir lo que tanto ha costado construir.

Teilhard, que, con una exquisitez maravillosa, concibe el desarrollo del universo como un proceso evolutivo que converge hacia el perfeccionamiento, proceso que todavía está en marcha, termina, sin embargo, su gran obra *El fenómeno humano* con una nota de dolor cuando contempla el mal que existe en el universo, y se pregunta si tal vez todos los sufrimientos y fracasos, las lágrimas y la sangre «no revelan cierto exceso, inexplicable para nuestra razón; si a los efectos normales de la evolución no se habrán agregado los efectos extraordinarios de alguna desviación catastrófica o primordial».

¿Somos un error evolutivo? ¿O debemos creer que los notables acontecimientos ocurridos en el desarrollo del hombre prometen otros acontecimientos todavía más grandes para el futuro? Teilhard habla del momento en que el primer hombre reflexionó, cuando supo que existía, «una mutación de cero a todo».

Quizá nos estemos aproximando a otro punto significativo, en que, a causa de la necesidad de supervivencia, deberemos sufrir una mutación, y podremos volver a saltar, a reflexionar —con una nueva esperanza basada en el conocimiento de cómo estamos constituidos—: «Yo soy importante, vosotros sois importantes. Yo estoy bien, vosotros estáis bien».

Creo que el análisis conciliatorio puede aportar una respuesta a la angustiada condición del hombre. Esta afirmación puede parecer gratuita, pero me inspira confianza la visión de J. Robert Oppenheimer, quien afirma que existe «un discurso común, una interacción continua entre el mundo de los hombres de ciencia y el mundo de las personas en general, los artistas, los campesinos, los hombres de leyes y los dirigentes políticos». En 1947, Oppenheimer escribía: «...porque muchos hombres de ciencia, como todos los hombres cultos, tienden en parte a ser maestros, tienen la responsabilidad de comunicar las verdades que han descubierto». Y, en 1960, decía que «los hombres consagrados a elevados proyectos intelectuales deben contribuir a la cultura común, donde nos hablamos unos a otros, no solo de los hechos de la naturaleza, sino de la naturaleza de la condición humana, de la naturaleza del hombre, del derecho, del bien y el mal, de la moral, de la virtud política y de la política».[10]

Tenemos la responsabilidad de aplicar los descubrimientos que hemos obtenido a través de la observación de las conciliaciones entre personas al problema más vasto de la preservación de la humanidad.

EL JUEGO ORIGINAL ES EL PECADO ORIGINAL

Creo que, con los datos disponibles, es posible añadir algo nuevo acerca del problema del mal. El pecado, o la maldad, o el mal, o «la naturaleza humana», comoquiera que llamemos al azote de nuestra especie, se manifiesta en todas las personas. Simplemente, no podemos discutir la maldad endémica del hombre. Yo creo que el problema universal radica en que todo niño, independientemente de la cultura en que ha nacido, a causa de su situación humana, adopta la posición «yo estoy mal, tú estás bien», o las otras dos variaciones sobre el mismo tema: «yo estoy bien, tú estás mal» o «yo estoy mal, tú estás mal». Esto es una tragedia, pero no se convierte en un mal patente hasta que empieza el primer juego: el primer movimiento que se realiza hacia otra persona para aliviar el peso del no estar bien. Este primer esfuerzo vengativo o de desquite demuestra su «maldad intrínseca» —o pecado original— de la cual se le dice que debe arrepentirse. Cuanto más se esfuerza, mayor es su pecado, más hábiles son los juegos, más intenciones ocultas hay en su vida, hasta que, de hecho, llega a sentir el gran aislamiento que Paul Tillich define como pecado.[11] Pero el problema primordial no es lo que hace (los juegos), sino más bien la consideración que tiene de sí mismo (su posición). Dice Tillich: «El pecado, antes de ser un acto, es un estado». Antes de los juegos, existe una toma de posición. Estoy convencido de que debemos reconocer que ese estado —la posición de «yo estoy mal, tú estás bien»— es el problema primordial de nuestras vidas, resultado de una decisión tomada en los primeros años de nuestra existencia bajo coacción, sin un debido proceso y sin el auxilio de un defensor. Pero, si vemos la verdad de la situación, podemos volver a juzgar el caso y tomar una nueva decisión.

Uno de mis pacientes dijo: «Yo juego a un juego de "Tribunal Interior" en el que mi Padre hace las veces de juez, de jurado y de verdugo. Es un juicio preestablecido, porque mi Padre decide de antemano que soy culpable. Nunca me había dado cuenta de que todo acusado tiene derecho a un defensor. Nunca intenté defender a mi Niño. Mi Padre no me permitía dudar de su juicio. Pero mi ordenador por fin comenzó a funcionar y me hizo comprender que existe otra opción: mi Adulto puede valorar la situación e interceder por mi Niño. El Adulto es el abogado defensor».

Tras comprender que la posición «yo estoy mal» era una decisión errónea, llega la reacción que nos lleva a ver la necesidad de renunciar a los juegos.

EL SISTEMA PADRE-ADULTO-NIÑO Y LA RELIGIÓN

El carácter Padre-Niño, propio de la mayoría de las religiones occidentales, resulta sorprendente cuando se piensa que el impacto revolucionario de los dirigentes religiosos más reverenciados fue resultado del valor con que sometieron a examen las instituciones del Padre y de la búsqueda de la verdad mediante el Adulto. Basta el transcurso de una generación para que una cosa buena se convierta en mala y para que una deducción basada en una experiencia se convierta en dogma. El dogma dice: «¡No pienses ¡No seas personal!». Las ideas transformadas en dogmas pueden incluir conceptos buenos y juiciosos, pero el dogma es malo en sí mismo porque es aceptado como bueno sin previo examen.

Esencial a la mayoría de las prácticas religiosas es la aceptación por parte del Niño de los dogmas autoritarios como un acto de fe, con muy escasa participación del Adulto o ninguna. De este modo, cuando la moral se encasilla dentro de la estructura de la religión, es, esencialmente, Padre. Esta moral resulta anticuada, a menudo acrítica, y con frecuencia contradictoria.[12] Ya he señalado antes que, puesto que cada cultura difiere en cuanto a la estimación del valor de las personas, y teniendo en cuenta que esta información se transmite a través del Padre, no hay manera de apoyarse en este para llegar a un acuerdo sobre el valor de las personas. De esta forma, la moral del Padre, lejos de fomentar la idea de una ética universal, única para todos los hombres, impide su formulación. La posición «yo estoy bien, vosotros estáis bien» es imposible si depende de que vosotros aceptéis lo que yo creo.

Limitaré las siguientes observaciones a la religión cristiana porque es la única religión acerca de la cual tengo datos suficientes para permitirme la observación. El mensaje central del ministerio de Cristo fue el concepto de la gracia. «Gracia» es una palabra cargada, pero es difícil encontrar otra que la sustituya. El concepto de gracia, según la interpretación de Paul Tillich, padre de todos los «nuevos teólogos cristianos», es una manera de decir «yo estoy bien, tú estás bien». No significa tú puedes estar bien, o tú serás aceptado, sino más bien tú eres aceptado, incondicionalmente.

Tillich ilustra esta tesis refiriéndose a la historia de la prostituta que recurrió a Jesús. Dice el autor: «Jesús no perdona a la mujer, sino que dice que está perdonada. En aquella mujer, el estado de su mente, su éxtasis de amor demuestran que algo ha ocurrido en ella». Y, después, añade: «La mujer acudió a Jesús porque estaba perdonada»,[13] no para ser perdonada. Probablemente no habría recurrido a él de no haber sabido ya que Jesús la aceptaría en el amor, en la gracia, o en el «yo estoy bien, tú estás bien».

Este concepto resulta incomprensible para muchas personas religiosas porque solo puede ser percibido por el Adulto, y muchas de estas personas están totalmente dominadas por el Padre. El Padre tiene demasiadas reservas respecto al prójimo, e interpreta el credo como un «puedes estar bien, si...». El Niño, por su parte, ha ideado numerosos juegos para escapar al juicio del Padre. Un ejemplo es el «*Schlemiel* religioso», una variación del juego *Schlemiel*, descrito por Berne.[14] Se trata de un juego en el cual el pecador se pasa la semana explotando a sus arrendatarios, pagando mal a sus empleados, engañando a su mujer, gritando a sus hijos, esparciendo murmuraciones contra sus competidores, y después, el domingo, entona un mea culpa ante Dios, con lo cual sale de la iglesia con la tranquilidad de que todo marcha perfectamente.

No todos los «pecadores» caen en juegos tan burdos. Pero, puesto que su diálogo interior es fundamentalmente Padre-Niño, viven obsesionados por una ansiosa contabilidad de buenas y malas obras, sin estar nunca seguros de cuál es el balance. Paul Tournier dice que la moral religiosa sustituye la experiencia liberadora de la gracia («yo estoy bien, tú estás bien») por el miedo obsesivo de cometer un error.[15]

Si, al igual que Tillich, entendemos nuestro principal problema como un estado (un aislamiento, una posición de no estar bien o pecado, en singular) y no como un acto (actos pecaminosos, juegos para superar la posición o pecados, en plural), comprenderemos entonces la ineficacia de la confesión de los pecados, una y otra vez, y su incapacidad para producir cambios en la vida de una persona. Dice Tillich que, para algunos, la gracia es la «buena disposición de un rey y padre divino a perdonar, una y otra vez, la estupidez y la debilidad de sus súbditos e hijos. Debemos rechazar ese concepto de gracia, porque simplemente es la destrucción infantil de la dignidad humana».[16] Tal concepto no hace más que acrecentar el sentimiento de no estar bien. Es la posición lo que debemos «confesar», reconocer o comprender. Entonces, se hace posible comprender los juegos y liberarse de ellos.

La confesión hecha por el Adulto es completamente diferente de la confesión del Niño. Mientras que este dice «Lo siento... No estoy bien... Te ruego que me perdones... ¿No es horrible?», el Adulto puede valorar de un modo crítico todos los cambios posibles y emprenderlos. La confesión sin cambio es un juego. Y eso es tan cierto en un templo como en el confesionario de un sacerdote o en la consulta de un psicoanalista.

La transmisión de las doctrinas cristianas sin intervención del Adulto ha sido el mayor enemigo del mensaje cristiano de la gracia. El mensaje ha sido deformado a través de la historia para adaptarlo a las modalidades de juego de cada cultura. El mensaje de «yo estoy bien, vosotros estáis bien» se ha retorcido, una y otra vez, hasta convertirse en el de «nosotros estamos bien, vosotros estáis mal», bajo el cual los judíos han sido perseguidos, el racismo se ha establecido como algo moral y legal, se han desencadenado frecuentes guerras religiosas, las brujas han sido condenadas a la hoguera y los herejes han sido asesinados. La doctrina de la gracia es apenas identificable en doctrinas como las de Los Elegidos y la Predestinación, predicadas por Elmer Gantry y Jonathan Edwards, que conciben la gloria de los cielos como un asiento de primera fila, a la diestra de Dios, para gozar del espectáculo de los condenados ardiendo en los infiernos.

Fue un juego cruel destinado a oprimir a los individuos. Actualmente, la mayoría de los sacerdotes han dejado de hacer hincapié en las cuestiones del pecado y del arrepentimiento individual, y dirigen sus ataques contra los pecados de la sociedad, en un intento de oprimirla. Esos ataques van desde una ligera conferencia sociológica hasta un asalto en toda regla contra la injusticia social. Sin embargo, los barrios miserables y los guetos no desaparecerán de la sociedad a menos que las mezquindades y los juegos se disipen de los corazones. Esto quedó claramente demostrado en el resultado de la votación sobre la Propuesta 14, que tuvo lugar en California en 1964. Se trataba de una propuesta contra la dignidad de la vivienda para todos. La posición social estaba muy clara: casi todas las organizaciones importantes del estado se oponían oficialmente a la innoble propuesta, incluidas las instituciones religiosas, las juntas de educación, los principales partidos políticos, las cámaras

YO ESTOY BIEN, TÚ ESTÁS BIEN

de comercio, los sindicatos y los colegios de abogados, por nombrar solo algunas de las organizaciones más representativas. Y, sin embargo, la proposición resultó aprobada por una mayoría de dos tercios. Una cosa es lo que la sociedad debería hacer y otra la que los individuos se atreven a hacer.

El hecho de no alcanzar a comprender las diferencias tan importantes que existen en esas zonas ha conducido a muchos sacerdotes a la desesperación, ha llevado a muchos a abandonar el sacerdocio y ha empujado a otros a volver a una resignada aceptación de las «opiniones conservadoras», según las cuales, a pesar de las altivas declaraciones oficiales, la iglesia es, de hecho, la depositaria de los dictados del Padre destinados a mantener intacto el estado de las cosas, a cooperar con la cámara de comercio, a bautizar, casar y enterrar a la gente. Hay, ciertamente, elementos de bondad, pero, teniendo en cuenta el estado del mundo, esas actividades son insuficientes. Los jóvenes sacerdotes que salen hoy del seminario, inspirados por Bonhoeffer, Tillich y Buber, se sienten deprimidos y desilusionados cuando descubren que han sido contratados para ejercer de árbitros en los juegos de la iglesia, para cuidar niños, organizar fiestas para jóvenes e impedir que las chicas se queden embarazadas. El contrato es que «en realidad no tenemos por qué cambiar; somos estupendos». Es muy probable que el Jesús histórico fuese expulsado de muchos de los servicios religiosos de los domingos por la mañana. Fue acusado de bebedor y glotón, porque gozaba estando con la gente corriente. El Padre protestante anglosajón del siglo XX dice: «Te juzgarán por tus amigos; no frecuentes la compañía de esa gente». Jesús declaraba: «Apacienta mis ovejas». El Padre expone: «Para eso pagamos a nuestro predicador». Jesús dijo: «Bienaventurados los pobres y los débiles». El Niño dice: «El mío es mejor que el tuyo». Jesús nos indicó que el mandamiento más grande es: «Amarás al Señor tu Dios con todo tu corazón y al prójimo como a ti mismo». El Padre dice: «No queremos que se venga a vivir a nuestro vecindario». Y el Niño interviene también. El Niño les tiene miedo.

Desgraciadamente, muchas de las personas cuyo Adulto no puede soportar tanta inconsistencia e hipocresía han hecho lo del niño y el agua del baño: han dejado que se vaya por el desagüe el mensaje original de Cristo junto con las aguas sucias del cristianismo. Los nuevos teólogos se centraron, precisamente, en la tarea de restaurar el simple mensaje de liberación personal y limpiarlo del barro del dogma institucional.

Si la liberación personal es la clave del cambio social, y si la verdad nos hace libres, la función principal de la Iglesia radica en facilitar un lugar donde la gente pueda oír la verdad. La verdad no es algo que se haya determinado de manera definitiva en una reunión eclesiástica de altas dignidades, ni algo que se pueda encontrar en un libro de tapas negras. La verdad es un conjunto creciente de datos de aquello que observamos como cierto. Si el análisis conciliatorio es parte de la verdad que ayuda a liberar a la gente, las iglesias deberían ponerlo al alcance de sus feligreses. Muchos sacerdotes que han sido instruidos en el análisis conciliatorio comparten esta opinión, han organizado cursos sobre el tema para los miembros de sus iglesias y lo utilizan en sus tareas como consejeros o directores espirituales.

¿QUÉ ES UNA EXPERIENCIA RELIGIOSA?

¿Existe realmente la experiencia religiosa o tal supuesta experiencia no es más que una aberración psicológica? ¿Se deja arrastrar la mente, como sugiere Freud,[17] por un mero deseo, o hay en ello algo más que pura fantasía?

Dice Trueblood:

El hecho de que un elevadísimo número de personas que representa a muchísimas civilizaciones y muchísimos siglos, y que incluye a un gran número de los considerados más sabios exponentes de la humanidad, haya declarado haber vivido experiencias religiosas es uno de los hechos más importantes de nuestro mundo. Esta afirmación es tan magnífica y ha sido divulgada tan ampliamente que ninguna filosofía puede permitirse ignorarla. Puesto que no podemos elaborar una concepción responsable del universo, a menos que tomemos en consideración todo orden de hechos en él, no pueden ignorarse a la ligera los derechos de la experiencia religiosa, la cual cuenta con serias referencias. La mera posibilidad de que algo tan importante pueda ser verdad ofrece a nuestras investigaciones sobre estas cuestiones un necesario tono de seriedad. Dado que estos derechos son válidos, es ciertamente reprochable la actitud de quienes se niegan a examinar la cuestión con seriedad. Cuando esos derechos son negados tajantemente, sin un previo examen exhaustivo, cabe presumir que se parte de alguna posición dogmática.[18]

La capacidad para reflexionar sobre la experiencia religiosa es importante en sí misma. ¿De dónde procede nuestra «ideación» de Dios, del «más allá» o de la trascendencia? Los relatos sobre experiencias religiosas ¿fueron inventados inicialmente con el propósito de manejar a los demás, alegando poderes sobrehumanos? La idea de Dios ¿se desarrolló y sobrevivió porque tiene alguna relación con la supervivencia de los mejores?

Teilhard, en *El fenómeno humano*, trata de esa concepción de la evolución:

Decididamente, no tenemos más remedio que abandonar la idea de explicar todos los casos como la simple supervivencia de los mejores, o como una adaptación mecánica al medio y al uso. Cuanto más tropiezo con este problema y cuanto más medito profundamente sobre él, más firmemente se me impone la idea de que en realidad nos hallamos frente a los efectos de fuerzas psicológicas, y no de fuerzas externas. Según el pensamiento actual, un animal desarrolla sus instintos carnívoros porque sus molares y sus garras se vuelven afilados. ¿No deberíamos dar la vuelta a esta proposición? Dicho en otras palabras, si el tigre alarga sus colmillos y afila sus garras, ¿no será más bien porque, siguiendo su línea de descendencia, recibe, desarrolla y transmite el «alma de un carnívoro»?

Podría decirse que, en el hombre, a lo largo del prolongado proceso de evolución, se ha producido el cambio de algo que al principio surge como la «ideación» de la trascendencia, y, finalmente, como la trascendencia propiamente dicha.

En el mismo libro, Teilhard continúa:

La ley es un hecho. Nos referimos a ella antes, cuando hablábamos del surgimiento de la vida. No hay ningún cuerpo en el mundo que pueda seguir aumentando de tamaño indefinidamente sin que, tarde o temprano, llegue a un punto crítico que entrañe algún cambio de estado.

El primer cambio de estado notable en el desarrollo del hombre se produjo cuando cruzó el umbral de la reflexión, lo que Teilhard llama una transformación crítica, una «mutación de cero a todo». Con el poder de reflexión, la célula se ha convertido en «alguien». Dice Teilhard que ese umbral tuvo que cruzarse de un solo paso, y que hubo «un intervalo transexperimental acerca del cual no podemos decir nada científicamente, pero más allá del cual nos encontramos transportados a un plano biológico enteramente nuevo».

A la vista del desarrollo «imposible y sin precedentes» del hombre que piensa, ¿no es razonable, y compatible con el proceso evolutivo del universo, decir que puede haberse desarrollado un hombre trascendente, igualmente imposible y sin precedentes?

La trascendencia supone una experiencia de aquello que es «más que yo mismo», una realidad fuera de mí mismo, que también ha sido llamado el Otro, el Todo o Dios. No es un flotar hacia arriba, como sugerían las pinturas precopernicanas; de hecho, es algo que se expresa mejor con la imagen de la profundidad. Así es como lo ve Tillich en *El nuevo ser*:

El nombre de esa profundidad infinita e inagotable, de esa base de todo ser, es Dios. Esa profundidad es el significado de la palabra Dios. Y si esa palabra no tiene mucho sentido para ti, tradúcela, y habla de las profundidades de tu vida, del manantial de tu ser, de tu mayor inquietud, de aquello que tomas en serio sin reserva alguna. Para ello, tal vez debas olvidar todo lo tradicional que aprendiste acerca de Dios, tal vez la misma palabra Dios. Porque si sabes que Dios significa profundidad, ya sabes mucho de él. Entonces, ya no puedes llamarte ateo o incrédulo. Porque no puedes pensar ni decir: «¡La vida no tiene profundidad! La vida es somera. El ser es superficial». Si pudieras decir eso con completa seriedad, serías un ateo; si no, no lo eres.

¿Qué ocurre, entonces, en una experiencia religiosa? En mi opinión, esta puede ser una combinación única de Niño (un sentimiento de intimidad) y Adulto (una reflexión sobre la finalidad) con total exclusión del Padre. Yo creo que la total exclusión del Padre es lo que ocurre en la *kenosis* o el autovaciado. Ese autovaciado es una característica común de todas las experiencias místicas, según el obispo James Pike:

Como hemos visto, hay una característica genérica en la experiencia mística de un cristiano, por ejemplo, y de un budista zen; y en la modalidad de la experiencia de personas de ambas tradiciones cabe observar unos factores comunes. Un buen ejemplo de ello nos lo proporciona el hecho de que los filósofos budistas zen de nuestros días usan la misma palabra griega empleada por Pablo y los teólogos occidentales para describir un proceso que la experiencia

—en Oriente y en Occidente— ha comprobado que es el principal camino para llegar a la consumación de la realización personal. La palabra es *kenosis*, es decir, autovaciado.[19]

Yo creo que lo vaciado aquí es el Padre. ¿Cómo se puede experimentar gozo o éxtasis en presencia de las grabaciones del Padre que dieron lugar originalmente al no estar bien? ¿Cómo puedo sentir aceptación en presencia del viejo rechazo sentido? Es verdad que, en un principio, la madre participó en la intimidad, pero se trató de una intimidad que no perduró, que era condicional y que nunca fue suficiente. Yo creo que la función del Adulto en la experiencia religiosa consiste en bloquear al Padre a fin de que el Niño natural pueda renacer a su propio valor y belleza como parte de la creación de Dios.

El niño pequeño juzga que el Padre está bien, es decir, en sentido religioso, lo juzga virtuoso. Tillich dice: «La virtud de los virtuosos es dura y segura de sí misma». (Así es como el niño ve a sus padres, aunque en realidad estos no sean virtuosos). Tillich pregunta:

¿Por qué los niños se apartan de sus virtuosos padres, y los maridos de sus virtuosas mujeres y viceversa? ¿Por qué los cristianos se apartan de sus virtuosos sacerdotes? ¿Por qué la gente se aparta de los barrios virtuosos? ¿Por qué tantos se apartan del virtuoso cristianismo y del Jesús que este describe y del Dios que proclama? ¿Por qué se vuelven hacia los que no son considerados virtuosos o justos? A menudo lo hacen porque quieren escapar al juicio.[20]

La experiencia religiosa es la huida del juicio, la aceptación incondicional. La «fe de nuestros padres» no es lo mismo que mi fe, aunque, ejercitando mi fe, puedo llegar a la misma experiencia que tuvieron ellos, con el mismo objeto con que la tuvieron ellos.

Existe un tipo de experiencia religiosa que puede ser cualitativamente diferente de la experiencia que acabo de describir, en la que se excluye al Padre. En ella se produce un sentimiento de gran alivio que procede de una adaptación total al Padre: «Voy a abandonar mi mal camino y a ser exactamente lo que tú (Padre) quieres que sea». Un buen ejemplo de ello es la mujer «conversa», cuya primera acción, para confirmar su salvación, consiste en dejar de pintarse los labios. En este caso, la salvación no se experimenta como un encuentro independiente con un Dios, sino como la conquista de la aprobación de la gente piadosa que dicta las normas. La «voluntad de Dios» es la voluntad del Padre que pertenece a una religión determinada. Freud cree que el éxtasis religioso es de la siguiente manera: el Niño siente la omnipotencia entregándose por completo al Padre omnipotente. La posición es: «yo estoy bien en tanto que...». Esta conciliación produce un sentimiento tan glorioso que se desea vivamente volver a experimentarlo, lo que se traduce en retrocesos que facilitan el camino a una nueva experiencia de «conversión», de la cual el Adulto no participa. La experiencia religiosa de los niños puede ser de este tipo. No podemos juzgar las experiencias religiosas de los demás porque no existe ningún modo cierto y objetivo de saber qué les ocurre realmente. No podemos decir que la experiencia religiosa de una persona es auténtica y la de otra no lo es. Una apreciación subjetiva, sin embargo, me lleva a pensar que hay una diferencia entre una experiencia religiosa basada en la aprobación del Padre y una basada en la aceptación incondicional.

Si es cierto que en la experiencia religiosa que he descrito en primer lugar nos vaciamos del Padre, quedan entonces el Niño y el Adulto. La cuestión de si el que experimenta a Dios es el Niño o el Adulto resulta realmente fascinante. Se ha dicho que el Dios de los filósofos no es el mismo que el Dios de Abraham, Isaac y Jacob. El Dios de los filósofos es una construcción «pensada», una búsqueda de sentido por parte del Adulto, una reflexión sobre la posibilidad de Dios. Abraham, Isaac y Jacob caminaban con Dios y hablaban con Dios. Experimentaban la trascendencia. La sentían. Su Niño participaba.

La teología es cosa del Adulto. La experiencia religiosa incluye también al Niño; es posible que sea algo exclusivo del Niño. Al fin y al cabo, el Abraham que siguió a Dios fuera de la tierra de Ur no había leído la Torah, y Pablo se convirtió sin la ayuda del Nuevo Testamento. Ambos tuvieron una experiencia, y sus vidas cambiaron a raíz de ella.

«Lo que hemos visto y oído os declaramos», escribía Juan. Tal vez la espontaneidad y el vigor de la Iglesia primitiva se debían al hecho de que carecía de una teología cristiana formal. Toda la literatura cristiana primitiva era en esencia un informe, un relato de lo que había ocurrido y de lo que se había dicho. «Antes estaba ciego y ahora puedo ver» es la afirmación de una experiencia y no una interesante idea teológica. Los antiguos cristianos se reunían para hablar de un encuentro apasionado, para comentar que habían conocido a un hombre, llamado Jesús, que iba con ellos, que reía con ellos, que lloraba con ellos, y cuya apertura y compasión por la gente eran un ejemplo histórico central del «yo estoy bien, vosotros estáis bien».

H. G. Wells dijo: «Soy un historiador. No soy un creyente. Pero debo confesar, como historiador, que ese predicador pobre de Galilea es, irresistiblemente, el centro de la historia».

Los primeros cristianos confiaban en él, creían en él y cambiaban. Se contaban unos a otros lo sucedido. Había en ello muy poca de esa actividad ritual, no experimental, de las iglesias de hoy. El doctor Harvey Cox, de la Harvard Divinity School, dijo en una entrevista publicada en *Colloquy*, la revista mensual que publica la Iglesia Unida de Cristo:

Las primeras reuniones de los seguidores de Jesús carecían de la solemnidad de la mayoría de los cultos de hoy en día. Aquellos cristianos se reunían para lo que ellos llamaban la partición del pan, es decir, para compartir un ágape.

Tomaban pan y vino, recordaban las palabras de Jesús, leían cartas de los Apóstoles y de otros cristianos, intercambiaban ideas, cantaban y rezaban. Sus servicios religiosos resultaban actos más bien ruidosos, más parecidos a la celebración de la victoria de un equipo de fútbol que a lo que llamamos actualmente cultos religiosos.[21]

El suyo era un estilo de vida nuevo, revolucionario, basado en el «yo estoy bien, vosotros estáis bien». Si el cristianismo fuera únicamente una idea intelectual, probablemente no habría sobrevivido, teniendo en cuenta sus frágiles comienzos. Sobrevivió porque su advenimiento fue un acontecimiento histórico, como lo fue la marcha de Abraham de la tierra de Ur, el éxodo de Moisés de Egipto o la conversión de Pablo en el camino de Damasco. Podemos no comprender la experiencia religiosa, podemos diferir en cuanto a su explicación, pero, si somos honestos, no podemos negar las narraciones que, a lo largo de los siglos, nos han llegado de hombres dignos de crédito acerca de esa clase de experiencias.

¿QUÉ SE SIENTE EN UNA EXPERIENCIA RELIGIOSA?

Las narraciones existentes sobre experiencias religiosas las describen más como una presencia de Dios que como un conocimiento de Dios. Tal vez sean, en realidad, inefables, y quizá la única prueba objetiva de su validez sea el cambio que producen en la vida de la persona que las ha vivido. Este cambio puede advertirse en individuos que son capaces de eliminar el no estar bien de las posiciones que habían adoptado anteriormente acerca de sí mismos y de los demás. La decisión de adoptar la posición «yo estoy bien, vosotros estáis bien» ha sido descrita como una experiencia de conversión.

La siguiente descripción formulada por Tillich en *El nuevo ser* parece acercarse mucho a lo que debe de sentirse en la experiencia religiosa. Empieza por preguntar: «¿Sabes qué significa recibir el rayo de la gracia?». (Parafraseando: ¿sabes qué significa experimentar el «yo estoy bien, vosotros estáis bien»?). Tillich responde a esa pregunta en los siguientes términos:

No quiere decir que, de repente, creamos que Dios existe, o que Jesús es el Salvador, o que la Biblia contiene la verdad. Creer que algo es, es casi lo contrario de la gracia. Más aún, la gracia no significa simplemente que estamos realizando progresos en nuestro autodominio moral, en nuestra lucha contra la sociedad. Los progresos morales pueden ser fruto de la gracia; pero no son la gracia en sí, y hasta pueden impedirnos recibir la gracia... Y, ciertamente, [la gracia] no nos llegará mientras pensemos, en nuestra autocomplacencia, que no la necesitamos. La gracia recae sobre nosotros cuando estamos sufriendo mucho y nos hallamos inquietos. Cae sobre nosotros como un rayo mientras cruzamos el oscuro valle de una vida vacía y sin sentido. Nos golpea cuando sentimos que nuestro aislamiento es mayor de lo habitual, porque hemos violado otra vida. Nos golpea cuando nuestro disgusto hacia nosotros mismos, nuestra indiferencia, nuestra debilidad, nuestra hostilidad y nuestra falta de dirección se nos hacen intolerables. Nos golpea cuando, año tras año, la tan deseada perfección de vida no aparece, cuando las viejas compulsiones gobiernan en nosotros como lo han hecho durante décadas, cuando la desesperación destruye toda alegría y todo valor. A veces, en ese momento, una oleada de luz irrumpe en nuestras tinieblas, y es como si una voz estuviera diciendo: «Eres aceptado; aceptado por aquello que es más grande que tú y cuyo nombre no conoces. No preguntes ahora el nombre; tal vez lo descubras más adelante. No intentes hacer nada ahora; tal vez más tarde hagas mucho. No busques nada; no hagas nada; no te propongas nada. ¡Simplemente acepta el hecho de que eres

YO ESTOY BIEN, TÚ ESTÁS BIEN

aceptado!». Si eso nos ocurre, experimentamos la gracia. Después de una experiencia como esa podemos no ser mejores que antes, y podemos no tener más fe que antes, pero todo ha sido transformado. En ese momento, la gracia vence al pecado, y la reconciliación establece un puente que salva el aislamiento. Y nada se exige de esa experiencia, ningún presupuesto religioso, moral o intelectual, nada salvo la aceptación.

A la luz de esa gracia, percibimos el poder de la gracia en nuestras relaciones con los demás y con nosotros mismos. Experimentamos la gracia de poder mirar con franqueza a los ojos de otro, la milagrosa gracia de la reunión de una vida con otra vida.

Eso es intimidad. Eso es conciencia. Berne dice en *Los juegos de la gente*: «La conciencia es la capacidad para ver una cafetera y oír el trino de un pájaro cada uno a su manera, y no tal como nos enseñaron». Tillich habla de experimentar a Dios o la gracia a nuestra manera, y no de la forma como nos enseñaron. Toda idea preconcebida de lo que es Dios se interpone en el camino de la experiencia de Dios. Por eso sostengo que un aspecto importante de la experiencia religiosa de intimidad es la exclusión del Padre.

Dice Berne, también en *Los juegos de la gente*:

Un niño pequeño ve unos pájaros y los escucha con deleite. Entonces, el «buen padre» se presenta y considera que debe «compartir» la experiencia y ayudar a su hijo a «desarrollarse». Dice: «Esa es una alondra, y ese un jilguero». En el momento en que el niño se preocupa de qué es una alondra y qué es un jilguero, ya no puede ver los pájaros ni oírlos cantar. Los ve y los oye tal como su padre quiere que lo haga. El padre tiene buenas razones en las que apoyarse, puesto que nadie puede andar por la vida escuchando el canto de los pájaros, y cuanto antes el niño empiece su «educación», mejor... Algunas personas, sin embargo, pueden todavía ver y oír al viejo modo. Pero la mayoría de los miembros de la raza humana han perdido esa capacidad... y no pueden ver y oír directamente aunque pudieran permitírselo; todo les llega de segunda mano.

Por eso la teología o la religión pueden interponerse en el camino de la experiencia religiosa. Es difícil experimentar el éxtasis si mi mente está ocupada por una pintura afeminada de Jesús, ángeles con alas difíciles de imaginar, la serpiente del Jardín del Edén, la predestinación o los detalles más rebuscados del purgatorio. La intimidad es una experiencia del Niño natural (el Niño que escucha el canto de los pájaros a su manera). «Habitualmente —dice Berne—, la adaptación a las influencias del Padre es lo que lo echa a perder, y, por desgracia, este hecho es casi universal».

La adaptación comienza con el nacimiento. Jesús dijo: «Si un hombre no vuelve a nacer, no podrá ver el reino de Dios». El nuevo nacimiento del que habla Jesús, creo yo, es el nuevo nacimiento del Niño natural. Este es posible una vez que el Adulto ha comprendido que el «no estar bien» ha sido un producto del proceso de adaptación o de civilización. Cuando nos apartamos del Padre, existe la posibilidad de intimidad hasta con nuestros progenitores. Ellos también sufrieron el proceso de adaptación.

LA GENTE EN PERSPECTIVA

Una de las maneras más eficaces de reforzar al Adulto para llevar a cabo la tarea de examinar los datos del Padre (que pueden ser extremadamente dominantes para el Niño, en particular dentro del sector de la religión) consiste en retroceder en busca de una mayor perspectiva, de una visión más amplia.

Yo conseguí una visión más amplia gracias a un «calendario» de la evolución del hombre, escrito por Robert T. Francoeur:

De modo arbitrario, porque la fecha exacta de la aparición del hombre nunca se conocerá, calculemos que el hombre surgió hace un millón y medio de años. Y comparemos luego la historia de la humanidad con un calendario anual en el que un «día» equivalga a mil años de historia de la humanidad.

Según ese plan, en el día primero de enero aparecerían los antepasados del *Homo habilis*. El *Homo habilis* andaba erguido y utilizaba herramientas sumamente rudimentarias. Cazaba en grupo, y probablemente no hablaba como lo hacemos nosotros, pero tendría algún medio para comunicarse. El habla, tal como la conocemos actualmente, se desarrolló muy gradualmente durante los tres primeros meses de nuestro «año». El progreso evolutivo del hombre fue, en el mejor de los casos, aburrido y lleno de etapas y pausas: primero el fuego para protegerse del frío y de las fieras, y mucho después para cocinar; a continuación, las herramientas talladas en piedra, el arte de la caza, la lenta concentración y las circunvoluciones de la corteza cerebral. Llegó el verano, y pasó; y el otoño estaba ya en sus dos tercios cuando, por fin, apareció el hombre de Neanderthal, hacia primeros de noviembre. Cabe encontrar los primeros indicios de una creencia religiosa en las tumbas de los últimos hombres de Neanderthal, hacia el 17 de diciembre de nuestro «año».

Aproximadamente el 24 de diciembre, todas las formas *non sapiens* y primitivas del hombre se habían extinguido o habían sido absorbidas por el hombre de Cromagnon, más moderno y avanzado. La agricultura empezó hacia el 28 de diciembre, y toda nuestra era histórica, de los seis a diez mil breves años de los cuales conservamos testimonios, caben en los dos últimos días del «año». Sócrates, Platón y Aristóteles nacieron a las nueve de la mañana del 31 de diciembre, Cristo al mediodía y Colón hacia las nueve y media de la noche. La última hora del 31 de diciembre, desde las once hasta la medianoche del Nuevo Año, contiene los siglos XIX y XX enteros.[22]

Desde esa perspectiva nos damos cuenta claramente de que nuestro tipo particular de «religión de los viejos tiempos», con su aspiración a ser la única que sabe de Dios y de su creación, no es tan antigua.

La fe, dice Trueblood, no es un salto a la nada sino un camino reflexivo a la luz de lo que sabemos. Parte de esa luz es el reconocimiento de que el mundo que «Dios tanto amó» es considerablemente más amplio que nuestra comprensión personal del mismo. Al menos, ese reconocimiento debería hacernos modestos y acallar nuestras aspiraciones a tener la exclusiva de la verdad.

Eso me recuerda la frase de un político que dijo: «Cuando los blancos y los negros y los morenos y los de todo color decidan que van a convivir como cristianos, entonces y solo entonces, veremos el fin de esos problemas». Esa afirmación puede significar algo para él, pero ¿qué significa para los millones de personas de nuestro mundo actual que no saben quién fue Cristo ni han oído jamás su nombre?

Hay otro sistema para ver a la gente en perspectiva. En un discurso que escuché hace algún tiempo, el orador presentó los siguientes datos estadísticos:

Si los miles de millones de habitantes del mundo se pudieran representar en una comunidad de cien personas, seis serían ciudadanos de Estados Unidos, y noventa y cuatro serían ciudadanos de otros países.

Seis poseerían la mitad del dinero del mundo, mientras que noventa y cuatro compartirían la otra mitad. De los noventa y cuatro, veinte poseerían prácticamente toda la mitad restante.

Seis acapararían quince veces más posesiones materiales que los restantes noventa y cuatro juntos.

Seis tendrían el setenta y dos por ciento más de la media de alimentos diarios necesarios. Dos tercios de los noventa y cuatro poseerían mucho menos de lo necesario, y muchos de ellos estarían muriéndose de hambre.

Seis disfrutarían de una esperanza de vida de setenta años. Los noventa y cuatro restantes la tendrían de solo treinta y nueve años.

De estos noventa y cuatro, treinta y tres procederían de países donde se enseña la fe cristiana. De los sesenta y uno restantes, veinticuatro serían católicos y nueve protestantes.

Menos de la mitad de los noventa y cuatro habrían oído el nombre de Cristo, en tanto que la mayoría sabrían algo de Lenin. Entre los noventa y cuatro habría tres documentos comunistas más vendidos que la Biblia.[23]

Nos engañamos a nosotros mismos si continuamos formulando declaraciones rotundas sobre Dios y el hombre sin tener presentes los hechos de la vida: la larga historia del desarrollo del hombre y la actual diversidad del pensamiento humano. Puede que esos datos horroricen a algunos. «¡No hay nada que hacer!», exclamarán. Prefiero la opinión de Teilhard. Una vez, cuando le preguntaron qué le hacía feliz, dijo: «Soy feliz porque el mundo es redondo». Las fronteras, los ángulos o las esquinas no son físicos sino psicológicos. Si retiramos las vallas psicológicas levantadas para proteger al Niño que «no está bien» que hay en cada persona, no habrá barreras que nos impidan vivir juntos en paz.

Comparto también la opinión esperanzada del señor Hirschberger, el tendero de la obra de Adela Roger St. Johns, *No se lo digas a nadie*: «Algo está en marcha, joven Hank, algo grande; empezamos a despertar de nuestro largo sueño. Algo grande y nuevo, como cuando Moisés bajó de la montaña; la evolución está convergiendo, la gloria del hombre empieza a conseguir que un pequeño brote verde se abra paso a través de toda la porquería y la inmundicia de lo que llamamos la realidad».[24]

¿QUÉ ES LA TERAPÉUTICA DE LA REALIDAD?

Al principio de este capítulo he declarado que la realidad es nuestro instrumento de tratamiento más importante. He debatido cierto número de realidades. Y, para finalizar este capítulo, deseo comparar brevemente el análisis conciliatorio con la terapéutica de la realidad, creada por el doctor William Glasser.[25] Glasser sostiene que el problema básico del hombre es moral en el sentido de que ser responsable es algo indispensable para la salud mental.

Creo que ambos enfoques —el análisis conciliatorio y la terapéutica de la realidad— pueden considerarse como productos de una nueva psiquiatría nacida de la insatisfacción producida por la ineficacia y la irrealidad de dos tipos de psicoterapéutica y de psicología clínica que, en efecto, prescinden de la moral en el tratamiento. Tanto el análisis conciliatorio como la terapéutica de la realidad sostienen que las personas son responsables de su conducta. Pero hay una diferencia esencial. Disiento de Glasser en su negación de la importancia del pasado para la comprensión del comportamiento presente. No creo en el juego de la «arqueología», ni en escarbar en el pasado, pero tampoco creo que se pueda ignorar totalmente el pasado. Para mí, el hombre que ignora su pasado es como el que permanece de pie bajo la lluvia, pensando en su remojón, mientras se moja cada vez más. Decir a un paciente que debe ser responsable no es en absoluto lo mismo que conseguir que se haga responsable. El análisis conciliatorio también es una «terapéutica de la realidad», pero proporciona respuestas que no creo que Glasser pueda aportar. ¿Qué sucede, por ejemplo, con la gente que no puede percibir la realidad o cuya percepción de esta se halla deformada (contaminada)? ¿Qué se puede contestar a los que saben lo que deben hacer pero no lo hacen?

Dice Glasser: «Nosotros no nos preocupamos de los procesos mentales inconscientes, no nos metemos en la historia del paciente, porque no podemos ni cambiar lo que le ocurrió ni aceptar el hecho de que esté limitado por su pasado».

Es verdad que no podemos cambiar el pasado. Pero este se insinúa invariablemente en nuestra vida presente a través del Padre y del Niño, y, a menos que comprendamos por qué ocurre tal cosa, no llegaremos a disponer de un Adulto emancipado por medio del cual podamos convertirnos en las personas responsables que Glasser nos aconseja que seamos. Antes de dar la espalda al pasado tenemos que comprender nuestro Padre-Adulto-Niño. Cada vez que un terapeuta nos dice que «debemos», eso es el Padre. Si decidimos hacerlo nosotros mismos, porque comprendemos cómo estamos constituidos, eso es el Adulto. El poder de permanencia de nuestra decisión depende totalmente de si esta procede del Padre o del Adulto.

Otra de mis reservas con respecto a la terapéutica de la realidad es que no posee un lenguaje especial para comunicar lo «que ha sucedido». Dice Glasser: «La capacidad del terapeuta para participar es lo más importante en el ejercicio de la terapéutica de la realidad, pero es sumamente difícil de describir. ¿Cómo expresar con palabras la rápida construcción de una poderosa relación emocional entre dos personas relativamente extrañas?».

En el análisis conciliatorio tenemos esas palabras. El paciente, inicialmente, se presenta con su Niño y ve al terapeuta como Padre. En la primera sesión, se define al Padre, al Adulto y al Niño, y esas palabras se emplean después para definir el contrato, es decir lo que las dos partes esperan una de otra, y las dos del tratamiento. El terapeuta está para enseñar y el paciente para aprender. El contrato es entre Adultos. Si se pregunta al paciente qué sucedió, puede explicarlo. Ha aprendido a identificar a su Padre, su Adulto y su Niño. Ha aprendido a analizar sus conciliaciones. Ha adquirido un instrumento para liberar y fortalecer a su Adulto, y solo ese Adulto puede ser responsable.

Estoy totalmente de acuerdo con Glasser en su punto central, el de la responsabilidad, de la misma manera que estoy de acuerdo con el ideal de los Diez Mandamientos y de la regla de oro. Pero lo que a mí me preocupa es por qué esas admoniciones no producen automáticamente personas responsables. Limitarse a formularlas de nuevo, bajo otra forma, no creo que solucione nada.

No podemos hacer que las personas sean responsables si no las ayudamos antes a descubrir la posición de «yo estoy mal, tú estás bien» que subyace a todos los juegos destructivos y complicados que practican. Una vez que hemos comprendido las posiciones y los juegos, empieza a emerger la posibilidad real de la libertad de reacción o respuesta. Mientras las personas permanezcan atadas al pasado no serán libres para responder a las necesidades y aspiraciones de los demás en el presente; y «decir que somos libres —afirma Will Durant— simplemente significa que sabemos lo que estamos haciendo».[26]

13

REPERCUSIONES SOCIALES DEL PADRE-ADULTO-NIÑO

La historia está poblada de tiranos que han hecho lo inconcebible. Y el retoño subsiste.

En busca del Hombre (documental de ABC-TV y Wolper Productions)

Nuestra comprensión acerca de por qué los individuos actúan como lo hacen ¿arroja alguna luz sobre por qué los grupos humanos, como las naciones, actúan como lo hacen? Es importante que se formule esa pregunta, porque si no se hace y no se le da una rápida respuesta, es posible que ya no merezca la pena preocuparse por los individuos.

«¿Creen ustedes, realmente, que un ser humano es un ser racional? —preguntó el senador William Fulbright en una sesión del Comité de Relaciones Extranjeras del Senado—. En Vietnam, para que algunas personas que nunca han tenido la oportunidad de elegir puedan hacerlo, estamos dispuestos a matar a millares de ellas. Esto no me parece racional».

Teniendo en cuenta que los modelos de conducta, tanto personales como colectivos, se transmiten de una generación a otra a través del Padre, es tan importante para una nación adoptar una actitud escrupulosamente crítica ante sus instituciones y procedimientos como lo es para un individuo. Estados Unidos facilita una gran libertad para ese tipo de examen crítico, pero nuestra manera de ejercer efectivamente esa libertad es cuestionable. Defendemos a nuestro Padre nacional o colectivo con gran sentimentalismo y parece que olvidemos que las demás naciones hacen lo mismo. Llamamos patriotismo a nuestra defensa y esclavización a la de los demás. En cierto modo, todas las naciones viven detrás de un telón. Tal vez sea el mismo.

El jefe de la Inspección Escolar de California, Max Rafferty, define la buena ciudadanía del modo siguiente:

> El buen ciudadano es respecto a su país lo que un buen hijo es respecto a su madre. La obedece porque ella es superior, porque une en sí la visión de muchos, y porque le debe su existencia y su alimento.
>
> La honra por delante de todo lo demás, colocándola en una capilla especial dentro de su corazón, ante la cual arden eternamente los cirios del respeto y la admiración.
>
> La defiende contra todos sus enemigos y está dispuesto a dar la vida por ella.
>
> Y, por encima de todo lo demás, la ama profundamente y sin exhibiciones, sabiendo que, aunque comparte ese privilegio con otros, la naturaleza de su propio afecto es única y personal, procede de los manantiales más profundos de su ser, y que es correspondido. Ese es el buen ciudadano. Mientras su clase prevalezca, florecerá también la Gran República.[1]

La única respuesta mesurada ante tal declaración es: «Eso depende». Obedeceremos, honraremos y defenderemos a nuestra madre, a nuestro Padre, o a nuestro Padre nacional, dependiendo de cómo sea ese Padre. Es posible que por el hecho de pensar que debemos creer en una idea, seamos incapaces de ver claramente en qué consiste.

Esa es precisamente la misma clase de devoción que induce al pueblo de la India a permitir que las ratas devoren el veinte por ciento de sus insuficientes reservas de alimentos, o que obliga a una mujer india a tener diez hijos, condenados a morir de hambre por la calle, porque su Padre no le permite que un médico varón le coloque un contraconceptivo intrauterino. Su Padre no se opone al anticonceptivo sino tan solo al médico varón. Y no hay suficientes mujeres médicos para llevar a cabo esa operación a gran escala. En todo el mundo advertimos muestras de «ceguera», y, sin embargo, no nos damos cuenta de que es una ceguera común a todos los hombres. Se trata de la misma ceguera del niño del capítulo dos, que está obligado a creer que «los policías son malos», en contra de las pruebas que le aportan sus ojos y oídos. Es el miedo y la «dependencia» originales del niño lo que le lleva a aceptar los dictados de sus padres para preservar su vida. Podemos mirar su situación de un modo compasivo. Tal vez si nos concentráramos, no en el Padre de nuestros «enemigos del mundo», sino más bien en su Niño, con la esperanza de restablecer una comunicación Adulto-Adulto, podríamos empezar a valorar con compasión y comprensión lo que se necesita hacer para crear un mundo mejor.

Nuestros temores nos condicionan, por ejemplo, obligándonos a ver en la China comunista únicamente al ominoso Padre, amenazador, irritado y fuerte. En su valoración de la posición adoptada por el senador William Fulbright sobre la China comunista, Eric Sevareid expresa un punto de vista diferente:

Fulbright, como buen conocedor de la historia y de su imprevisibilidad, encontraría infantiles tales temores. Se siente más inclinado a interpretar los atronadores desafíos de la propaganda china como lo hace el secretario general de las Naciones Unidas, U Thant, como la conducta natural de un régimen abrumado por las dificultades interiores y que se siente cada vez más «sitiado» por Rusia y Estados Unidos. Los procesos mentales de Fulbright son tales que intentaría imaginar la reacción de su propio país si un ejército chino estuviera luchando, supongamos, en el sur de México, y sus aviones soltaran bombas a cuarenta millas de Río Grande.

Fulbright intenta dar la vuelta a un problema internacional, no solo para comprender los intereses básicos de un adversario, sino para intentar imaginar qué es lo que realmente siente ese adversario en el fondo de su corazón. Considera que el mundo es demasiado peligroso para actuar de otro modo.[2]

A la pregunta de Fulbright sobre si el hombre es un ser racional, el doctor Jerome Frank, profesor de Psiquiatría de la universidad Johns Hopkins, que estaba presente en la sesión del Comité de Relaciones Extranjeras del Senado, contestó: «Somos racionales solo a ratos, de un modo intermitente. Pienso que actuamos bajo los efectos de una gran cantidad de temores y tensiones emocionales, que nos dificultan pensar con claridad. Tenemos derecho a temer las armas nucleares».

También el niño tiene derecho a temer una paliza de un padre brutal. Lo importante, sin embargo, no es si tiene o no derecho a tener miedo, sino qué puede hacer para remediar la situación. Cuando el miedo domina toda su vida, se hace imposible el tratamiento de datos, el cual, efectuado con precisión, podría permitir adoptar una posición curativa (individual o mundial): el «yo estoy bien, vosotros estáis bien».

Esto mismo expresó en otra ocasión el senador Fulbright, en un discurso pronunciado en 1964 (las frases entre corchetes pertenecen al autor de este libro):

Hay una divergencia inevitable, atribuible a las imperfecciones de la mente humana [el Adulto contaminado], entre el mundo tal como es [visto por el Adulto emancipado] y tal como lo perciben los hombres [visto por el Padre, el Niño o el Adulto contaminado]. Mientras nuestras percepciones permanecen razonablemente próximas a la realidad objetiva [no contaminada], podemos actuar sobre nuestros problemas de un modo racional y adecuado [Adulto]. Pero cuando nuestras percepciones no están a la altura de los acontecimientos [son arcaicas], cuando nos negamos a creer en algo porque nos desagrada [al Padre] o nos asusta [al Niño], o porque es algo que no conocemos y nos sorprende, entonces la distancia entre el hecho y la percepción se convierte en un abismo y la acción se vuelve irracional e incongruente.[3]

¿HASTA QUÉ PUNTO SOMOS CAPACES DE SER IRRACIONALES?

El horror que la mayoría de las personas experimentaron cuando se descubrió lo que había sucedido en la Alemania nazi durante la Segunda Guerra Mundial fue, a menudo, acompañado de virtuosas afirmaciones como «algo así jamás habría podido suceder aquí» o «nosotros no habríamos permitido semejantes atrocidades».

¿No lo habríamos permitido jamás? ¿Qué ocurrió en la Alemania nazi? ¿Somos todos capaces de ser irracionales? ¿Hasta qué punto? ¿Quién marca los límites?

Uno de los artículos más escalofriantes que he leído fue una crítica escrita por el psiquiatra Ralph Crawshaw[4] sobre el libro de Fred J. Cook, publicado por Macmillan con el título *El país corrompido: la moral social de la América moderna*.

Escribía Crawshaw:

En esencia, Cook nos dice en *El país corrompido* que los ciudadanos americanos han abandonado su moral personal por una moral colectiva e institucionalizada. Han abandonado la convicción reflexiva por el sentimentalismo comprometido y la popularidad, es decir, la responsabilidad por la obediencia. Amarga medicina, ciertamente. Siempre podemos parapetarnos detrás del hecho de que no posee pruebas estadísticas, de que se trata de una mera impresión personal suya, de que, en realidad, no tiene demasiada importancia. ¿O sí la tiene?

Cito un fragmento de la crítica acerca de un informe de Crawshaw sobre un proyecto de investigación realizado por Stanley Milgram en la Universidad de Yale, que aporta pruebas en respuesta a esa cuestión:

Las investigaciones de Stanley Milgram en Yale empiezan a ofrecer una base científica a las deducciones de Cook. Milgram llevó a cabo una serie de experimentos psicológicos sobre la obediencia. Tomó una muestra variada de la población masculina adulta (de veinte a cincuenta años) de Bridgeport, Connecticut, en la que había desde obreros no cualificados hasta profesionales. El experimento aspiraba a determinar hasta qué punto una persona estaría dispuesta a castigar a otra en cumplimiento de órdenes, pero fue camuflado como un estudio científico realizado por la sociedad Bridgeport Research Associates sobre técnicas docentes. Los sujetos fueron seleccionados al azar, y se les pagaba cuatro dólares y medio por su tiempo.

Se ataba un supuesto «alumno» a una «silla eléctrica», después de haber permitido al sujeto (que hacía las veces de maestro) experimentar una sacudida eléctrica de cuarenta y cinco voltios, a modo de prueba, para convencerle de la autenticidad del instrumento. Después, desde una habitación contigua, el sujeto (maestro), administraba una descarga eléctrica de intensidad creciente por cada respuesta incorrecta. En realidad, el «alumno» no recibía la corriente, pero sus reacciones salían de una cinta magnetofónica en la que se habían grabado jadeos, ruegos y aullidos en relación con el sucesivo aumento de voltaje. Las respuestas habían sido preparadas previamente, de modo que el único factor limitador que podría impedir al «maestro» administrar la descarga eléctrica máxima fuera su compasión por el dolor de un ser humano. Para el maestro (el hombre de la calle) el conflicto consistía en elegir entre la obediencia al sistema autoritario y su propia creencia sobre no hacer daño a otra persona.

¿Qué porcentaje de los pretendidos maestros llegaron hasta el final y administraron la máxima descarga? Antes de aventurar una cifra, escucha la voz del *hombre de la calle*:

Descarga de 150 voltios: «¿Quiere usted que siga?» (ORDEN).

Descarga de 165 voltios: «Ese tipo está chillando. Hay mucha gente aquí. A lo mejor sufre del corazón. ¿Quiere que siga?» (ORDEN).

Descarga de 180 voltios: «No puede soportarlo. ¡No voy a matar a ese hombre! ¿No le oye chillar? Está aullando. No puede soportarlo. ¿Y si le ocurriera algo? Ya sabe a qué me refiero. Quiero decir que declino toda responsabilidad». (EL EXPERIMENTADOR ACEPTA LA RESPONSABILIDAD) «Conforme».

195 voltios, 210, 225, 240, etc.

El sujeto (maestro) no dejaba de obedecer al experimentador. En este experimento participaron cerca de un millar de maestros. ¿Qué tanto por ciento de ellos obedecieron hasta el final? Di una cifra antes de seguir leyendo. El grupo de cuarenta psiquiatras que estudió el proyecto predijo que sería la décima parte del uno por ciento. En el experimento real, el sesenta y dos por ciento obedeció hasta el final las órdenes del director del experimento. ¿Cuál fue tu cálculo?

Milgram concluía: «Con monótona regularidad podía verse a unas buenas personas cediendo bajo las exigencias de la autoridad, y realizando acciones malvadas y graves. Personas que en la vida cotidiana son responsables y decentes se dejaban seducir por el señuelo de la autoridad, por el dominio de sus percepciones y por la aceptación acrítica de la definición de la situación dada por el experimentador, hasta el extremo de realizar acciones crueles. Los resultados, tal como los vi en el laboratorio, me resultan inquietantes. *Suscitan la posibilidad de que la naturaleza humana, o, más específicamente, el tipo*

*de carácter generado en la sociedad democrática americana, no aísla a sus
ciudadanos de la brutalidad y del trato inhumano bajo la dirección de una
autoridad malévola»*[5] [La cursiva es mía].

Las deducciones que cabe extraer del experimento son realmente escalofriantes si consideramos que los resultados solo tienen
que ver con algo irredimible que forma parte de la naturaleza humana. Sin embargo, con el análisis transaccional podemos hablar
del experimento en otros términos. Podemos decir que el sesenta
y dos por ciento de los sujetos no tenían un Adulto emancipado
con el que analizar la autoridad del Padre de los experimentadores.
Evidentemente, la suposición de que «cualquier experimento necesario para la investigación es bueno» no fue sometida a crítica. Tal
vez esa misma suposición fue la que permitió a reputados científicos participar en las atrocidades de laboratorio de la Alemania nazi.

Siendo niños, la mayoría de nosotros aprendimos a «respe-
tar como es debido» a la autoridad. Esa autoridad residía en el
policía, el conductor del autobús, el sacerdote, el maestro, el car-
tero, el director de la escuela y también en los lejanos personajes
del gobernador, el congresista, el general y el presidente. La reacción de muchas personas ante la aparición de esas encarnaciones
de la autoridad es automática. Por ejemplo, si estás conduciendo
a gran velocidad y, de repente, ves un coche de la policía de tráfico no razonas conscientemente que es mejor reducir la marcha: el
pie se levanta automáticamente del acelerador. La vieja grabación
de «ándate con cuidado» se reproduce a pleno volumen y el Niño
responde de forma automática, como lo hizo siempre. Pensándo-
lo bien, el Adulto reconoce que son necesarias las limitaciones de
velocidad. Por consiguiente, la respuesta automática, en esa situación, es buena.

Sin embargo, no todas las reacciones automáticas ante la autoridad son igualmente buenas. La obediencia puede entrañar un
grave riesgo si el Adulto no ordena los nuevos datos de un mundo

en cambio constante. Por consiguiente, a pesar de todo, podemos contemplar con esperanza el clima actual de disentimiento y de protesta que existe en nuestro país. Las manifestaciones y la actitud inquisitiva de los jóvenes indican que hay salud y fuerza en su negativa a acatar ciegamente la autoridad o a aceptar sin discusión leyes que consideran contrarias a la justicia y la supervivencia. Las leyes no son la verdad definitiva. Han existido leyes malas junto con otras buenas, y muchas de las malas se han cambiado gracias a protestas como las que presenciamos en la actualidad. Si no tenemos en cuenta la protesta no violenta, debemos temer que el Niño tome las riendas y se lance a los disturbios y la violencia. Si no nos atenemos a la razón, nuestras respuestas aparecerán cada vez más dominadas por el miedo. Al mismo tiempo, debemos tener en cuenta las exigencias del procedimiento democrático, que no puede funcionar sin leyes. Como dijo Churchill: «La democracia es la peor forma de gobierno que uno puede imaginar hasta que intenta imaginar otra mejor». Pero la democracia solo puede funcionar si cuenta con un electorado inteligente, y un electorado inteligente es un electorado Adulto. Un gobierno del Padre, por el Padre y para el Padre está condenado a desaparecer de la Tierra.

¿ES DIFERENTE LA GENERACIÓN JOVEN?

Muchos padres se sienten gravemente turbados ante la actitud independiente que adoptan los jóvenes de hoy. La idea de reducir la presión paterna no es bien recibida, y algunos sostienen que lo que hay que hacer es aumentarla y endurecerla. Para muchos padres resulta imposible creer que pueda salir algo constructivo o práctico de la cabeza de un joven estudiante que lleva el pelo largo, luce insignias protestatarias y fuma marihuana, aunque esos mismos padres sean incapaces de defender en términos lógicos el cabello corto, los ritos de iniciación de su organización fraternal o los rituales de sus cócteles en sociedad. «Esos jóvenes maleducados están destruyendo todo lo que con tanto esfuerzo nos costó construir», decía un padre enfurecido ante los movimientos a favor de la libertad de expresión de la Universidad de California. Hay algo de verdad en esas palabras: los jóvenes pueden ser destructivos, y algunos lo son. No han pagado impuestos, ni han ayudado a establecer las instituciones que atacan. Por otra parte, no tienen voto, y, sin embargo, se les exige que paguen algo más que impuestos. Se les exige que den su vida en guerras que muchos de ellos no aprueban.

Un examen del Padre-Adulto-Niño del estudiante universitario de hoy aporta una nueva comprensión de su carácter, lo cual nos ayuda a liberar esa cuestión de su clásico contexto (el enfrentamiento entre generaciones) con su inútil y angustiado «¿no es horrible?».

En 1965, una de las grandes instituciones docentes del mundo, la Universidad de California, en Berkeley, fue sacudida por una serie de ruidosas conciliaciones que resonaron en todo el mundo. Allí se puso en evidencia el Niño rebelde de muchos de los estudiantes, con su eslogan: «No confíes en nadie de más de treinta años». También el Padre se puso de manifiesto, por ejemplo, en la virtuosa indignación del presidente de la Junta de Regentes ante el uso flagrante de cierta palabra soez. Y también el Adulto se reveló en la figura del rector de la Universidad, Clark Kerr, que fue despedido en enero de 1967. (Las decisiones tomadas por el Adulto no garantizan los aplausos, la popularidad ni la seguridad, particularmente por parte de los que se sienten demasiado amenazados por la realidad para atreverse a reflexionar acerca de ella).

¿Qué ocurría realmente en el recinto universitario de Berkeley? ¿Cuál era el auténtico significado de la palabra soez empleada? ¿Por qué en una universidad famosa por ser una de las más liberales del país los estudiantes exigían libertad ilimitada en una protesta ruidosa y abierta contra toda autoridad universitaria? En un análisis completo de los disturbios de Berkeley, Maz Ways comentaba en *Fortune*:

Nunca ninguna institución docente ha merecido menos el nombre de tirano que la Universidad de California. Los estudiantes pueden —y en Berkeley la mayoría lo hace— vivir fuera del recinto sin que la universidad supervise su conducta. La gama de opciones académicas es enorme, con muy pocas exigencias, las mínimas, para dar unidad a los estudios. De hecho, muchas de las quejas del estudiante de Berkeley, formuladas como exigencias de más libertad, se derivan en realidad de lo que los educadores de otras universidades menos avanzadas considerarían una libertad excesiva.

Proseguía el mismo autor: «Una experiencia previa insuficiente del tipo institucional de autoridad, que actúa mediante reglas impersonales, hace que la universidad —y la sociedad— les parezca a muchos estudiantes una estructura social tiránica».[6]

La idea de la experiencia previa es importante. Examinemos los cinco primeros años de la mayoría de los estudiantes universitarios, muchos de los cuales, si no participaron activamente en la rebelión estudiantil, al menos simpatizaron con ella. La edad normal de los universitarios va desde los dieciocho años hasta los veintidós. Muchos de los estudiantes rebeldes habían nacido entre 1943 y 1946, y los años que más marcaron sus vidas transcurrieron entre la guerra y los primeros tiempos de la posguerra. Esos años se caracterizaron por la inestabilidad familiar, los traslados, la ausencia o la muerte del padre, el sufrimiento, la angustia, el cansancio de las madres y un ambiente social general que era como una ampliación de la inquietud del hogar. Muchos padres jóvenes, al volver del campo de batalla, ingresaron en colegios y universidades, beneficiándose de la legislación vigente, y reflexionaron profundamente sobre el estado de un mundo que tanto les había exigido. Sus hermandades y sus espíritus heridos apoyaban sus expresiones verbales de odio contra la guerra y la devastación. No capitularon fácilmente ante unas instituciones muertas y unos viejos clichés acerca de cómo debía ser el mundo. Sus hijos pequeños, ahora universitarios, no vieron la vida como un remanso de paz doméstica o un mundo a salvo gracias a la democracia. Vieron, a muy temprana edad, las fotografías de los campos de concentración y experimentaron las graves dudas que esas fotografías suscitaban en lo referente a la bondad del hombre. Y esos datos se grabaron en el Padre.

Por otra parte, muchos de aquellos niños eran los beneficiarios de los símbolos de prosperidad que sus padres derramaban sobre ellos a manos llenas. Limpios y aseados, atiborrados de vitaminas, con sus correctores dentales, eran asegurados por sus padres con vistas a su educación superior. Y sin embargo, ninguno de esos halagos conseguía borrar las primeras grabaciones, que ahora oímos reproducir en las «irracionales» actividades de los estudiantes protestatarios. Debemos tener la precaución de no generalizar sobre todos los estudiantes, o sobre todos los estudiantes protestatarios. Hay excepciones, sin duda. Algunos de los que protestaban eran mayores que otros. Algunos procedían de hogares que no perdieron la estabilidad durante los años de la guerra. Sin embargo, ese tipo de análisis resulta valioso. Y gracias a ese tipo de investigación podemos superar el «¿no es horrible?» sobre la joven generación.

El hecho de que, en los primeros años de su vida, esos jóvenes se vieran expuestos a un mundo de dificultades e inconsistencias no implica que no fuesen responsables de su conducta. Pero la comprensión de lo que se grabó entonces en el Padre y en el Niño de esos estudiantes ayuda a comprender sus actitudes. Reconocemos que los datos arcaicos no proceden solo del Niño rebelde y ansioso, sino también del Padre, que contiene asimismo muchas huellas de ansiedad y de rebeldía, de confianza y cansancio de un mundo que parece no poder pasar muchos años sin una nueva guerra. Un importante número de estudiantes, muchos de los cuales jamás habían vivido bajo una autoridad en la que pudieran confiar o que no pudieran manejar a su antojo, estaban ahora dispuestos a protestar contra toda autoridad, incluida la de la Universidad.

Habían sido condicionados para recibir grandes dones en cuanto a comodidades materiales pero no la cantidad suficiente de esa clase de pruebas que aseveran que las personas son importantes y que la vida tiene un sentido. Su Padre se hallaba fragmentado, su Niño deprimido, y su Adulto preguntaba con urgencia: «¿No hay nada más?».

Una de las graves críticas surgidas durante esta controversia fue que «la Universidad se había hecho demasiado grande»; semejante observación podría también hacerse a escala mundial. El canciller de la UCLA, Franklin Murphy, que era médico, contestó a esa cuestión con una impresionante metáfora biológica, que es también una observación importante acerca de un mundo que ha crecido demasiado:

No, no es demasiado grande. Pero ha tenido que crecer muy deprisa en los últimos años. Ha dominado la preocupación por la anatomía de la bestia más que por su fisiología. Si el cuerpo se adelanta al sistema nervioso, el animal no es capaz de coordinar; vacila sobre sus patas. Con la universidad hemos creado un sistema nervioso a medida del animal. Se necesita un sistema nervioso complicado para llevar a cabo esa compleja función, para trasladar los mensajes entre los órganos diferenciados. Se necesita más –y mejor– descentralización, y también más y mejor coordinación.

La función del «sistema nervioso» de una universidad es la misma que la del sistema nervioso del organismo humano: la comunicación. Es también la función del sistema nervioso que mantiene unido al mundo, y es la concentración en la comunicación –qué la facilita y qué la interrumpe– lo que producirá algo nuevo bajo el sol más que el viejo recurso de la violencia, que siempre es el mismo, llamémoslo guerra, actuación policial o intervención militar.

Los encargados de solucionar los problemas nacionales o internacionales hablan sin cesar de la «necesidad de diálogo», sin pararse jamás a considerar la necesidad de definir los términos. En el análisis transaccional hemos establecido un sistema único en su definición de términos y su reducción del comportamiento a una unidad básica de observación. El diálogo, para que nos conduzca a alguna parte, debe basarse en un acuerdo acerca de lo que se está examinando y sobre los términos que se pueden utilizar para describir lo que observamos. De lo contrario, solo tropezaremos con las palabras. Una persona que conocía a Shiran Shiran, el asesino del senador Kennedy, dijo de él: «Era un fanático en cuanto a su país y la política... pero, no, no era inestable». Palabras como «fanático» e «inestable» son inútiles para analizar o prever un comportamiento. Muchos de nuestros diálogos también resultan inútiles por la misma razón. Se habla mucho, pero no se comprende nada.

EL ANÁLISIS DE LAS CONCILIACIONES INTERNACIONALES

Si el análisis transaccional permite que dos personas comprendan lo que ocurre entre ellas, ¿podría utilizarse el mismo lenguaje para comprender lo que ocurre entre naciones? Al igual que sucede en el caso de los individuos, las conciliaciones entre naciones solo pueden ser complementarias si los vectores en el diagrama de la conciliación son paralelos. Las conciliaciones entre Adultos son las únicas conciliaciones complementarias que funcionarán en el mundo de hoy en vista de la aparición y autodeterminación de las naciones más pequeñas. Lo que en otro tiempo fue una relación Padre-Hijo entre países grandes y pequeños ha dejado de ser complementario. Los países más reducidos están creciendo. Ya no quieren ser el Niño. Ante sus, a veces amargas, críticas respondemos: «¿Cómo pueden sentirse así después de todo lo que hemos hecho por ellos?».

Una de las instituciones más esperanzadoras para el análisis de las conciliaciones internacionales es la de las Naciones Unidas. Las

Naciones Unidas han sobrevivido a numerosas conciliaciones cruzadas. Cuando el primer ministro de un gran país golpea la mesa, se interrumpe la comunicación. Cuando se nos dice: «Ésos nos enterrarán», nuestro Niño reacciona en el acto. Pero no debemos responder con nuestro Niño. Ni con nuestro Padre, que ya empuña la espada. Y en esto radica la posibilidad de cambio.

A un niño pequeño hay que decirle una y otra vez «te quiero», pero basta un solo «te odio» para desmentir para siempre cualquier futura afirmación de amor paterno. Si el niño pudiera comprender de dónde procedió el «te odio» –es decir, cómo el Niño de su padre fue provocado e inducido a formular una declaración tan irrazonable y destructiva respecto al chiquillo al que realmente quería–, el pequeño no se vería obligado a aferrarse a esas palabras como si se trataran de una verdad última y decisiva.

Lo mismo cabe decir de la declaración de Nikita Khruschev: «Nosotros os enterraremos». Aunque fue una declaración bastante inoportuna, que no debía aportar nada constructivo para su país ni para ningún otro, podemos quitarle hierro al asunto si tenemos en cuenta que Khruschev no es más que un ser humano, con un Padre, un Adulto y un Niño, cuyo contenido es diferente del Padre, el Adulto y el Niño de todas las demás personas del mundo, y particularmente de los gobernantes americanos.

No es necesario hacer grandes investigaciones históricas para descubrir declaraciones –e incluso acciones– igualmente torpes por parte de dirigentes de otros países, incluido el nuestro. Debemos aprender a responder a las declaraciones y acciones de los demás no con nuestro Niño colectivo, asustado y peleón, sino con nuestro Adulto, capaz de averiguar la verdad, de advertir el miedo del Niño que hay en los demás y de comprender lo que están sufriendo bajo un Padre cultural que dicta imperativos absolutos que no apuntan hacia el interés de la supervivencia de la humanidad. También debemos ser capaces de mantener a una cierta distancia prudencial nuestro propio Padre cultural americano. Hay mucha grandeza en él, pero también mucha maldad, como en el cáncer del esclavismo, por ejemplo, que ahora se nos aparece en los rostros asesinos de los fanáticos racistas, tanto blancos como negros. Escribe Elton Trueblood:

> En nuestra situación actual, parecemos unos jugadores de ajedrez a quienes se ha situado en posiciones donde todos los movimientos posibles son realmente perjudiciales. Empezamos a vislumbrar vagamente que lo que está ocurriendo, en parte, es el terrible resultado de la ley moral, algo que se nos hace difícil de creer o de entender. El resentimiento de los asiáticos parece irrazonable e injustificado, y es injustificado si pensamos únicamente en los acontecimientos contemporáneos, pero lo que ahora estamos cosechando son unos frutos tardíos. Cada uno de los hombres blancos que, en el pasado, violó el principio de la dignidad innata de todo ser humano llamando *boy* a un chino contribuyó a acumular el odio violento que al fin ha estallado contra nosotros con tan aparente sinrazón, justamente cuando estamos tratando de mantener un principio elevado, a costa de grandes sacrificios.[7]

Otra manera de formular esa ley moral es que si uno humilla al Niño de otra persona durante el tiempo suficiente, esta acabará por convertirse en un monstruo. No debe sorprendernos que tantos años de humillación hayan producido en América muchos «monstruos» que nos aterrorizan.

Una mujer negra, después de los disturbios de Watts, en Los Ángeles, respondió a todas las profusas explicaciones acerca de la causa de lo ocurrido (por ejemplo, la intervención de la policía, la falta de trabajo, la miseria, etc.) con estas palabras: «Si todavía necesitan preguntar el porqué, es señal de que nunca llegarán a comprenderlo».

Creo que todos conoceríamos el porqué si nuestro Niño aterrorizado y nuestro virtuoso Padre no dominaran a nuestro Adulto.

¿Qué hacer, entonces? Eso ya es otro asunto. Creo que debemos empezar por adoptar un lenguaje común, aplicable al comportamiento humano, y considero que ese lenguaje lo tenemos a nuestra disposición en el análisis conciliatorio. Se alaba la psicología, considerándola como la gran «ciencia» de nuestros días; pero la psicología tiene muy poco que decir sobre nuestras luchas sociales. A las preguntas del Comité de Relaciones Extranjeras del Senado, otro experto en el campo de la conducta y las comunicaciones respondió: «No sé qué pensar; estoy desorientado. Temo que si hablara haría el ridículo». Esa virtuosa exhibición de modestia no desmiente el hecho de que quienes afirman tener algún conocimiento sobre la conducta humana deberían tener algo que decir acerca de nuestras relaciones con los demás pueblos del mundo.

Albergo la esperanza de que personas como el senador Fulbright y todos nuestros funcionarios públicos reciban de la comunidad psiquiátrica algo que les resulte más útil. Creo que una comprensión del sistema Padre-Adulto-Niño y la posibilidad de la emancipación del Adulto en los gobernantes, así como en los electores, constituirían una de las mayores contribuciones a la comprensión de los problemas sociales y mundiales que tenemos.

Si comprendemos el poder que el Padre ejerce sobre nosotros (nuestro Padre personal fortalecido por el Padre cultural), el miedo de nuestro Niño ante los disturbios y la guerra, el de la población de la India —víctima del hambre y de la superstición—, el de la población de Rusia que conserva el recuerdo de las cadenas de la revolución, el del pueblo de Israel —consecuencia del asesinato relativamente reciente de seis millones de judíos—, el del pueblo de Vietnam —del Norte y del Sur ante las bombas de napalm y las bayonetas—, el del pueblo de Japón —que todavía recuerda la bomba atómica—; si podemos ver a ese Niño como un pequeño ser humano en un mundo lleno de terror, un ser humano que solo desea librarse del dolor, tal vez entonces nuestras conversaciones internacionales podrían adquirir otro tono. Longfellow afirmaba que «si pudiéramos leer la historia secreta de nuestros enemigos, encontraríamos en la vida de cada hombre sufrimientos y dolores suficientes para desarmar toda hostilidad».

No podemos simpatizar con el Niño que «no está bien» de nuestros enemigos porque estemos asustados por los juegos que practican para disimular su posición. Y ellos no pueden simpatizar con nosotros por la misma razón. Compartimos el dilema de la desconfianza. En todas partes, los hombres quieren negociar, pero solo sobre la base de los términos fijados por ellos. Nos convertimos en grandes campeones de pequeñas pruebas, porque hemos renunciado a demasiadas opciones al enfrentarnos con las grandes pruebas. Tal vez lleguemos a reconocer nuestro miedo mutuo, pero no sabemos cómo remediar la situación.

Si las personas que intervienen en las conversaciones internacionales conocieran el lenguaje Padre-Adulto-Niño, si pudieran compartir el conocimiento de que el miedo está en el Niño, de que es imposible llegar a un acuerdo a través del Padre y de que solo a través de la emancipación del Adulto es posible superar la posición universal de «yo estoy mal, tú estás bien», podríamos ver la posibilidad de soluciones más allá de las influencias limitadoras del pasado. Las palabras básicas del análisis transaccional o conciliatorio (Padre, Adulto, Niño, estar bien, no estar bien, juegos, caricias) son tan sencillas que, aunque no pudieran ser traducidas a todas las lenguas, podrían emplearse en su versión original, estableciendo previamente la definición en cada diferente idioma. «OK», que es la fórmula original del «estar bien», es ya una palabra internacional. Padre, Adulto y Niño, en su versión original *Parent*, *Adult* y *Child* podrían convertirse también en términos internacionales. Ahora que poseemos un concepto para la comprensión del comportamiento humano, que está al alcance de todo el mundo, que puede formularse con palabras sencillas y traducirse a todas las lenguas, tal vez estemos llegando a un punto en que podamos dejar de lado nuestros temores arcaicos, basados en las tragedias del pasado, y empezar a hablar unos con otros de la única manera en que es posible llegar a un acuerdo: de Adulto a Adulto. Con el Adulto, podemos examinar juntos algunos de los viejos clichés. Las frases aceptadas sin juicio anulan nuestras opciones y nuestras esperanzas de convivencia sobre la base de la posición «yo estoy bien, tú estás bien». Por ejemplo, ¿hasta dónde puede llegarse en la diplomacia mundial si se continúa utilizando un lenguaje cerrado, con expresiones tan impermeables como «comunismo ateo», «Occidente libre» o «conflicto irreconciliable»? Incluso la expresión «comunismo mundial», tan horrible para inducirnos a emprender guerras y más guerras a un coste desproporcionado, debe ser sometida a examen. ¿Cuántas guerras tendremos que emprender? ¿Se vislumbra algún final? ¿Es posible el comunismo mundial? ¿Son ateos todos los comunistas? ¿Qué es un comunista? ¿Han cambiado los comunistas en los últimos cincuenta años? ¿Son iguales todos ellos?

Hay en el mundo más de seis mil millones de habitantes. Sabemos muy poco de esas personas. Apenas pensamos en ellas como individuos. Por ejemplo, ¿vemos a un país como la India solo como algo confuso, indeterminado, excesivamente atestado de habitantes, cuya única importancia para nosotros radica en el peso que pueda tener en el equilibrio de fuerzas en nuestra lucha contra el comunismo mundial? ¿O somos capaces de ver a la India como una nación mucho más complicada, con personas reales, que constituyen una séptima parte de la población mundial, un país que contiene seis grupos étnicos distintos, con ochocientas cuarenta cinco lenguas y dialectos, siete religiones principales y dos culturas hostiles? Si el Padre indio y el Padre americano son incapaces de llegar a un acuerdo acerca de nada, ¿podemos ver la posibilidad de exaltación que produciría el descubrimiento de preocupaciones mutuas y gozos compartidos a través de la emancipación del Adulto? Estamos relacionados unos con otros, somos personas y no cosas. Los habitantes del mundo no son objetos que se puedan manejar o manipular, sino seres humanos a los que es preciso conocer. No son paganos a los que hay que convertir, sino personas a las que hay que escuchar; no son enemigos a los que hay que odiar, sino individuos con los que hay que relacionarse; no son hermanos a los que hay que mantener, sino hermanos que han de ser realmente hermanos nuestros.

¿Imposible? ¿Ingenuo? En una sociedad de consumo cuyos miembros están condicionados a creer que los problemas de un solo hombre no pueden resolverse sin robar tiempo a otro hombre (que dedicó de tres a cinco años al estudio del psicoanálisis después de haber cursado la carrera de medicina y de haber hecho las prácticas) durante un período de millares de horas a lo largo de varios años, pensar en una solución para las necesidades de los habitantes del planeta en crisis parece algo verdaderamente absurdo. El Padre dice: «Siempre ha habido guerras y rumores de guerras». El Niño dice: «Bebamos y gocemos, que mañana moriremos». La historia nos cuenta lo que ha ocurrido. Pero no nos dice lo que debe suceder o lo que no puede suceder. Este es un universo abierto y en evolución y no sabemos lo bastante sobre él para poder afirmar qué es imposible y qué no lo es. Solo el Adulto puede trabajar en esa idea apasionante. Únicamente él posee un poder creador.

El Adulto es capaz de identificar las respuestas del Niño en los demás, pero puede decidir no responder en el mismo nivel. Estados Unidos, por ejemplo, no puede salirse siempre con la suya. Robert Hutchins escribe acerca de esto en un artículo donde habla de la función del país:

Admitamos la malevolencia de China, la implacabilidad de Vietnam del Norte, la hostilidad de la Unión Soviética, la excentricidad de De Gaulle y la inestabilidad del mundo subdesarrollado. Y recordemos, al mismo tiempo, que vivimos bajo la amenaza termonuclear. ¿Cuál es el papel de Estados Unidos en los asuntos mundiales? ¿Cuál debe ser su política, acertada y prudente?

Somos víctimas, no de la maldad de los demás —esta es una visión paranoica—, sino de nuestros propios errores e ilusiones. No es que neguemos la malevolencia de los demás. Claro que la tienen. *Lo que debemos hacer es no tenerla nosotros*, ofrecer un ejemplo de potencia magnánima e inteligente, y organizar el mundo para someter la inevitable maldad que encontraremos en casa y en el extranjero[8] [la cursiva es mía].

El mito americano se nos antoja basado en la posición «nosotros estamos bien, vosotros estáis mal». Nosotros estamos bien en virtud de nuestros recuerdos sentimentales de Patrick Henry, Thomas Jefferson, Thomas Paine y Abraham Lincoln. Nos vemos con nuestro mejor aspecto, pero caricaturizamos a la oposición. Thomas Merton, escribiendo sobre nuestro airado mundo, pregunta:

¿Qué haremos cuando, por fin, nos veamos obligados a comprender que hemos sido encerrados fuera de la pradera solitaria y lanzados al mundo de la historia, junto con todos los *wops*, *dagos* y *polacks*,* cuando comprendamos que formamos parte de la historia al igual que ellos? Este es el fin del mito americano: ya no podemos asomarnos desde un lugar más alto y señalar desde el firmamento a los hombres en la Tierra para enseñarles el modelo de nuestra república ideal. Estamos en el mismo atolladero, junto a todos los demás. ¿Volveremos la espalda a todo eso? ¿Abriremos otra lata de cerveza, le daremos al mando de la televisión y volveremos a nuestra mezquita familiar, donde todos los problemas se resuelven fácilmente, donde los «buenos» tienen siempre mejor puntería y ganan siempre?[9]

La buena puntería y las victorias son glorificadas en América por la «buena gente, honrada y temerosa de Dios» que, torpe y miope, se pregunta por qué la violencia impera en el país. Después del asesinato de Robert Kennedy, Arthur Miller escribió:

---

* Términos despectivos aplicados a inmigrantes italianos, españoles y polacos.

Hay violencia porque hemos honrado cada día la violencia. Cualquier hombre medianamente instruido, con un buen traje, puede hacer una fortuna ideando una emisión de televisión cuya brutalidad sea plasmada con un detalle suficientemente monstruoso. ¿Quién produce esas emisiones, quién paga para patrocinarlas, quién es elogiado por actuar en ellas? ¿Son todas esas personas psicópatas delincuentes que frecuentan sórdidos callejones? No, son las columnas de la sociedad, nuestros hombres de pro, nuestros ejemplares de éxito y de logro social. Debemos empezar a sentir vergüenza y arrepentimiento antes de que podamos empezar a construir una sociedad pacífica, y, con mayor motivo, un mundo en paz. Un país donde la gente no puede andar en paz por su propia calle no tiene derecho a decirle a ningún otro país cómo debe gobernarse, y menos aún a bombardear y achicharrar a sus habitantes.[10]

La glorificación de la violencia se graba en el Padre de nuestros niños, y justifica la rabia y el odio que están presentes en el Niño de toda persona. La combinación de esos dos factores es una sentencia de muerte para nuestra cultura. Durante 1967, en Estados Unidos, se vendieron dos millones de armas de fuego. Durante los cuatro primeros meses de 1968, solo en California se compraron legalmente 74.241 pistolas.

El presidente Johnson encargó a su nueva comisión para el estudio de la delincuencia que examinara las «causas, la frecuencia y el control de la violencia física en toda la nación, desde el asesinato motivado por prejuicios e ideologías, por política y por locura, hasta la violencia que impera en las calles de nuestras ciudades *y hasta en nuestros hogares*» [la cursiva es mía].

La violencia en nuestros hogares es la más significativa de todas. Es el Niño que asesina. ¿Dónde lo aprende el Niño?

Cada día, uno o dos niños de menos de cinco años muere a manos de sus padres en Estados Unidos, según los doctores Ray E.

Helfer y C. Henry Kanpe, de la Universidad de Colorado, que hablan de sus averiguaciones en su libro *El niño maltratado*. La tasa de infanticidios es más elevada que el total de las defunciones infantiles provocadas por la tuberculosis, la tos ferina, la poliomielitis, la viruela, la diabetes, la fiebre reumática y la apendicitis. Y, además, cada hora cinco niños son físicamente heridos a manos de sus padres o superiores.

Uno de los problemas que encontramos cuando se pretende resolver esta situación, según el doctor Helfer, estriba en encontrar psiquiatras para someter a tratamiento a los padres. En una encuesta Callup efectuada el día en que el senador Kennedy fue asesinado, se citó como posible solución la ayuda a los padres. Las respuestas indicaban que la mejor solución para el problema de la violencia sería implantar leyes más estrictas sobre las armas, pero, además, una mayoría de los encuestados deseaban «un mayor rigor en la aplicación de las leyes, suprimir los programas violentos de la televisión y mejorar el control de los padres (organización de cursos para padres sobre la educación de los hijos)».[11]

El Instituto de Análisis Conciliatorio de Sacramento viene organizando esos cursos desde 1966, a los cuales ya han asistido centenares de padres. Los cursos, que tienen una duración de ocho semanas, empiezan con una explicación del sistema Padre-Adulto-Niño. Entre los profesores figuran psiquiatras, funcionarios, sacerdotes, pediatras, educadores, psicólogos y un especialista en obstetricia, todos los cuales utilizan el mismo lenguaje: el Padre-Adulto-Niño. El análisis conciliatorio se ha aplicado a los temas siguientes: el dilema «quisiera confiar en él, pero...», cómo conseguir que cambie un delincuente juvenil, los valores morales, la relación entre la libertad y el amor, problemas de imperfección y de invalidación, intervención en las crisis, por qué el niño «se hace el tonto», rescate y reforma de los «malos estudiantes», transmisión de actitudes sanas en relación con el sexo y el matrimonio, y dominio emocional. Estos cursos han ayudado a que unos buenos padres lo sean aún mejores y han contribuido a rescatar y a restaurar la paz en familias donde esta se había perdido.

Después de participar en uno de ellos, una madre escribió: «Este curso ha sido la mejor experiencia de nuestra vida. Ha abierto una nueva línea de comunicación entre mi marido y yo, y considero que, personalmente, me ha beneficiado en gran medida. Las personas que trabajan conmigo me dicen que, desde que he hecho el curso, he cambiado muchísimo. Una mujer, incluso, me dice siempre: "Dios bendiga a su Adulto". También hemos comprendido que nuestro problema radica en nuestra hija, y estamos seguros de que sabremos resolverlo».

Saber poner límites a la violencia en el hogar es saber ponerlos en la sociedad. Nuestros empresarios líderes, nuestros anunciantes y nuestros productores de espectáculos deberían aprender lo mismo que esos padres. Los esfuerzos que se realizan en el hogar se ven a menudo contrarrestados por la influencia constante de datos contradictorios procedentes del exterior. Mi hija de diez años preguntó si podíamos ir a ver *Bonnie & Clyde*. Dije que no, que estaba lleno de violencia y que no me gustaba la forma en que glorificaban a ciertos personajes sórdidos. Resultó algo difícil explicarle, pocos días más tarde, por qué *Bonnie & Clyde* se mencionaba repetidamente en los premios de la Academia.

Imagino que las personas que explotan comercialmente la violencia se han sentido respaldadas por la afirmación de ciertos psicólogos que sostienen que los espectáculos violentos constituyen una válvula de escape que ayuda a liberarse de la violencia en lugar de traducirla en actos. Es imposible demostrar la falsedad de esa teoría. Pero creo que las pruebas que la invalidan van en aumento. Esos psicólogos sostienen que los sentimientos se acumulan, como en un cubo, que hay que vaciar de vez en cuando. Considero más acertado imaginar los sentimientos como la reproducción de unas viejas grabaciones que pueden silenciarse a voluntad. No tenemos ninguna necesidad de andar por ahí vaciando nuestros sentimientos; podemos simplemente apagar el aparato que los reproduce, impedirles que invadan nuestro ordenador y alimentar este con otra clase de material. Decía Emerson: «Un hombre es aquello en que piensa todo el día».

En otra época, en la que el mundo estaba lleno de asesinatos políticos, en la que los seres humanos eran vendidos como esclavos, en la que se crucificaba a hombres inocentes y se asesinaba a niños, y en la que el público aplaudía los sangrientos espectáculos del circo, un hombre sabio y bueno escribía a un reducido grupo de personas de Filipo: «Y ahora, amigos míos, que todo lo que es verdadero, todo lo que es noble, todo lo que es justo y puro, todo lo que es amable y gracioso, todo lo que es excelente y admirable, que todas esas cosas llenen vuestros pensamientos».[12]

Podemos llegar a odiar tanto el mal que olvidemos la necesidad de amar el bien. Y en nuestro país hay muchas cosas que son buenas, que en otros tiempos han suscitado la admiración de todo el mundo y han atraído a nuestras costas a los oprimidos de otros países. En 1950, Charles Malik, a la sazón embajador del Líbano en las Naciones Unidas, dijo:

Cuando pienso en lo que vuestras (las americanas) iglesias y universidades pueden hacer en lo referente a impartir amor y perdón, inspirar autodominio, ilustrar el espíritu, revelar la verdad; cuando observo lo que vuestras industrias pueden llevar a cabo, transformando todo ese universo material en un instrumento que sirva para aliviar la carga del hombre; cuando medito en lo que vuestros hogares y vuestras pequeñas comunidades pueden crear, en cuanto a carácter, solidez, estabilidad y humor; y cuando reflexiono en los grandes medios como el periódico, el cine, la radio y la televisión, y en lo inmensa que puede ser su contribución a la articulación de la palabra americana; cuando, humildemente, pienso en esas cosas, y medito, además, que no hay nada que impida a esos medios consagrarse a la verdad, al amor y al ser, entonces me digo que tal vez el día del Señor esté ya muy cerca.

Lo único que puede impedir esa consagración es el miedo, el miedo a otras personas de esta Tierra, el miedo que hay en el Niño, que malversará nuestros recursos para hacer el bien en una batalla cada vez más dura que solo engañándonos a nosotros mismos podemos creer que hemos de ganar.

VENCEDORES Y VENCIDOS

La alternativa de Hamlet era «ser o no ser». Nuestra alternativa nacional parece ser, según algunos, «vencer o no vencer» en la lucha contra el comunismo mundial. Se diría que ganar es más importante que ser, ante el riesgo creciente de la agresión armada final que podría conducirnos a la aniquilación global. Una aldea de Vietnam es bombardeada de tal manera que, cuando las tropas entran finalmente en ella, no queda ni una casa en pie ni un solo ser con vida. Según parece, el comandante que dirigió la operación declaró: «Hemos tenido que destruirlos para salvarlos». Esas palabras recuerdan las típicas declaraciones ex cátedra del Padre: «Me duele más a mí que a ti». ¿Podemos realmente decir a la aldea arrasada, cubierta por los cadáveres calcinados de sus habitantes: «Nos duele más a nosotros que a vosotros»?

¿Cómo ve realmente la población asiática la democracia que les predicamos, insistiendo en que será mejor para ellos? ¿Les gusta? ¿La comprenden? ¿Juzgan nuestro «estilo de vida libre» por lo que ven que ocurre en nuestro país? ¿Pueden creer que amamos realmente a los asiáticos no caucásicos ante el espectáculo de las luchas raciales en nuestro país? Decimos: «La democracia es deliciosa» de la misma manera que nuestra madre decía: «Las espinacas son deliciosas». No se nos permitía alegar las informaciones que nos transmitían nuestras papilas gustativas. En muchas conciliaciones similares, se nos obligaba a desconfiar de nuestros sentidos y a negar nuestras propias emociones. En cuanto a nuestra madre, ¿era realmente auténtico su entusiasmo por las espinacas? ¿Hasta qué punto es real nuestro entusiasmo por nuestras instituciones democráticas? La democracia es algo bueno, pero ¿acaso solo podemos convencer a los demás de ello mediante la violencia y la guerra?

«La democracia es deliciosa» y «eso me duele más a mí que a ti» son dos juegos internacionales extremadamente peligrosos en cuanto que ocultan el verdadero motivo, que es: «Tenemos que ganar, porque si no ganamos, habremos perdido».

¿Acaso ganar y perder son las dos únicas opciones para personas y países? La única manera de mantenerse en la categoría de los victoriosos consiste en rodearse de vencidos. Vencedores y vencidos han sido los únicos modelos que hemos tenido. Cuando los primates fueron arrojados de las selvas, a causa de los cambios climáticos que redujeron la extensión de estas, solo les quedaron dos posibilidades ante la amenaza de los carnívoros en la llanura abierta: los que ganaban la batalla del sustento sobrevivían; los que la perdían, morían. Es cierto que, de vez en cuando, han surgido líderes religiosos y políticos que han querido presentarnos lo que, según ellos, era un nuevo modelo; pero, para la mayoría, las ideas de esos «soñadores y profetas» eran utópicas, dc otro mundo e imposibles. La realidad es que los modelos del vencedor y del vencido han predominado a lo largo de toda la historia de la humanidad.

Sin embargo, las circunstancias han cambiado. Gracias a los progresos científicos pueden producirse suficientes alimentos para toda la población mundial, en el supuesto de que se limite la explosión demográfica. La ciencia también ha posibilitado la regulación de los nacimientos. Ahora es posible concebir otra opción: «yo estoy bien, vosotros estáis bien».

Finalmente, la coexistencia es una posibilidad basada en la realidad. Originalmente, el cerebro del hombre creció y se desarrolló al servicio de su propia supervivencia. ¿Podemos ya confiar a nuestro cerebro otra tarea, la de asegurar la supervivencia de todos los habitantes del mundo? ¿Será posible gozar del don de la vida y de nuestro breve paso por la Tierra, con toda la capacidad espiritual del ser humano?

Si advertimos que el «yo estoy bien, vosotros estáis bien» ha entrado por fin en el reino de las posibilidades, ¿por qué no atrevernos a albergar esperanzas de cambio, de algo nuevo bajo el sol, de algo que ponga fin a la violencia que amenaza con destruir lo que se ha tardado millones de años en levantar?

Decía Teilhard: «O la naturaleza está cerrada a nuestras exigencias de futuro, en cuyo caso el pensamiento, el fruto de millones de años de esfuerzo, queda inválido, nonato, en un universo autoabortivo y absurdo, o bien existe una abertura».[13]

Nosotros creemos haber encontrado una abertura. Esa abertura será explorada, no por una sociedad impersonal, anónima, sino por los individuos que forman esa sociedad. La exploración solo podrá realizarse en la medida en que los individuos se liberen de su pasado y conquisten la libertad para decidirse a aceptar o a rechazar los valores y métodos del pasado. Hay una conclusión ineludible: la sociedad no puede cambiar a menos que las personas cambien. Por nuestra parte, nuestra esperanza en el futuro se basa en el hecho de que ya hemos visto cambiar a muchas personas. Este libro quiere difundir el mensaje, la buena nueva de cómo lo lograron. Confío en que sea un libro de esperanza y una página importante del manual para la supervivencia de la humanidad.

NOTAS

Prefacio

1. M. Gorman, «Psychiatry and Public Policy», *America Journal of Psychiatry*, vol. 122, n.º 1 (julio de 1965).

Capítulo 1

1. W. Penfield, «Memory Mechanisms», A. M. A. *Archives of Neurology and Psychiatry*, 61 (1952), pp. 178-198, debate con L. S. Kubie y otros. Las citas de Penfield y Kubie que aparecen, más adelante, en este capítulo proceden de la misma fuente.
2. H. Hyden, «The Biochemical Aspects of Brain Activity», en S. M. Farber y R. Wilson (eds.), *Control of the Mind* (Nueva York: McGraw-Hill, 1961), p. 33.
3. E. Berne, *Games People Play* (Nueva York: Grové Press, 1964), p. 29.
4. T. Leary, discurso ante De Witt State Hospital, Aubuni, California, 23 de febrero de 1960. Todas las citas de Leary que aparecen en este capítulo pertenecen al mismo discurso.

Capítulo 2

1. E. Berne, *Transactional Analysis in Psychotherapy* (Nueva York: Grove Press, 1961), p. 24.
2. W. Penfield, «Memory Mechanism», AMA. *Archives of Neurology and Psychiatry*, 67 (1952), pp. 178-198, debate con L. S. Kubie y otros.

3. Arnold Gesell y Frances L. Igl., *Infant and Child in the Culture of Today* (Nueva York: Harper, 1943), pp. 116-122.
4. Berne, *Transactional Analysis in Psychotherapy*.

Capítulo 3

1. Sigmund Freud, Hemmung, *Symptom und Angst*, Internationaler Psychoanalischer Verlag, Viena, 1925.
2. Jean Piaget, *The construction of reality in the child* (Nueva York: Basic Books, 1954).
3. L. S. Kubie, «The Neurotic Process as the Focus of Physiological and Psychoanalytic Research», *Journal of Mental Science*, vol. 104, n.º 435 (1958).
4. G. S. Blum, *Psychoanalytic Theories of Personality* (Nueva York: McGraw 1953), pp. 73-74.
5. E. Schopler, «Early Infantile Autism and Receptor Processes», *Archives of General Psychiatry*, vol. 13 (octubre de 1965).
6. E. Berne, *Games People Play* (Nueva York: Grove Press, 1964), p. 48.

Capítulo 4

1. Lawrence Kubie, «Role of Polarity in Neurotic Process», *Frontiers of Clinical Psychiatry*, vol. 3, n.º 7 (1 de abril de 1966).
2. Elton Trueblood, *General Philosophy* (Nueva York: Harper, 1963).
3. Will Durant, *The Story of Philosophy* (Nueva York: Simon and Schuster, 1933), pp. 337-338.
4. «Causal Necessities and Alternative to Hume», *Philosophical Review*, 63 (1954), pp. 479-499.
5. Trueblood, *General Philosophy*.
6. J. Ortega y Gasset, *¿Qué es Filosofía?* (Madrid: Revista de Occidente, 1958).
7. Trueblood, *General Philosophy*.

Capítulo 5

1. F. Ernst, conferencia «Maneras de escuchar», pronunciada en el Instituto de Análisis Conciliatorio de Sacramento, California, el 18 de octubre de 1967.
2. B. Russell, *The Autobiography of Bertrand Russell* (Boston: Little Brown, 1967).
3. Sinclair Lewis, *Babbitt, Major American Writers*, 11ª ed., M. Jones y E. E. Leisy (Nueva York: Harcourt, Brace, 1945).
4. Lewis, *Babbitt*.

5. Russell, *The Autobiography of Bertrand Russell*.
6. A. Rogers St. John, *Tell No Man* (Nueva York: Doubleduy, 1966).
7. E. Fromm, *The Art of Loving* (Nueva York: Harper, 1956).

Capítulo 6

1. E. Berne, *Transactional Analysis & Psychotherapy* (Nueva York: Grove Press, 1961).
2. Berne, *Transactional Analysis in Psychotherapy*.
3. H. F. Harlow, «The Heterosexual Affectional System in Monkeys», *American Psychologist*, 17 (1962), pp. 1-9.
4. G. Haiberg, «Transactional Analysis with State Hospital Psychotics», *Transactional Analysis Bulletin*, vol. 2, n.° 8 (octubre de 1963).

Capítulo 7

1. E. Berne, *Transactional Analysis in Psychotherapy* (Nueva York: Grave Press, 1961), p. 85.
2. Berne, *Transactional Analysis Psychotherapy*, p. 98.
3. Ibid, p. 99.
4. E. Berne, *Games People Play* (Nueva York: Grove Press, 1964), p. 48.
5. R. Galdston, «Observations of Children Who Have Been Physically Abused and Their Parents», *American Journal of Psychiatry*, vol. 122, n.° 4 (octubre de 1965).
6. Berne, *Transactional Analysis*, p. 104.

Capítulo 8

1. M. Hunt, *The World of the Formerly Married* (Nueva York: McGraw-Holl, 1966).
2. P. Scherer, *Love is a Spendthrift* (Nueva York: Harper & Brothers, 1961).
3. A. Miller, «With Respect for Her Agony - but with Love», *Life*, 55, p. 66 (7 de febrero de 1964).
4. D. Bonhoeffer, *The Cost of Discipleship* (Nueva York: MacMillan, 1963).
5. H. L. Mencken, *The Vintage Mencken selección de Alistair Cooke* (Nueva York: Vintage Books, 1956).
6. W. Durant, *The Story of Philosophy* (Nueva York: Simon & Schuster, 1926).

Capítulo 9

1. Arnold Gesell y Frances Ilg, *Infant and Child in the Culture of Today* (Nueva York: Harper, 1943).

2. G. Caplan, *An Approach to Community Mental Health* (Nueva York: Grune and Stratton, 1961).

3. Caplan, *An Approach to Community Mental Health*.

4. L. Bonpensiere, *New Pathways to Piano Technique* (Nueva York: Philosophical Library, 1953).

5. «The Center Circle», circular del Instituto de Análisis Conciliatorio, vol. 1, n.º 7 (octubre de 1967).

6. A. Watts, «A Redbook Dialogue», *Redbook*, vol. 127, n.º 1 (mayo de 1966).

7. Elton Trueblood, *General Philosophy* (Nueva York: Harper & Row, 1963).

8. B. Bettelheim, «Hypocrisy Breeds the Hippies», *Ladies Home Journal* (marzo de 1968).

Capítulo 10

1. B. Russell, *The Autobiography of Bertrand Russell* (Boston: Little, Brown, 1967).

2. M. Komarovsky, «Social Role and the Search for Identity», simposio «The Challenge to Women: The Biological Avalanche», Escuela de Medicina de la Universidad de California, San Francisco, enero de 1965.

3. F. A. Aldrich, conferencia dictada en la «Fremont Presbyterian Church Family Conference», *Zephyr Point*, Nevada, 30 de agosto de 1966.

4. J. Pike, *Teen-Agers and Sex* (Englewood Cliffs, N. J.: Prentice-Hall, 1963).

Capítulo 11

1. S. R. Slavson, *The Practice of Group Therapy* (Nueva York: International Universities Press, 1947).

2. A. Jacobson, «A Critical Look at the Community Psychiatric Clinic», *Community Psychiatry*, suplemento de *The American Journal of Psychiatry*, vol. 124, n.º 4 (octubre de 1967).

3. *Chronicle* de San Francisco, 15 de septiembre de 1967.

Capítulo 12

1. Nathaniel Branden, «Psychotherapy and the Objectivist Ethics», conferencia pronunciada ante la División de Psiquiatría de la Sociedad Médica del condado de San Mateo, el 24 de enero de 1966.

2. B. Russell, *Why I Am Not a Christian* (Nueva York: Simon & Schuster, 1957).

3. R. Linton, *The Study of Man* (Nueva York: Apleton-Century-Crofts, 1936).

4. V. Frankl, discurso ante el Sacramento State College, 5 de mayo de 1966.
5. Elton Trueblood, *General Philosophy* (Nueva York: Harper, 1963).
6. J. Collignon, «The Uses of Guilt», *Saturday Review of Literature*, 31 de octubre de 1964.
7. Pierre Teilhard de Chardin, *Le Phenomene humain* (Editions du Seuil: París, 1955).
8. Ralph Linton, *The Study of Man*.
9. B. Russell, *The Autobiography of Bertrand Russell* (Boston: Little, Brown, 1967).
10. Thomas B. Morgan, «With Oppenheimer», *Look*, 27 de enero de 1966.
11. P. Tillich, *The Shaking of the Foundations* (Nueva York: Scribner's, 1950).
12. James A. Pike, *You and the New Morality* (Nueva York: Harper, 1955).
13. P. Tillich, *The New Being* (Nueva York: Scribner's, 1955).
14. Eric Berne, *Games People Play* (Nueva York: Grove Press, 1964).
15. P. Tournier, *The Seasons of Life* (Richmond, Va.: John Knox Press, 1961).
16. Tillich, *The Shaking of the Foundations*.
17. Ernest Jones, *The Life and Work of Sigmund Freud*, vol. 3 (Nueva York: Basic Books, 1951), pp. 349-360.
18. Elton Trueblood, *Philosophy of Religion* (Nueva York: Harper, 1957).
19. James A. Pike, *If This Be Heresy* (Nueva York: Harper & Row, 1967).
20. P. Tillich, *The New Being*.
21. «Worship: Clack or Celebration - An Interview with Harvey Cox», *Colloquy*, vol. 1, n.° 2 (febrero de 1968).
22. Extracto del Prefacio (escrito por R. T. Francoeur) de P. Teilhard de Chardin, *L'Apparition de l'Home* (Editions du Seuil, París, 1956).
23. Michael O. Anderson, sermón, Fremont Presbyterian Church. Sacramento, 27 de diciembre de 1964.
24. A. Rogers St. Johns, *Tell No Man* (Nueva York: Doubleday, 1967).
25. W. Glasser, *Reality Therapy* (Nueva York: Harper & Row, 1965).
26. W. Durant, *The Story of Philosophy* (Nueva York: Simon and Schuster, 1963), p. 339.

Capítulo 13
1. Max Rafferty, *California Education*, vol. II, n.° 8 (abril de 1965).
2. Entrevista con el senador William Fulbright, *The Congressional Record*, 20 de abril de 1966.
3. W. Fulbright, «Foreign Policy - Old Myths and New Realities», *The Congressional Record*, 25 de marzo de 1964.

4. Ralph Crawshaw, «But Everybody Cheats», *Medical Opinion and Review*, vol. 3, n.º 1 (enero de 1967).

5. Milgram, *Human Relations*, vol. 18, n.º 1, 1965.

6. M. Ways, «On the Campus: A Troubled Reflection of the U.S.», *Fortune*, septiembre-octubre de 1965.

7. Elton Trueblood, *The Life We Prize* (Nueva York: Harper, 1951).

8. R. Hutchins, artículo en el *Chronicle* de San Francisco, 31 de julio de 1966.

9. T. Merton, *Conjectures of a Guilty Bystander* (Nueva York: Doubleday, 1966).

10. A. Miller, «The Trouble with Our Country», *The New York Times*, reproducido en el Chronicle de San Francisco, 16 de junio de 1968, p. 2.

11. *Chronicle* de San Francisco, 16 de junio de 1968.

12. Epístola de San Pablo a los Filipenses, 4: 8.

13. Pierre Teilhard de Chardin, *Le Phénomene humain*.